U

Über das Buch:

Das hier vorgelegte Buch umfaßt zwei Beiträge dokumentarischen Charakters, die bereits vor einigen Jahrzehnten gedruckt wurden, jedoch längst vergriffen sind.
Die Entstehung und die Form der Aufzeichnungen in ihrer dramatischen Abfolge von Möglichkeiten, Hoffnungen, Grenzen und Illusionen werden wissenschaftlich durch den Historiker Professor Walther Hubatsch erläutert. – Es ist mit dieser Dokumentation nicht beabsichtigt, eine umfassende Geschichte der Endphase des Zweiten Weltkrieges in Europa zu bieten. Die Wunden sind vernarbt, Ereignisse und damalige Verhaltensweisen erscheinen heute jedoch unverständlich und schwer nachvollziehbar. Aber jene Epoche bildet einen Abschnitt in der Geschichte, der umstürzende und folgenreiche Wirkungen hatte. Deshalb behalten die gleichzeitig verfaßten Aufzeichnungen eines jungen Stabsoffiziers ihre bleibende Aussagekraft auch in ihrer dramatischen Abfolge düsterer Bilder.

Der Autor:

Joachim Schultz-Naumann, in Malchon (Mecklenburg-Schwerin) geboren, studierte Volkswirtschaft und Geschichte, wurde 1934 Berufssoldat. Er kämpfte in Polen, Frankreich, Rußland, an der Invasionsfront und in Pommern. Er war 1. Generalstabsoffizier verschiedener Divisionen. Nach Verlust eines Beines kam er zu Kriegsende als Major des Generalstabes in den Wehrmachtsführungsstab. Er schrieb das offizielle Kriegstagebuch des Oberkommandos der Wehrmacht April/Mai 1945. So war er Augenzeuge in den letzten Apriltagen 1945 in Mecklenburg, als die Sowjets angriffen. Nach dem Kriege Kaufmann, Oberstleutnant i. G. in der Bundeswehr und Jahrzehnte in leitender Stellung in der Industrie in Deutschland und in der Schweiz. Er verstarb im Juli 1991.

Weitere Veröffentlichungen:
Unter Kaisers Flagge (1985); *Mecklenburg 1945* (1991).

Joachim Schultz-Naumann

Die letzten dreißig Tage

Das Kriegstagebuch des OKW
April bis Mai 1945

Ullstein

Zeitgeschichte
Ullstein Buch Nr. 33197
im Verlag Ullstein GmbH,
Frankfurt/M. – Berlin

Vom selben Autor in der
Reihe der Ullstein Bücher:

Mecklenburg 1945 (33154)

Ungekürzte Ausgabe
Mit 35 Abbildungen und 13 Karten

Umschlagentwurf:
Hansbernd Lindemann
unter Verwendung einer Abbildung
vom Süddeutschen Verlag

Taschenbuchausgabe mit freundlicher
Genehmigung der F. A. Herbig
Verlagsbuchhandlung GmbH, München

Printed in Germany 1995
Druck und Verarbeitung:
Elsnerdruck, Berlin
ISBN 3 548 33197 1

April 1995

Bildnachweis:
Bibliothek für Zeitgeschichte, Stuttgart
Fotos Nr. 5), 6), 19), 21), 23), 25), 26), 27), 28)
Bildarchiv Preußischer Kulturbesitz, Berlin, Foto Nr. 11)
Bilderdienst Süddeutscher Verlag, München,
Fotos Nr. 12), 15), 16), 18), 24), 34)
Hans Dollinger, München, Fotos Nr. 1), 2), 9), 13)
Flensburger Tageblatt, Foto Nr. 14)
Imperial War Museum, London, Fotos Nr. 3), 4)
Marineschule Mürwik, Foto Nr. 7
Meyer-Detring, General a. D., Foto Nr. 8)
Joachim Schultz-Naumann,
Fotos Nr. 10), 22), 29), 30), 31), 32), 33)
Ullstein-Bilderdienst, Berlin, Fotos Nr. 17), 20), 35)

Karten:
Joachim Schultz-Naumann, in Teil 1 und 2, Textteile
Wolfgang Paul, in Teil 1, Dokumentenanhang.

Die Deutsche Bibliothek – CIP-Einheitsaufnahme

Schultz-Naumann, Joachim:
Die letzten dreissig Tage : das Kriegstagebuch des OKW April
bis Mai 19945 / Joachim Schultz-Naumann. – Ungekürzte Ausg. –
Frankfurt/M ; Berlin : Ullstein, 1995
(Ullstein-Buch ; Nr. 33197 : Zeitgeschichte)
ISBN 3-548-33197-1
NE: GT

Inhalt

Einführung

Das hier vorgelegte Buch umfaßt zwei Beiträge dokumentarischen Charakters, die bereits vor mehr als einem Vierteljahrhundert gedruckt wurden, jedoch längst vergriffen sind. Eine „Trouvaille" wird der Öffentlichkeit vorgelegt, wobei entscheidend die Authentizität der Darstellungen mit dem weitgehend unbekannt gebliebenen Kriegstagebuch der letzten dreißig Tage aus dem Oberkommando der Wehrmacht ist. Ihr dauernder Wert besteht in der Unmittelbarkeit des Erlebens und der Niederschrift in zeitnahem Abstand. Die Aufzeichnungen werden deshalb hier nur geringfügig verändert wieder abgedruckt, doch bedarf die neue Ausgabe einer ausführlichen Einleitung, weil der heutige Leser von den hier geschilderten Ereignissen sich sehr weit entfernt hat, und weil die Entstehung und die dargebotene Form dieser Aufzeichnungen erläutert werden müssen, schon um begreiflich zu machen, welchen Erwartungen hier entsprochen werden kann und wo die natürlichen Grenzen solcher Berichte liegen.

Es ist mit dieser Dokumentation nicht beabsichtigt, eine umfassende Geschichte der Endphase des Zweiten Weltkrieges in Europa zu bieten. Die Wunden sind vernarbt, Ereignisse und damalige Verhaltensweisen erscheinen heute oft fremd und unverständlich. Aber auch jene Epoche bildet einen Abschnitt in der Geschichte, weniger nach zeitlicher Erstreckung als nach ihrer umstürzenden und folgenreichen Wirkung. Deshalb behalten die gleichzeitig verfaßten Aufzeichnungen eines jungen Stabsoffiziers ihre bleibende Aussagekraft als Bestandteil einer längst versunkenen Episode, auch in ihrer dramatischen Abfolge düsterer Bilder.

Kriegstagebuch im Wehrmachtführungsstab

Die Abfassung eines Tagebuchs im obersten militärischen Stab war einem planstellenmäßig hierfür vorgesehenen Offizier vorbehalten. Dieser war seit 1943 der Major der Reserve Dr. Percy Ernst Schramm, Universitätsprofessor in Göttingen im Zivilberuf. Der Leutnant im Schleswig-Holsteinschen Husarenregiment Nr. 16 (Kaiser Franz Joseph von Österreich, König von Ungarn) hatte bereits am 24. Februar 1918 an der Ostfront mit einem Zug Husaren und einer Kompanie Jäger die 11. sibirische Schützen-Division entwaffnet und Dorpat befreit.[1] Als Rittmeister im Göttinger Kavallerieregiment 3 war er 1939 wieder ins Feld gezogen, bald mit der Spange zum EK I ausgezeichnet. Daß er mit 2 Hilfskräften eine historisch-chronistische und zugleich analytische Aufgabe am Kriegstagebuch bewältigen konnte, für die die Marine und die Luftwaffe ganze Institute aufgebaut hatten, beruhte auf seinem Organisationsvermögen, seinen umfassenden militärischen Kenntnissen, seiner hervorragend ausgebildeten historischen Methode und einer ganz ungewöhnlichen Willenskraft, verbunden mit eisernem Fleiß und beweglichem Auffassungs- und Anpassungsvermögen. Er hatte sich bei der Kriegstagebuchführung bald von der starren Vorschrift täglicher Berichterstattung freigemacht und war bei der Erörterung operativer Absichten dieses Führungsstabes zur Schilderung von zusammenhängenden Abläufen übergegangen, die er über Monate hinweg, von den ersten Überlegungen an bis zur Beendigung eines Feldzuges, beschrieb. So sind seine großen Überblicke über den Abfall Italiens und die Sicherung der Mittelmeerflanke durch deutsche Armeen, ebenso die Überwindung der ersten Krise in Ungarn 1943/44 bereits ausgereifte historische Studien, unter voller Berücksichtigung auch der politischen und wirtschaftlichen Bedingungen. Der Nachteil bestand darin, daß die Befangenheit in der

[1] Herbert v. Blanckenhagen: Am Rande der Weltgeschichte. Erinnerungen aus Alt-Livland 1913–1923, Göttingen 1966, S. 154–169.

Beurteilung der Lage, wie sie sich dem Führungsstab von Tag zu Tag wechselnd darbot, nicht zum Ausdruck kam; daß Schwankungen in der Auffassung, Zögern in der Entschlußfassung, Abänderungen, Widerruf, Neuansatz, aber auch Durchhaltevermögen in Krisen nicht oder nur abgeschwächt und vom Ausgang her bestimmt erkennbar wurden. Schramm suchte dieses wenigstens für seine eigenen heuristischen Prinzipien auszugleichen durch Festhalten der Probleme in den täglichen Lagebesprechungen, die in der Tat den eigentlichen schrittweisen Entscheidungsprozeß widerspiegelten. Das „Lagebuch" als kontrollierendes Instrument der zusammenhängend darstellenden Methode ist jedoch für die Jahre 1943/44 nicht aufbewahrt worden, so daß eine Nachprüfung der Stationen der Entschlußfassung nicht mehr möglich ist. Infolge der Zurückhaltung besonders wichtiger „Handakten" bei dem Chef des Wehrmachtführungsstabes Generaloberst Jodl und bei dem stellvertretenden Chef des Wehrmachtführungsstabes General der Artillerie Warlimont blieb das Kriegstagebuch ohnehin rund um ein Vierteljahr hinter den Ereignissen zurück; so konnte es nicht ausbleiben, daß auch hierbei in der Formulierung der (im Abstand erfolgten) Niederschrift die späteren Erfahrungen und Ergebnisse mit einflossen. Am Ende des ersten Quartals 1945 war das Kriegstagebuch des Wehrmachtführungsstabes bis zum Ende des Jahres 1944 in der neueren Form abgeschlossen.

Die sich dann überstürzenden Ereignisse, die Trennung der Verteidigungsbereiche in je einen Nord- und Südabschnitt, die Zuweisung des Kriegstagebuchs in den für wichtiger angesehenen Südraum (in Prag sollten sich die Reichsbehörden sammeln) am 20. April 1945 entfernten Schramm vom Oberkommando der Wehrmacht und dem Wehrmachtführungsstab, die nach Norden verlegten. Von diesem Tage an hörte die bisherige, zu hoher Leistung gesteigerte Kriegstagebuchführung im Wehrmachtführungsstab auf. Wegen der Trennung der Akten und der zunehmend unüberbrückbar werdenden räumlichen Trennung von führenden Offizieren, Registraturen und persönlichen wie sachlichen Informationsquellen war an eine Rekonstruktion des Kriegstagebuchs im zuletzt üblichen darstellenden Stil nicht mehr zu denken. Gerettet wurde indessen hier das „Lagebuch", so daß eine lückenlose Fortsetzung in der Festlegung der Ereignisse und der darauf bezogenen Führungsentschlüsse, vielfach mit deren Begründung, bis zum 19. April 1945 möglich war. Diese, nun wieder täglich wiedergegebenen Lageberichte, die dem Anfangsstadium der

Kriegstagebuchführung 1942–1943 ähnlich sehen, sind in der von Major Schramm aufgenommenen Form gedruckt worden in dessen Edition: Kriegstagebuch des Oberkommandos der Wehrmacht (Wehrmachtführungsstab) Band IV. Zweiter Halbband 1. Abschnitt. Frankfurt a. M. 1961, S. 976–1251. Da das Lagebuch nicht mehr durch Befragungen und Heranziehung von Akten revidiert werden konnte, sind Verschreibungen und Verwechslungen bei Namen und Truppenbezeichnungen unvermeidlich gewesen. Bedenkt man die Umstände, unter denen im Zusammenbruch noch Kriegstagebuch geführt und dieses durch chaotische Zustände hindurchgerettet werden konnte, so gebührt Prof. Dr. P. E. Schramm für sein im Interesse der Geschichte verantwortungsbewußtes Handeln noch nachträglich besonderer Dank.

Das Kriegstagebuch in der Schlußphase des Wehrmachtführungsstabes

Die Organisation des Wehrmachtführungsstabes blieb bis zur Kapitulation der Wehrmacht und darüber hinaus so weit intakt, als auch die täglichen Tätigkeitsnachweise nicht fehlen durften. Nach der Abfahrt von Major Schramm in den Südraum war während der Marschbewegungen der Staffel des Wehrmachtführungsstabes von Zossen nach Flensburg-Mürwik vom 20. April bis zum 3. Mai mit nahezu täglich wechselnden Quartieren zunächst keine Gelegenheit zur Ausbreitung und Ordnung der Akten gegeben. Erst mit der Erreichung des neuen Hauptquartiers in der Marineschule Mürwik konnte an die Niederschrift der Ereignisse der letzten beiden unruhe- und entscheidungsreichen Wochen gedacht werden. Den amtlichen Auftrag hierfür erhielt Major des Generalstabes Schultz-Naumann von dem Chef der Operationsabteilung Heer im Wehrmachtführungsstab.

Der Natur der Sache nach konnte es sich nicht um einen Tätigkeitsbericht, sondern um ein vorschriftsmäßiges amtliches Kriegstagebuch handeln, in möglichster Anlehnung und Fortführung in der Art der Lagebücher von Schramm. Daß ein Kriegstagebuch – entgegen seiner Bezeichnung – nicht immer von Tag zu Tag, vielmehr oft auch in Ruhepausen für kürzere Zeiträume zusammenfassend niedergeschrieben wurde, war für die Fronttruppe in den Bataillonen und Regimentern ohnehin üblich; aber auch bei Stäben nicht ungewöhnlich, zumal hier die Ereignisse sich meist tagelang hinzogen, bis sie zu Abschlüssen gelangten. Dennoch war es üblich, die für die Niederschrift angesammelten Unterlagen wie Befehle, Meldungen, Bestandsübersichten, Aufzeichnungen über Lagebesprechungen und Ferngespräche, „Notizen für das Kriegstagebuch" von Kommandeuren und Sachbearbeitern, nach Tagen getrennt aufzuführen, wodurch der Eindruck einer von Tag zu Tag geführten, in sich abgeschlossenen und nicht auf die folgenden Ereignisse bezogenen Dokumentation entsteht. Daß eine solche Annahme irrig ist und das Kriegstagebuch oft das nicht bieten kann, was es zu sein vorgibt, muß als feststehende Tatsache für die Masse der Kriegstagebücher des Ersten und Zweiten Weltkrieges erkannt und hingenommen werden. (Erst das Kriegstagebuchwesen der Deutschen Bundeswehr hat Methoden entwickelt, die für alle Führungsebenen eine täglich abschließende Berichterstattung ermöglichen und sicherstellen.)

Major des Generalstabes Schultz-Naumann, der vom Bataillons-Rahmen ausgehend in den Jahren 1941/42 das Kriegstagebuch der 32. Infanterie-Division und das Kriegstagebuch des II. Armeekorps nebenamtlich geführt hatte, brachte für seinen neuen Auftrag, dasselbe auch für die höchste Führungsebene zu tun, bereits Erfahrungen mit. Durch die Teilnahme an den täglichen Lagebesprechungen erhielt er dafür die wichtigsten Voraussetzungen, und Schramms Arbeitsweise war im Stabe noch genügend bekannt. Aber eine Ausbildung oder auch nur Einweisung in die Aufgaben eines Kriegstagebuch-Offiziers war in der Deutschen Wehrmacht unbekannt (obwohl bereits Schlieffen sich mit entsprechenden Manöver-Erprobungen 1895 beschäftigt hatte). Die recht allgemein gehaltenen, nach den im ersten Kriegsjahr wenig überzeugenden Leistungen neu gefaßten, für Front und Stäbe gleichlautenden Vorschriften konnten nur Anhaltspunkte geben, so daß die Ergebnisse je nach persönlicher Eignung des betreffenden Offiziers und entsprechend dem Grad der Einwirkung seitens der Befehlshaber, Kommandeure, Stabschefs und dgl. unterschiedlich ausfielen und einer späteren vergleichenden Auswertung nicht geringe Schwierigkeiten bereiteten.[1]

Die noch im Jahre 1945 gültigen Bestimmungen waren für die Wehrmachtteile einzeln erlassen, so daß für Heer, Marine und Luftwaffe verschiedenartige, auf deren Belange abgestimmte Anweisun-

[1] Deutliche Kritik an dem beim Wehrmachtaufbau vernachlässigten Kriegstagebuchwesen übt unmittelbar vor Kriegsausbruch 1939 ein mit „Sz." gezeichneter Artikel „Das Kriegstagebuch" im „Militär-Wochenblatt" 1939 Nr. 10, Sp. 620–623.
Zum Gesamtproblem: Walther Hubatsch: „Das Kriegstagebuch als Geschichtsquelle", in: Wehrwissenschaftliche Rundschau 15. Jg. 1965, S. 615–623.
Zum Problem des Kriegstagebuchs von Sondereinheiten im Ersten Weltkrieg: Walther Hubatsch: „Das Kriegstagebuch der Ostseedivision 1918", in: Turun Historiallinen Arkisto 31, 1976, S. 321–337.
Allgemeiner Erfahrungsbericht d. Reichsarchivs, der weithin auch noch für den Zweiten Weltkrieg gilt: Ernst Otto: „Die Kriegstagebücher im [Ersten] Weltkriege", in: Archiv für Politik und Geschichte, 5. Jg. 1925, S. 647–661.

gen vorlagen, jedoch nicht für operative Stäbe, schon gar nicht auf Wehrmachtebene. Der Wehrmachtführungsstab hat von sich aus keine diesbezüglichen Vorschriften und Verfahrensformen entwikkelt, was den Kriegstagebuchoffizieren, zuerst Ministerialrat Hauptmann a. D. Helmuth Greiner (1. August 1940–28. Februar 1943), danach Major d. R. Prof. Dr. P. E. Schramm (1. März 1943–19. April 1945) es ermöglichte, die den Aufgaben des Stabes angemessenen Formen (Schramm spricht von „amtlich bestalltem Registrator", der im „Notar-Stil" zu berichten hatte) zu entwickeln und anzuwenden. Major des Generalstabes Schultz-Naumann mußte auf seine Erfahrungen als Kriegstagebuchoffizier bei der 32. Division und beim II. Armeekorps zurückgreifen. Für diese galten die 1940 revidierten „Bestimmungen für die Führung von Kriegstagebüchern und Tätigkeitsberichten", erlassen vom Oberkommando des Heeres, Berlin, den 23. April 1940. Az. 34/40 – Kriegswiss. Abt. d. Generalstabs des Heeres Nr. 1500/40. Darin heißt es: „Kriegstagebücher . . . sind Nachweise über die Tätigkeit von Kommandobehörden, Dienststellen und Truppenteilen im Kriege . . . Sie dienen dem Sammeln von Erfahrungen für Ausbildung und Führung, sie sind eine unentbehrliche Unterlage für die Geschichtsschreibung und deshalb sorgfältig zu bearbeiten und zu sichern." Der in Ziffer 2 der Bestimmungen enthaltene Satz, daß Kommandobehörden ihre Kriegstagebücher *getrennt* nach Führungsabteilung und Quartiermeisterabteilungen zu führen hätten, ist vernünftigerweise für den Wehrmachtführungsstab niemals praktiziert worden. Es hätte sonst eine Unzahl von nachgeordneten Abteilungen (auch für die drei Wehrmachtteile je extra) ihre Kriegstagebücher einrichten müssen. Statt dessen ist von Anfang an die *Einheit der Führung* in der täglichen Aufzeichnung als selbstverständliche Grundvoraussetzung der Tätigkeiten in der Wehrmachtspitze vorausgesetzt und auch durchgeführt worden. Ziffer 5 der „Bestimmungen" setzt fest: „Verantwortlich für die Eintragungen in die Kriegstagebücher sind die Führer der Kommandobehörden bzw. der Truppenteile. Sie beauftragen mit der Führung der Kriegstagebücher geeignete Offiziere, die das erforderliche taktische Verständnis besitzen . . . Sie müssen laufend insbesondere über Feindmeldungen, Lagebeurteilungen, Entschlüsse und Maßnahmen unterrichtet werden. Alle außerdem erforderlichen Unterlagen sind ihnen zugänglich zu machen." Ziffer 6 (durch Sperrdruck hervorgehoben): „Kriegstagebücher sind laufend zu führen. Es kommt darauf an, daß die Ereignisse – so weit irgend möglich – täglich noch unmittelbar unter dem Eindruck des Geschehens niedergeschrieben werden. Die Darstellung muß ausführlich und erschöpfend sein. Es genügt nicht, die erhaltenen und gegebenen Befehle oder Meldungen zusammenzustellen und daran anschließend die Ereignisse zu schildern. Es sollen vielmehr die Grundlagen für das Handeln der Führer klar erkennbar sein, z. B. muß unzweideutig zum Ausdruck gebracht werden, welche Eindrükke vom Feinde, welche Meldungen und Nachrichten zur Beurteilung der Lage führten, und ob Maßnahmen auf Grund erhaltenen Befehls oder aus eigenem Entschluß ausgeführt wurden. Auch der ungünstige Verlauf einer Kampfhandlung muß wahrheitsgetreu dargestellt werden. Unter anderem muß erwähnt werden: Die Mitwirkung der anderen Waffen (auch Luftwaffe) und der Nachbarn, insoweit sie für die eigene Kampfhandlung usw. von Bedeutung war; das Ergebnis von Besprechungen; der Inhalt wichtiger Ferngespräche und Funksprüche in den entscheidenden Punkten; die stimmungsmäßige Auswirkung erhaltener Befehle oder eingetretener Lagen, Urteile über den Kampfwert und Geist der Truppe; besondere Leistungen von Verbänden, Einheiten und Persönlichkeiten; Veränderungen beim Feinde, Verhalten und Beurteilung der Bevölkerung; Eigenart und Einfluß des Geländes und der Witterung. Besonderer Wert ist auf alle Zeitangaben (Ausgangs- und Eingangszeiten von Befehlen, Beginn und Ende von Kampfhandlungen, Zeiten der Unterstellung neuer Verbände usw.) zu legen." Die folgenden, nicht sehr glücklichen Anordnungen zur umfangreichen Ansammlung von Anlagen jeder Art können hier unberücksichtigt bleiben, da die Anlagenbände zum Kriegstagebuch sämtlich vernichtet sind.

Major d. G. Schultz-Naumann hat sich im Rahmen der ihm zugänglichen Informationen nach den vorstehenden Bestimmungen gerichtet. Besonders wichtig ist darin die selbständige Auffassung der Anordnung, daß die Darstellung des Kriegstagebuchs „ausführlich und erschöpfend" sein müsse. Diese nicht in letzter Klarheit verständliche Richtlinie hat Schultz-Naumann so verstanden und angewandt, wie sie heute genauer definiert ist: Das Kriegstagebuch muß „aus sich heraus verständlich sein". Die Übereinstimmung mit diesem Grundsatz hat danach auch aus dem letzten Teil des Kriegstagebuchs des Wehrmachtführungsstabes mehr gemacht als nur einen Gefechtskalender oder einen Wegweiser (bzw. lediglich Inhaltsverzeichnis) von in den Anlagen angehäuften Kriegsakten. Durch den geistigen Akt der Konzentrierung auf das Wesentliche ist nicht nur der Gang der Ereignisse, sondern auch die Begründung und Auswirkung der Führungsentschlüsse sichtbar gemacht worden in einem Maße, das die (verlorengegangenen) Aktenbeilagen auch nachträglich als entbehrlich erscheinen läßt. Ein „Lagebuch“ mit Notizen aus den Lagebesprechungen, das entsprechend den Vorschriften auch nicht vorgesehen war, hat Schultz-Naumann nach Schramms Vorbild nicht geführt. Ein solches ist jedoch in einem modernen Krieg unter erschwerten Bedingungen jeder Stabsarbeit in möglichst handlichem Format unerläßlich, zumal auch die höchsten Führungsstäbe (wie die Situation vom 20. April bis 3. Mai 1945 ausweist) durch stets wechselnde Lagen und Feindeindrücke in Atem gehalten werden und die notwendigerweise sich häufenden vielfältigen Informationen und Anordnungen bald unübersichtlich werden, wenn sie nicht gleichzeitig festgelegt sind. Ein aufwendiger, umfangreicher und umständlicher Aktenapparat und erst recht empfindliche Tonbänder mit kostspieligen Apparaturen mit ihren nicht gefilterten Weitläufigkeiten sind dabei keine Hilfen, vielmehr nur Hindernisse für eine rasche und übersichtliche, auf das Wesentliche zusammengedrängte Bestandsaufnahme, Lagenanalyse und rasche Handreichung zur Orientierungshilfe.

Das vom 20. April bis zum 16. Mai 1945 geführte Kriegstagebuch des Wehrmachtführungsstabes umfaßt 93 Schreibmaschinenseiten. Dieses Kriegstagebuch ist in der originalen Fassung vollständig abgedruckt von P. E. Schramm in Band IV, 2. Halbband des Kriegstagebuchs des Oberkommandos der Wehrmacht, S. 1451–1499 unter gleichzeitiger Bereinigung weniger Unstimmigkeiten. Nicht erhalten sind die Anlagen, auf die im Kriegstagebuch verwiesen ist. Jedoch sind die Wehrmachtberichte, auf die von Schultz-Naumann anstelle der nicht mehr im Wehrmachtführungsstab angefertigten Lageberichte in den täglichen Kriegstagebuchaufzeichnungen verwiesen wird, für den Zeitraum vom 18. April bis 9. Mai 1945 bei Schramm am gleichen Ort Seite 1252–1282 abgedruckt und können zur Ergänzung herangezogen werden.

Zur Darstellung „Die letzten dreißig Tage“

Während der amtliche Auftrag in der beschriebenen Weise gut gelöst wurde und dadurch zugleich die Dokumentation des Kriegstagebuchs des Wehrmachtführungsstabes in angemessener Weise vervollständigt werden konnte, bot der sachgerecht angewandte knappe militärische Berichtstil nur den Fachleuten die nötigsten Aufschlüsse. Ein breiteres Publikum konnte damit nichts anfangen; allein zum Verständnis der gängigsten militärischen Begriffe und der wechselnden Formationsbezeichnungen wäre eine Unzahl von Anmerkungen erforderlich geworden, wodurch die Lektüre sich zu einem Studium ausgeweitet hätte.

Es ist deshalb Herrn Jürgen Thorwald sehr zu danken, der bei seiner Suche nach authentischen Quellen für die Darstellung „Das Ende an der Elbe“ auf Schultz-Naumanns Aufzeichnungen stieß und diese mit Recht für wert fand, getrennt von Verarbeitungen in größeren zusammenhängenden Darstellungen, als Quelle für sich veröffentlicht zu werden. Auf seinen Rat entschloß sich Schultz-Naumann, eine überarbeitete Fassung seines Tagebuchs herzustellen und im Jahre 1951 zu veröffentlichen. Der Text ist lesbar umgestaltet, Urteile und Wertungen sind eingeflossen, die bereits die spätere Entwicklung vorwegnehmen, sich auf sie beziehen oder als bekannt voraussetzen; Kommentare und Ergänzungen nach dem Erkenntnisstand von 1951 sind hinzugefügt, in zwei Fällen auch erläuternde längere Fußnoten. In die Tagebuchnotizen sind vom 12. bis 20. Mai 1945 zusätzlich auszugsweise Ausführungen des Chefs des Wehrmachtführungsstabes, Generaloberst Alfred Jodl, eingeschoben. Diese waren bei den weiter täglich stattfindenden Lagebesprechungen von Schultz-Naumann aufgenommen worden und sind vollständig abgedruckt in P. E. Schramm: Kriegstagebuch des OKW, Bd. IV, 2. Halbband, S. 1499–1507.

Hier ist der Bericht von Schultz-Naumann in demselben Wortlaut wiederholt worden, wie er bereits 1951 gedruckt war. Als Anhang sind für die Tage 29. April und 3. Mai 1945 (mit Einfügung der Wehrmachtberichte für diese Tage) die Originalfassungen des amtlichen Kriegstagebuchs abgedruckt, um davon Proben zu geben und Vergleiche zu ermöglichen.

Weiteres Memoiren- und Quellenschrifttum

Ergänzend können zu Schultz-Naumanns Bericht unter anderem folgende Quellen herangezogen werden, die in der gleichen Zeit und in demselben Raum dieselben Ereignisse behandeln und authentischen Wert beanspruchen dürfen, wobei hier im allgemeinen eine Beschränkung auf den obersten deutschen militärischen Führungsbereich geboten war, um nicht auf eine Fülle von Schrifttum höchst unterschiedlichen Wertes verweisen zu müssen. Die hierüber vorliegende seriöse Literatur ist am besten erreichbar und bibliographisch exakt nachgewiesen in der Bibliothek für Zeitgeschichte – Weltkriegsbücherei – in 7000 Stuttgart, Konrad-Adenauer-Straße 8.

1) Quellen

Jodl, Generaloberst: Tagebuch 1. Januar bis 21. Mai 1945 (nicht veröffentlicht).
Koller, Karl: Der letzte Monat. Die Tagebuchaufzeichnungen des ehemaligen Chefs des Generalstabes der deutschen Luftwaffe vom 14. April bis 27. Mai 1945, Mannheim 1949.
Wagner, Gerhard (Bearb. u. Hrsg.): Lagevorträge des Oberbefehlshabers der Kriegsmarine vor Hitler 1939–1945, München 1972. (Lagevorträge Januar bis April 1945, Seiten 629–703).

2) Memoiren

Boldt, Gerhard: Die letzten Tage der Reichskanzlei (Aufzeichnungen des Ordonnanzoffiziers von Guderian, später Krebs, Rittmeister Boldt, 1. Februar bis 1. Mai 1945 in Berlin), Hamburg 1947.

Dönitz, Karl: Zehn Jahre und zwanzig Tage, Bonn 1958

Guderian, Heinz: Erinnerungen eines Soldaten, 4. Aufl., Heidelberg 1951.

Lüdde-Neurath, Walter: Regierung Dönitz, Göttingen 1951, 3. wesentl. erw. Aufl. 1964 (Göttinger Beiträge für Gegenwartsfragen 3). Verfasser war vom September 1944 bis zum Kriegsende persönlicher Adjutant des Großadmirals Dönitz. Seine Aufzeichnungen erstrekken sich vornehmlich auf die politischen Ereignisse, an denen Dönitz als letztes Oberhaupt des Reiches beteiligt war.

Warlimont, Walter: Im Hauptquartier der Deutschen Wehrmacht 1939–1945 (bis September 1944, jedoch mit weiterführenden Betrachtungen), Frankfurt/M. 1962.

Zur Darstellung „Die Schlacht um Berlin“

Durch seine Tätigkeit im Wehrmachtführungsstab hatte Schultz-Naumann in der Schlußphase des Krieges zusammen mit Major des Generalstabes Friedel die Verteidigungsmaßnahmen an der Westfront zu bearbeiten. So gewann er einen unmittelbaren Einblick in die Arbeitsweise des Oberkommandos der Wehrmacht, dem zu diesem Zeitpunkt angesichts des Verfalls der eigenen Kräfte, des Fehlens an Reserven, modernen Waffen, Munition, Treibstoff und mangels der für die bewegliche Abwehr unerläßlichen Tiefe des Raumes entscheidungswirksame Maßnahmen nicht mehr möglich waren. Die klare Einsicht in die unabwendbare, rasch heraneilende Katastrophe und der dennoch täglich unternommene aussichtslose Versuch, dagegen anzugehen, schuf unerhörte Spannungen und seelische Belastungen.

Die Entscheidung konnte nicht mehr im Westen fallen, jedenfalls nicht in dem Sinne, daß es möglich oder auch zweckmäßig gewesen wäre, die angelsächsischen Armeen aufzuhalten. Rommels letzter Ausweg nach der unwiderruflich vollzogenen Invasion der Anglo-Amerikanischen Streitkräfte in Frankreich war, die Westfront aufzugeben und alle deutschen Abwehrkräfte so weit wie möglich ostwärts von Berlin gegen die anstürmenden Sowjetarmeen zusammenzufassen. Für den Westfront-Bearbeiter Major Schultz-Naumann war es ein besonders eindrückliches Erlebnis, als Generaloberst Jodl, der Chef des Wehrmachtführungsstabes, bei Hitler seinen längst gefaßten, wiederholt vorgebrachten Vorschlag durchsetzen konnte, „die gesamte Front gegenüber den Angelsachsen umzudrehen, die an dieser Front eingesetzten Kräfte in den Kampf um Berlin zu werfen und diese Operation durch das Oberkommando der Wehrmacht selbst zu führen“. Das war am 22. April 1945, als die sowjetischen Angriffsspitzen sich nach Aufreißen der Oder-Front und der Neiße-Verteidigung bis an Zossen-Treuenbrietzen und Königswusterhausen herangeschoben hatten und bereits am Vortage das Zentrum von Berlin von einem weittragenden Geschütz beschossen worden war. Es sollte nur noch Stunden dauern, bis der makabre Berliner Witz zur schauerlichen Wirklichkeit werden sollte, daß man von der West- an die Ostfront mit der Straßenbahn fahren könne. Schwerwiegender noch: Die Kampfkraft auch der deutschen Divisionen im Osten sank in dem Maße rapide ab, in dem aus den schlesischen und bald auch westfälischen Rüstungsbetrieben der Nachschub an Waffen und Munition eingestellt werden mußte. Daß die Amerikaner der deutschen Situation ohne jedes Verständnis gegenüberstanden und sich in Mitteleuropa als Sachwalter Sowjetrußlands zeigten, sollte erst im Augenblick der Kapitulation in einem Maße demonstriert werden, das nicht nur Illusionen, sondern auch Hoffnungen und gerechtfertigte Erwartungen auf deutscher Seite gänzlich zerstörte.

Von dem Ausweich-Hauptquartier des Oberkommandos der Wehrmacht in Zossen südlich Berlin verfolgte Schultz-Naumann seit seinem Eintreffen dort im März 1945 die sich rasch bedrohlich zuspitzende Entwicklung der militärischen Lage um Berlin. Aus unmittelbarer Beobachtung der täglichen Lagemeldungen, Ferngespräche mit den Befehlshabern der dortigen Verteidigungsabschnitte wie auch der Heeresgruppe Weichsel und später der zum Entsatz von Berlin herangeführten Großverbände entstand ein nach Kräftebemessung und Entwicklung sorgfältig rekonstruiertes Bild, ergänzt durch Berichte von Mitkämpfern und Offizieren in höheren Führungsstäben der beteiligten Armeen. Diese Schilderung stand zeitlich und hinsichtlich des fachlichen Urteilsvermögens jenen Eindrücken am nächsten, die bei den Mitlebenden damals vorherrschten. Der von Schultz-Naumann dargebotene Abriß beschränkt sich bewußt auf die Schilderung der Operationsführung und überschreitet damit nicht seinen Zuständigkeitsbereich. Der Bericht über die Bedrohung, Einschließung und Eroberung Berlins steht in sachlichem und stilistischem Zusammenhang mit den Aufzeichnungen desselben Verfassers über die letzten dreißig Tage des Krieges 1945 in Norddeutschland, denn er gehört in dieses Gesamtgeschehen hinein. Deshalb wird diese, im Jahre 1955 zuerst in der Allgemeinen Schweizerischen Militärzeitschrift abgedruckte Darstellung hier, erneut durchgesehen, wiederholt. Sie wird in Einzelheiten ergänzt, auch berichtigt werden können; in der Auffassung der damaligen Mitkämpfer vermag sie wegen ihrer Zeitnähe und ihres dokumentarischen Gehalts nicht als „überholt" gelten.

Ergänzende Literatur

Joachim Schultz-Naumanns „Die Schlacht um Berlin" erschien zuerst in der Allgemeinen Schweizerischen Militärzeitschrift 1955, S. 277–291, 349–363; danach in revue des forces terrestres 1957, p. 119–135.

Besymenski, Lew: Auf den Spuren von Martin Bormann, Berlin 1965.

Besymenski, Lew: Der Tod des Adolf Hitler. Unbekannte Dokumente aus Moskauer Archiven, Hamburg 1968.

Besymenski, Lew: Die letzten Notizen von Martin Bormann (1. Januar bis 1. Mai 1945), Stuttgart 1974.

Freytag-Loringhoven, Bernd von: Die Schlacht um Berlin (Manuskript).

Fritzsche, Hans: Hier spricht Hans Fritzsche, Zürich 1948.

Heinrici, Gotthard: Die Heeresgruppe Weichsel und der Kampf um Berlin (Manuskript).

Kroemer-Pecoroni, Walter: Sammlung von Berichten und Dokumenten aus der Schlacht um Berlin (Manuskript).

Mabire, Jean: Berlin im Todeskampf 1945, Preußisch Oldendorf 1977.

Paul, Wolfgang: Der Endkampf um Deutschland 1945, München 1976.

Rein, Heinz: Finale Berlin, Berlin 1949.

Rocolle, Lt. Colonel: Götterdämmerung. La Prise de Berlin.

Ryan, Cornelius: Der letzte Kampf, München/Zürich 1966.

Schieck, Arno: Die Kämpfe in Berlin.

Slawin, L. J.: Die letzten Tage des „Dritten Reichs", Berlin 1948.

Thorwald, Jürgen: Die große Flucht, München 1979.

Trevor-Roper, H. R.: Hitlers letzte Tage, Zürich 1948.

Wogulow, Wladimir: Wie Ostdeutschland besetzt wurde und Berlin kapituliert hat. O. O., o. J.

(Die als Manuskripte gekennzeichneten Beiträge sind bei Jürgen Thorwald zitiert.)

Prof. Dr. Dr. h. c. Walther Hubatsch

1. Teil

Die letzten dreißig Tage im Deutschen Oberkommando der Wehrmacht

April/Mai 1945

20. April 1945

Am 20. April 1945 beginnt bei den militärischen Führungsstellen der letzte Akt des dramatischen Zusammenbruchs der Deutschen Wehrmacht.

Den Russen ist es gelungen, mit ihren Panzerspitzen bis in die Gegend von Baruth, 18 Kilometer südlich von Zossen, dem langjährigen Hauptquartier des Oberkommandos der Wehrmacht (OKW), des Wehrmachtführungsstabes (WFSt.) und des Generalstabes des Heeres (Gen.Stab d. H.), vorzudringen.

Am Morgen des 20. April 1945 gedenkt der stellvertretende Chef des WFSt., Generalleutnant Winter, noch in einer Ansprache des Geburtstages von Hitler und äußert erstmalig vor einem größeren internen Kreise den Gedanken, daß der Krieg unglücklich ausgehen könne.

Die Lage an den Fronten stellt sich dem Wehrmachtführungsstab am 20. April wie folgt dar:

Die Kurlandfront und die restliche Ostpreußenfront auf der Halbinsel Hela und in der Weichselniederung werden gegen heftige russische Angriffe gehalten. Die Seefestung Pillau ist das Ziel überlegener Feindangriffe. Die Oderfront wird gegen den Ansturm der Sowjets nur noch beiderseits Frankfurt/Oder und zwischen Schwedt und Stettin gehalten, wo es der Heeresgruppe „Weichsel" unter Führung des Generaloberst Heinrici gelingt, die Angriffe der 1. Weißrussischen Heeresgruppe des Marschalls Schukow und der 2. Weißrussischen Heeresgruppe des Marschalls Rokossowski abzuschlagen. Die in die Tiefe der deutschen Verteidigung vorgedrungenen Kräfte des Marschalls Schukow stehen jedoch schon mit ihren Angriffsspitzen im Weichbild ostwärts von Berlin.

In der Linie Fürstenwalde–Straußberg–Bernau wird in erbitterter Abwehr versucht, den feindlichen Ansturm zum Stehen zu bringen. Obwohl eigene Kampfgruppen im Kampfraum zwischen Görlitz und Frankfurt/Oder, angeklammert an Geländehindernisse und Ortschaften, dem durchgebrochenen Feind hartnäckigen Widerstand entgegensetzen, dringt Marschall Konjew mit seiner 1. Ukrainischen Heeresgruppe bis in den Raum Görlitz–Bautzen und an Spremberg vorbei auf Kamenz vor. Zwischen Spremberg und Cottbus gelingt ihm der entscheidende Durchbruch bis in den Süden der Reichshauptstadt. Hier gewinnen die feindlichen Panzerspitzen die Gegend

Jüterbog und Wünsdorf. Für die südlich Berlin kämpfende 9. deutsche Armee beginnt an diesem Tage die Leidenszeit einer vierzehntägigen erbitterten Einkesselungs- und Durchbruchsschlacht.

Bei der Heeresgruppe Süd des Generaloberst Rendulic scheitern die südlich St. Pölten vorgetragenen Angriffe der 3. Ukrainischen Heeresgruppe des Marschalls Tolbuchin. Auch die Angriffe der 2. Ukrainischen Heeresgruppe unter Marschall Malinowski und der 4. Ukrainischen Heeresgruppe unter Generaloberst Eremenko im böhmisch-mährischen Raum gegen die Heeresgruppe Mitte des Feldmarschalls Schörner können in der allgemeinen Linie Mistelbach (nördlich Wien)–Brünn–Mährisch-Ostrau abgewehrt werden.

Die Festung Breslau, die bereits seit dem 17. Februar eingeschlossen ist, schlägt starke Feindangriffe zurück. Die am Atlantik auf sich allein gestellt kämpfenden Seefestungen Gironde-Nord und Gironde-Süd fallen nach Verschuß ihrer letzten Munition in Feindeshand, während die Festungen St. Nazaire und Lorient sich bis zur Kapitulation halten können.

Im Nordwesten des Reiches, der jetzt unter dem Befehl des Oberbefehlshabers Nordwest, Feldmarschall Busch, steht, ist die 21. Britische Heeresgruppe, Oberbefehlshaber Feldmarschall Montgomery, mit der 1. Kanadischen Armee im Angriff auf die untere Ems im Raum Papenburg–Friesoythe. Teile der 1. Kanadischen Armee stehen nach Brechung des deutschen Widerstandes in Nord- und Ostholland an der Grebbe-Linie, die von den Truppen des Generaloberst Blaskowitz, des Verteidigers der „Festung Holland", gehalten wird.

Die ebenfalls zur 21. Britischen Heeresgruppe gehörende 2. Britische Armee befindet sich mit ihrem linken Flügel gegen heftigen deutschen Widerstand im Angriff auf Delmenhorst und Bremen, während ihr rechter Flügel, in breiter Front aus der Lüneburger Heide angreifend, die Elbe südostwärts Hamburg gewinnt.

Die Reste der 11. deutschen Armee verteidigen sich unter Ausnutzung des schwer zugänglichen Geländes im Harz gegen von Norden und Osten angreifende überlegene Streitkräfte der 9. und 1. US-Armee, die zusammen mit der 3. US-Armee der 12. US-Armeegruppe des Generals Bradley unterstehen.

Ein Entsatzangriff des XXXIX. deutschen Panzerkorps mit Teilen der erst im März/April aus Panzer-Offiziersschulen und Arbeitsdienst aufgestellten Panzer-Division „Clausewitz" und der Division „Schlageter" aus dem Raum Uelzen nach Süden dringt kämpfend

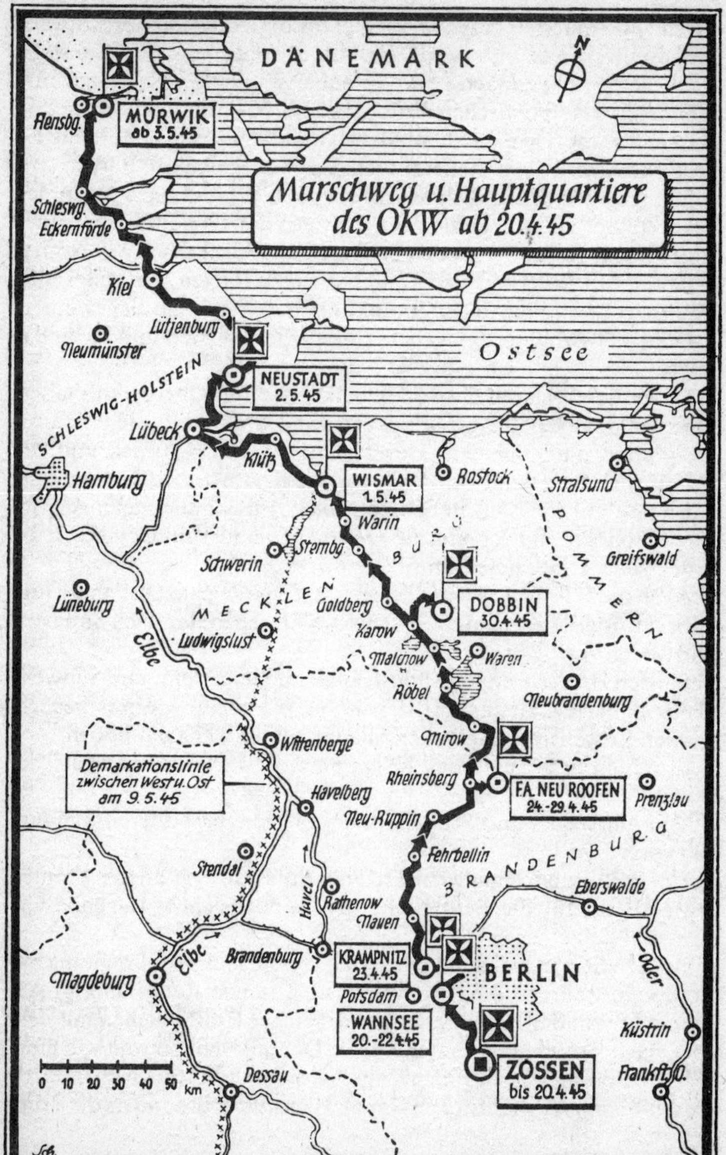

Marschweg u. Hauptquartiere des OKW ab 20.4.45
DÄNEMARK
N
Ostsee
Flensbg.
MÜRWIK ab 3.5.45
Schleswg.
Eckernförde
Kiel
Lütjenburg
Neumünster
SCHLESWIG-HOLSTEIN
NEUSTADT 2.5.45
Lübeck
Klütz
Hamburg
WISMAR 1.5.45
Rostock
Stralsund
Warin
Sternbg.
Schwerin
POMMERN
Greifswald
MECKLENBURG
DOBBIN 30.4.45
Goldberg
Karow
Lüneburg
Ludwigslust
Malchow
Waren
Elbe
Röbel
Neubrandenburg
Mirow
Wittenberge
Demarkationslinie zwischen West u. Ost am 9.5.45
Rheinsberg
F.A. NEU ROOFEN 24.-29.4.45
Prenzlau
Havelberg
Neu-Ruppin
BRANDENBURG
Fehrbellin
Stendal
Havel
Rathenow
Eberswalde
Nauen
Brandenburg
KRAMPNITZ 23.4.45
BERLIN
Oder
Magdeburg
Potsdam
WANNSEE 20.-22.4.45
Küstrin
ZOSSEN bis 20.4.45
Frankft/O.
0 10 20 30 40 50 km
Dessau
Sch.

durch von Alliierten besetztes Gebiet bis in den Raum nordostwärts Braunschweig vor und wird hier von überlegenem Feind gestellt. Nach Verlust der zunächst bei Wittenberge und südlich Magdeburg gebildeten amerikanischen Brückenköpfe hält die 9. US-Armee in hartem Kampf gegen die ebenfalls erst im März/April aufgestellte 12. deutsche Armee unter General Wenck den Brückenkopf Barby.

Die Angriffe der südlich anschließenden 1. US-Armee gegen den Brückenkopf Dessau werden von Truppen der 12. deutschen Armee abgewiesen. Es gelingt jedoch dem rechten Flügel der 1. US-Armee, kämpfend in Bitterfeld und Delitzsch einzudringen und mit Teilen über Leipzig vorgehend den Raum Chemnitz–Zwickau zu gewinnen.

Die 3. US-Armee erzwingt tiefe Einbrüche im Elster- und Fichtelgebirge.

In Süddeutschland, das von den Truppen des Oberbefehlshabers West, Feldmarschall Kesselring, verteidigt wird, greift die 6. US-Armeegruppe unter General Devers mit der 7. US-Armee und der 1. Französischen Armee an. Während die Kräfte der 7. US-Armee bei Nürnberg nur langsam Boden gewinnen, ist es ihnen gelungen, im Raum Stuttgart in Richtung auf Göppingen und Tübingen gegen die 1. deutsche Armee tiefe Einbrüche zu erzielen.

Auch die 1. Französische Armee dringt aus Gegend Offenburg und Lahr im Angriff gegen die 19. deutsche Armee weiter nach Südosten und Süden vor.

Bei den Heeresgruppen Südost, Generaloberst Löhr, und Südwest, Generaloberst v. Vietinghoff, d. h. in Jugoslawien sowie in Italien, gewinnen Russen und Anglo-Amerikaner ständig weiter an Boden.

Ein Teil der griechischen Inseln befindet sich noch in deutscher Hand.

Von Norwegen und Dänemark liegen keine besonderen Meldungen vor.

Unter Zugrundelegung der Ereignisse dieses Tages an den Fronten ergeben sich für die Beurteilung der Feindabsichten folgende Gesichtspunkte:

Bei den Sowjets zeichnet sich eindeutig die Hauptstoßrichtung auf Berlin ab, während die Angriffe im sächsischen Raum und im Abschnitt Stettin der Bindung starker deutscher Kräfte dienen mit dem Ziel, nach Erzwingung weiterer tiefer Durchbrüche so weit wie möglich nach Westen vorzustoßen. Diese Absicht besteht auch im österreichisch-böhmisch-mährischen Raum. Hier sind es besonders die Trup-

29. April 1945 – englische gepanzerte Schwimmfahrzeuge Typ „Buffalo“ überqueren die Elbe zur Verstärkung des englischen Brückenkopfes bei Lüneburg.

Britische Truppen vereinigen sich mit den Russen am 3. Mai 1945 in Mecklenburg.

Feldmarschall Montgomery mit der deutschen Delegation zur Unterzeichnung der Kapitulation im Nordabschnitt am 4. Mai 1945.
V. l. n. r.: Feldmarschall Montgomery, Generaladmiral von Friedeburg, General Kinzel, Konteradmiral Wagner, Major des Generalstabs Friedel.

Generaladmiral von Friedeburg unterzeichnet im Beisein von Feldmarschall Montgomery am 4. Mai 1945 die Kapitulationsurkunde der deutschen Streitkräfte im Nordabschnitt in Lüneburg.

Gesamtkapitulation der deutschen Wehrmacht im Hauptquartier von General Eisenhower in Reims am 7. Mai 1945.
V. l. n. r.: Major des Generalstabs Oxenius, Generaloberst Jodl, Generaladmiral von Friedeburg.

General Eisenhower nach der deutschen Kapitulation in Reims am 7. Mai 1945.

Flüchtlinge aus den Ostprovinzen werden vom „Seedienst Ostpreußen“ in Sicherheit gebracht.

Parlamentär-Konvoi auf dem Weg von Pilsen nach Wolkow bei Jaromir zur Heeresgruppe Schörner vor dem Gefechtsstand einer deutschen Kampfgruppe in Prag am 8. Mai 1945 morgens. *Vorn, v. r.:* Oberst des Generalstabs Meyer-Detring, OKW/WFSt., und Lieutenant Colonel Pratt, G 3 V. US Corps, mit Dolmetscher.
Hinten: deutscher Kampfgruppenführer, tschechischer Gendarmerieoffizier als Lotse, zwei US-Offiziere des Konvois, deutscher Offizier der Kampfgruppe.

pen der 3. Ukrainischen Heeresgruppe, die das Ausweichen namhafter deutscher Verbände auf das Alpengebiet verhindern sollen. Der gleiche operative Gedanke bestärkt die amerikanische Führung darin, mit allen Mitteln den Angriff in Süddeutschland in südostwärtiger Richtung, d. h. auf Österreich, mit dem Ziel einer Vereinigung mit den russischen Kräften fortzusetzen. Den Amerikanern kommt es ebenfalls darauf an, eine Verteidigung kampfkräftiger deutscher Truppen in den Alpen illusorisch zu machen.

Im Mittelabschnitt der westalliierten Front liegt unter Führung des Generals Bradley der Schwerpunkt des feindlichen Angriffs. Hier sind die Hauptkräfte der Amerikaner eingesetzt. Sie sollen die Vereinigung mit den Sowjets herbeiführen und dadurch Deutschland in zwei Hälften teilen, um die Erzwingung des endgültigen Sieges auf diese Weise zu beschleunigen.

Die Angriffe der 21. Englischen Heeresgruppe haben vordringlich die Inbesitznahme der deutschen Nordseehäfen mit ihren Werften und letzten U-Bootstützpunkten zum Ziel. Die Angriffe an der unteren Elbe deuten auf einen Durchbruch in Richtung Ostsee.

Die deutsche Führung versucht, das weitere Zurückgehen der Armeen aufzuhalten. So erhält der Oberbefehlshaber Südwest (Italien) einen „Führerbefehl", keine weiteren Absetzbewegungen unter dem Eindruck örtlicher Durchbrüche durchzuführen. Der Absetzgedanke sei bei allen Kommandeuren schärfstens zu bekämpfen.

Auch die Fortsetzung der Absetzbewegungen beim Oberbefehlshaber Südost (Jugoslawien) auf die Linie: Mündung der Una in die Save-Virevitica bedarf rechtzeitiger „Führergenehmigung". Aus diesen Anordnungen geht eindeutig hervor, wie sehr man an höchster Stelle noch an der Fiktion festgefügter Fronten festhält. Im Mittelpunkt aller Ereignisse steht jedoch die Lage innerhalb Deutschlands und insbesondere in Berlin. Der Oberbefehlshaber Nordwest, Feldmarschall Busch, soll mit der Armeegruppe General Blumentritt das Vordringen der auf Hamburg vorstoßenden feindlichen Kräfte durch Angriff in deren Westflanke aufhalten. Die eigenen Brückenköpfe südlich Hamburg sind zu halten, um ein Einwirken des Feindes auf die weiter südlich im Raum westlich und südwestlich Berlin operierende neu zusammengestellte 12. deutsche Armee, General Wenck, zu verhindern.

Die 12. Armee befindet sich in einer noch nicht abgeschlossenen Neuaufstellung. Sie hat unter hervorragender Führung mit ihren tapferen, trotz aller Niederlagen noch begeisterungsfähigen und einsatzfreudigen jungen Soldaten bereits in den Kämpfen im Raum Barby–Zerbst–Dessau Beweise bester Haltung gegeben. Nachdem die dieser Armee anfangs gestellte Aufgabe der Führung eines Angriffs von Ost nach West zum Entsatz der im Ruhrkessel eingeschlossenen Heeresgruppe B durch den Gang der Ereignisse hinfällig geworden war, soll sie nunmehr mit ihren schwachen Kräften nach zwei Seiten hin Angriffs- und Verteidigungsaufgaben lösen.

Sie soll die Amerikaner an und ostwärts der Elbe zum Stehen bringen und im Raum zwischen Mulde und Elbe Anschluß an die dortige 7. deutsche Armee halten und sich gegen die möglicherweise auf die Linie Jüterbog–Torgau vorgehenden sowjetischen Kräfte hinhaltend kämpfend verteidigen.

Die Erfüllung dieser beiden Aufgaben ist der 12. Armee nicht möglich, da sie gar nicht über die Kräfte verfügt, so vielseitige Aufträge zu lösen.

Angesichts der alarmierenden Meldungen von allen Fronten will Hitler nicht nachgeben. Er propagiert den fanatischen Kampf bis zum letzten.

Keitel erläßt einen Befehl, daß keine deutschen Städte mehr zu Lazarettstädten erklärt werden dürften, da dies zu Schwächemomenten führe.

Der Oberbefehlshaber der Kriegsmarine, Großadmiral Dönitz, wird beauftragt, sofort mit der Vorbereitung zur restlosen Ausschöpfung aller personellen und materiellen Möglichkeiten für die Verteidigung des Nordraumes zu beginnen, falls die Landverbindung zwischen Nord- und Süddeutschland in Mitteldeutschland unterbrochen werden sollte.

Am selben Tage wird dem Kommandanten des Verteidigungsabschnittes La Rochelle an der Atlantikküste befohlen, sofort die Kapitulationsverhandlungen mit dem französischen General de Larminat, von denen das OKW erfährt, abzubrechen. La Rochelle sei weiter zu verteidigen. Die Feindlage zwingt zur Verlegung der Hauptquartiere des OKW, WFSt. und des Gen.Stab des Heeres von Zossen in nördlicher Richtung. Der WFSt. bezieht Quartier in der Reichsluftschutzschule Wannsee. Alles geschieht in Eile, denn in der Ferne sind bereits die Abschüsse russischer Panzerkanonen zu hören. In Wannsee findet das Hauptquartier in den Gebäuden der Reichsluftschutzschule Unterkunft, die gerade von den Angehörigen des Stabes des Reichsleiters Bormann geräumt worden sind.

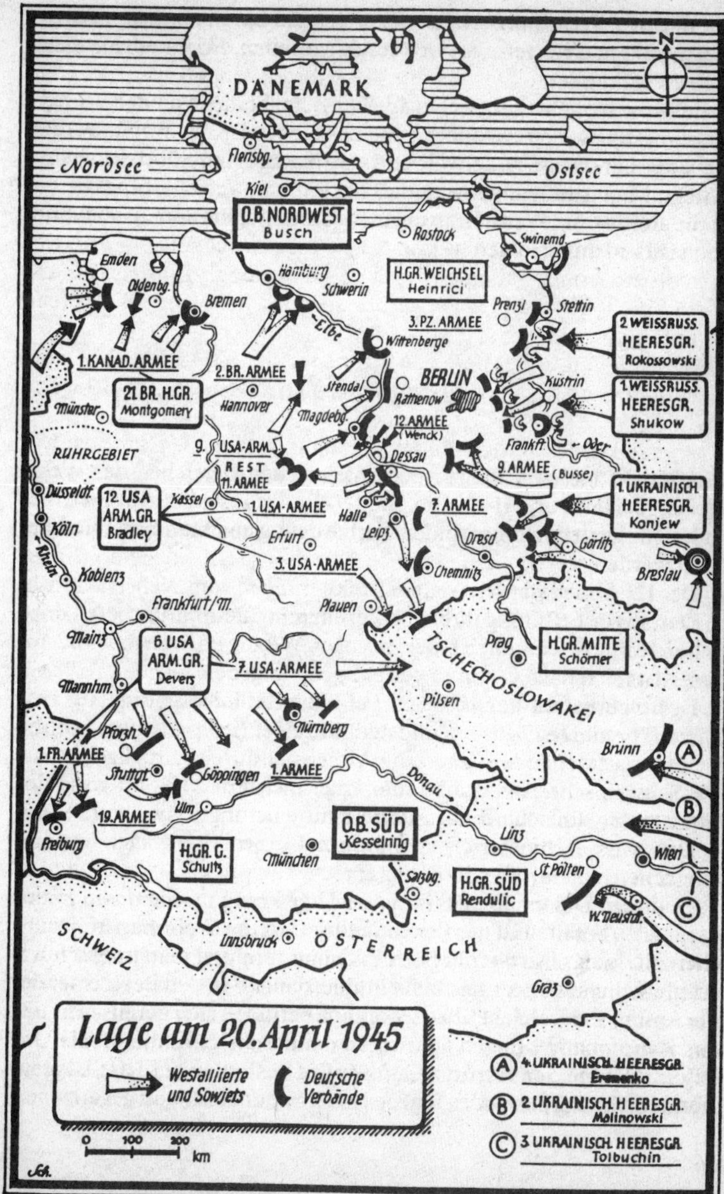
DÄNEMARK
Nordsee
Ostsee
Flensbg.
Kiel
O.B. NORDWEST
Busch
Rostock
Swinemd.
Emden
Oldenbg.
Bremen
Hamburg
Schwerin
H.GR. WEICHSEL
Heinrici
Prenzl
Stettin
Elbe
3. PZ. ARMEE
Wittenberge
2. WEISSRUSS. HEERESGR.
Rokossowski
1. KANAD. ARMEE
2. BR. ARMEE
BERLIN
Küstrin
1. WEISSRUSS. HEERESGR.
Shukow
21. BR. H.GR.
Montgomery
Stendal
Rathenow
Hannover
Münster
Magdebg.
12. ARMEE
(Wenck)
Frankft.
Oder
RUHRGEBIET
9. USA-ARM.
REST
11. ARMEE
Dessau
9. ARMEE (Busse)
Düsseldf.
12. USA ARM. GR.
Bradley
Kassel
1. USA-ARMEE
7. ARMEE
1. UKRAINISCH. HEERESGR.
Konjew
Köln
Halle
Leipz.
Erfurt
Dresd
Görlitz
Rhein
3. USA-ARMEE
Chemnitz
Breslau
Koblenz
Frankfurt/M.
Plauen
Mainz
6. USA ARM. GR.
Devers
7. USA-ARMEE
TSCHECHOSLOWAKEI
Prag
H.GR. MITTE
Schörner
Mannhm.
Pilsen
Pforzh.
Nürnberg
Brünn
1. FR. ARMEE
Stuttgt.
Göppingen
1. ARMEE
Donau
Ulm
19. ARMEE
O.B. SÜD
Kesselring
Linz
Wien
Freiburg
H.GR. G.
Schultz
München
St. Pölten
Salzbg.
H.GR. SÜD
Rendulic
W. Neustdt.
SCHWEIZ
Innsbruck
ÖSTERREICH
Graz
Lage am 20. April 1945
Westalliierte und Sowjets
Deutsche Verbände
A 4. UKRAINISCH. HEERESGR.
Eremenko
B 2. UKRAINISCH. HEERESGR.
Malinowski
C 3. UKRAINISCH. HEERESGR.
Tolbuchin
0 100 200 km
Sch.

Im Berliner Zentrum horchen die Zivilisten bei sonnigem Vorfrühlingswetter nach Osten, von wo Geschützdonner die Annäherung der Russen verkündet.

In Wannsee geht das geschäftige Leben im Stabe in niedergedrückter Stimmung weiter. Größere Teile des Stabes OKW/WFSt. werden auf dem Landwege noch während der Nacht nach Süddeutschland verlegt. Man glaubt allgemein, daß bei weiterer Verschärfung der Lage in Berlin die Weiterführung der Gesamtoperationen von Süddeutschland aus erfolgen werde.

21. April 1945

Chef OKW befiehlt, Panzersperrlinien in den Bereichen der Wehrkreise: X–Hamburg, II–Stettin und III–Berlin auszubauen. Auch hier sollen im letzten Moment noch Verteidigungsmaßnahmen durchgeführt werden.

Der 12. Armee werden weitere Erläuterungen vom Wehrmachtführungsstab für Erfüllung ihrer von vornherein undurchführbaren doppelten Aufgabe – nämlich einerseits nach Westen anzugreifen und andererseits sich nach Osten zu verteidigen – gegeben.

Der Oberbefehlshaber West, Feldmarschall Kesselring, der vor kurzem Feldmarschall v. Rundstedt abgelöst hatte, meldet, daß die bei Stuttgart stehende 1. deutsche Armee nur durch Zurückgehen auf die Schwäbische Alb glaube, die Lage meistern zu können. Hitler lehnt diesen Entschluß ab und befiehlt eine angriffsweise Lösung.

Der Russe schießt sich erstmalig mit einem weittragenden Geschütz in das Zentrum von Berlin ein.

Es mutet seltsam an, daß in dieser Lage kein Entscheid von Hitler darüber zu erhalten ist, wo der endgültige Sitz der Wehrmachtführung sein soll. Im Kreise der obersten Führung vermutet man immer noch eine plötzliche Verlegung nach Süddeutschland in den Berchtesgadener Raum. Zahlreiche Führungsorgane befinden sich bereits dort unten. Arbeitsfähig ist jedoch nur der im Südraum befindliche Teil des WFSt. Alle übrigen Dienststellen des OKW sind nicht in der Lage zu arbeiten. Sie werden auf Befehl des nach Süddeutschland gegangenen stellvertretenden Chefs des WFSt., General Winter, größtenteils aufgelöst und ihre Kopfzahl von 1500 auf 400 gekürzt.

Die Verlagerung der wichtigsten Führungsorgane des WFSt. im Lufttransport nach Süddeutschland wird vorbereitet. Der Gedanke, sich in die sogenannte Alpenfestung oder das Reduit, wie es die Gegner nennen, zurückzuziehen, mag wohl Hitler und seiner Umgebung naheliegen, sonst wäre nicht immer wieder diese Möglichkeit erwähnt. Aber es besteht gar kein Reduit, das einen solchen Namen verdiente.

Selbstverständlich könnten sich Truppen in diesem Gebiet, das von den Alliierten mit einer Begrenzung nach Osten durch die Niederen Tauern, im Süden durch die Dolomiten, im Westen entlang der Schweizer Grenze und im Norden durch die Bayerische Hochebene angenommen wird, verteidigen. Das hätte aber rechtzeitige Besetzung, Schaffung von Befestigungsanlagen an besonders gefährdeten Zugängen und voraussichtlichen Brennpunkten des Kampfes sowie insonderheit eine ausreichende Bevorratung und Schaffung von bombensicheren Unterkünften zur Voraussetzung. Das gesamte westösterreichische und deutsche Alpengebiet hätte demzufolge als Großraumfestung eingerichtet werden müssen. Aber hierfür sind keinerlei Vorbereitungen getroffen worden. Daher kann auch ein Endkampf im Reduit nicht in Frage kommen.

Für den Gegner, insbesondere den Amerikaner, liegt die Wahrscheinlichkeit harter Kämpfe gegen die deutsche Alpenfestung allem Anschein nach doch so im Bereich des Möglichen, daß er in seinen Operationen auf die Verhinderung dieser vermeintlichen deutschen Absicht hinzielt. Die geplante Verlegung von Führungsorganen in das Reduit kommt auf Grund der Ereignisse des kommenden Tages nicht mehr in Frage.

22. April 1945

Die Truppen der Roten Armee erreichen mit ihren Angriffsspitzen südlich Berlin die Linie Treuenbrietzen–Zossen–südlich Königswusterhausen. Weitere Kräfte zur Nährung dieser Angriffe werden nachgeführt. Ostwärts und nördlich von Berlin schiebt sich der Feind in schweren Kämpfen bis an die äußere Verteidigungslinie der Reichshauptstadt heran.

Bei der 12. Armee besteht der Eindruck, daß die Amerikaner an der Elbe-Front im Raum Havelberg einen sogenannten „Demarkationslinien-Aufmarsch" durchführen. Danach würden die Amerikaner den Russen Berlin als Beute lassen, obwohl es ihnen möglich wäre, vor den Russen dort zu sein.

Inzwischen ist immer noch kein Entscheid gefällt worden, ob die 12. Armee mit Schwerpunkt an der Ost- oder Westfront kämpfen soll. Dabei müßte der Entschluß eindeutig für die Ostfront lauten.

Hitler entschließt sich nun endgültig für seine Person, nicht nach Süden auszuweichen, sondern den Kampf um Berlin persönlich zu führen und in der Reichskanzlei zu bleiben.

Zum letztenmal findet gegen 15 Uhr eine große Lagebesprechung in der Reichskanzlei statt. In dieser Besprechung überkommt Hitler zum erstenmal die öffentlich ausgesprochene Erkenntnis, daß der Krieg verloren ist. Er beschuldigt die Generalität und seine Mitarbeiter der Treulosigkeit und des Verrats und spricht davon, daß er sich das Leben nehmen wolle. Aber noch ist es nicht soweit. In dieser Situation, in der er sich für sein Bleiben in Berlin entscheidet, wollen auch seine engsten Mitarbeiter, darunter Keitel und Jodl, ein Beispiel ihrer Treue zu ihm geben und bieten sich an, bei ihm in der Reichskanzlei zu bleiben. Er befiehlt jedoch, daß Feldmarschall Keitel, Generaloberst Jodl und Reichsleiter Bormann nach dem Süden fliegen sollen, um dort die Gesamtoperationen weiterzuführen.

Die Durchführung dieses Befehls wird von allen dreien abgelehnt. Hitler nimmt sodann den Vorschlag von Jodl an, die Front gegen die Angelsachsen umzudrehen, die an dieser Front eingesetzten Kräfte in den Kampf um Berlin zu werfen und diese Operation durch das OKW selbst führen zu lassen.

Nach diesem letzten, allgemeinen Lagevortrag werden OKW und WFSt. nach Krampnitz verlegt und dort einheitlich zu einem Gesamtstab OKW zusammengefaßt.

In Berlin wird die Lage immer bedrohlicher. Die Bevölkerung hofft jedoch auf ein Wunder von Westen. Sie steht an diesem Sonntag, wie auch in den Tagen vorher, in endloser Reihe vor den Lebensmittelläden Schlange, um noch etwas Eßbares für die bevorstehenden Tage der Belagerung zu erlangen.

Von Westen her, aus Richtung Potsdam, werden eiligst schnell zusammengeraffte und mangelhaft ausgerüstete Einheiten motorisiert und bespannt verladen oder zu Fuß zur Verteidigung nach Berlin hineingeführt. Gleichzeitig bewegen sich Ströme flüchtender Berliner auf allen möglichen Beförderungsmitteln aus Berlin heraus. Sie vermischen sich westlich und nordwestlich der Stadt mit Flüchtlingskolonnen, KZ- und Gefangenentransporten sowie Wehrmachtsangehörigen zu einem Zuge ziel- und planlos umherirrender Menschheit, die in panischer Furcht vor den Russen, oftmals gejagt und beschossen von Tieffliegern, versucht, sich in allgemein westlicher Richtung zu retten. Es sind Bilder des Schreckens, die nun schon seit Monaten und Wochen, nachdem der Feind die Ostgrenzen Deutschlands überschritten hat, nicht mehr wegzudenken sind und deren erschütternde Dramatik sich von Tag zu Tag chaotisch steigert. Alle diese Menschen suchen sich in erster Linie vor den Greueln der Russen zu retten.

Am Abend fährt Feldmarschall Keitel noch nach Wiesenburg, südwestlich von Belzig in der Mark, zur Lagebesprechung beim Stabe des XX. Korps, das General Köhler führt. Dieses aus drei sogenannten „jungen" Divisionen bestehende Korps der 12. Armee ist der einzige, annähernd kampfkräftige Verband, welcher im weiten Umkreis westlich von Berlin vorhanden ist. Gleichzeitig soll Berlin von Norden her mit Hilfe des III. SS-Korps, Kommandierender General SS-Obergruppenführer Steiner, durch Angriff der 25. Panzergrenadier-Division und der 7. Panzerdivision (Restdivision, kaum beweglich) aus dem Raum nordwestlich Oranienburg gegen die tiefe Flanke des auf Nauen nach Westen vorstoßenden Russen entlastet und später entsetzt werden.

23. April 1945

Am Morgen des 23. April ist die Schlacht um Berlin mit voller Heftigkeit entbrannt. In der Linie Beelitz–Trebbin–Teltow–Dahlewitz können starke, durch Panzer unterstützte Angriffe aufgefangen werden.

Nördlich der Reichshauptstadt versuchen die Sowjets die Havel zu überschreiten.

Feldmarschall Keitel fährt nach seinem Besuch beim Korps Köhler zum Hauptquartier der 12. Armee. Er trifft um 1.00 Uhr bei General Wenck in der Oberförsterei „Alte Hölle" bei Wiesenburg ein und bespricht mit ihm den Angriff auf Berlin in Richtung Potsdam und die Vereinigung von 12. und 9. Armee. Die gleiche Weisung erhält die 12. Armee vom OKW auch direkt, und zwar mit der Formulierung, daß unter weitestgehender Entblößung der Verteidigung an Elbe und Mulde starke Kräfte zum Stoß in nordostwärtiger Richtung auf Berlin bereitzustellen seien.

Somit ist also die Armee der ihr bisher gestellten und undurchführbaren Zwitteraufgabe enthoben und kann sich ganz dem „Kampf gegen die Sowjets" widmen.

Bereits am selben Tage wird Sicherung und Aufklärung nach Osten und Nordosten vorgetrieben und das nächtliche Herauslösen von kampffähigen Teilen zum Einsatz gegen den Ostfeind befohlen.

Um 6 Uhr befindet sich Feldmarschall Keitel auf dem Gefechtsstand der Division Scharnhorst (zum Korps Köhler gehörend) in Kranepuhl, südostwärts Belzig, und läßt sich hier über die Führung des Angriffs dieser Division, der nach der notwendigen Umgruppierung beiderseits Treuenbrietzen in Richtung Trebbin vorgetragen werden soll, orientieren. Anschließend fährt er nach Krampnitz zurück.

Um 15.00 Uhr begeben sich Keitel und Jodl nochmals mit ihren Adjutanten zum Lagevortrag in die Reichskanzlei. Hier sehen sie Hitler zum letztenmal.

Als sie nach Krampnitz zurückkehren, wird sofortiger Abmarsch des Hauptquartiers notwendig, da der Russe bereits den Niederneuendorfer Kanal nordwestlich von Spandau überschritten hat und mit Panzern nach Süden vorstößt. Es ist also höchste Zeit, das Hauptquartier zu verlegen. Im Nachtmarsch über Nauen, wo bereits eine Stunde später feindliche Panzer einbrechen, sodann weiter über Neuruppin und Rheinsberg kommt das Hauptquartier am 24. April gegen 4.00 Uhr im Forstamt Neu-Roofen südwestlich Fürstenberg an.

Feldmarschall Keitel hat sich nach seiner Teilnahme an der Lagebesprechung in der Reichskanzlei und Rückkehr nach Krampnitz in Verfolg der Idee, daß durch seine persönliche Einwirkung der Gang der Operationen um Berlin günstig beeinflußt werden könne, sofort wieder zur 12. Armee begeben. Er trifft in deren neuem Hauptquartier in Seelensdorf, nördlich Brandenburg, gegen 23.00 Uhr ein.

Obwohl der Tag durch die Kämpfe um Berlin beherrscht wird, versucht man doch von seiten der obersten Führung, auch noch die Operationen an den übrigen Fronten zu leiten. So erhält der OB Südwest die Weisung, daß die Erklärung Polas zum Verteidigungsbereich aufgehoben worden sei und die dort eingesetzten Kräfte zum Schutz von Fiume zur Verfügung gestellt würden. Der OB West bekommt einen Befehl für die Kampfführung der 1. und 19. Armee. Danach ist das Ziel: „Wiederherstellung einer zusammenhängenden Front in Süddeutschland, notfalls an der Donau, unter Anschluß an die Schweizer Grenze." Anschließend gibt OB West einen Funkspruch über die Kampfführung der 19. Armee herein. Für diese Armee ist folgendes befohlen worden: „Durchbruchsangriff mit zusammengefaßten Kräften oder Kampfführung in der ganzen Tiefe des Kampffeldes gegen die rückwärtigen Verbindungen des Feindes. Hier kommt es besonders darauf an, die im Raum Stuttgart–Tübingen sowie im Schwarzwald auf Rottweil und in der Rheinebene südlich Lahr vordringenden feindlichen Kräfte zum Stehen zu bringen."

Der OB Südwest erhält die Genehmigung, die Heeresgruppe hinter Tessin und Po zurückzuführen, falls Durchbruch durch die Front nicht mehr abgefangen werden könne. Endziel: Ausreichende Kräfte zur Besetzung der blauen Linie zu erhalten. Unter „blaue Linie" ist eine Front im Verlauf der südlichen Alpenausläufer zu verstehen.

Außerdem trifft ein Fernschreiben des Reichsmarschall Göring ein. Göring betrachtet sich in diesem Schreiben als Nachfolger Hitlers. Er sieht diese Nachfolge ab 23. April, 22.00 Uhr, falls keine entgegengesetzte Antwort erfolgt, auf Grund der Lageentwicklung in Berlin als gegeben an.

Durch Funkspruch verbietet jedoch Hitler dem Reichsmarschall in schärfster Form jeden Schritt in der angedeuteten Richtung.

24. April 1945

Die Russen stoßen gegen erbitterten deutschen Widerstand bis in die Räume südostwärts Brandenburg, südlich Potsdam, nördlich Königswusterhausen und in die Randgebiete der östlichen und nördlichen Stadtteile der Reichshauptstadt vor.

Die Hoffnung auf Verzögerung des feindlichen Vordringens aus südlicher Richtung und auch des Umfaßtwerdens von Norden und Nordwesten her auf Berlin stützt sich immer mehr auf den Angriff der westlich und südwestlich Berlin stehenden 12. Armee.

Um 19.45 Uhr erhält die 12. Armee Befehl über Angriffsführung für den Kampf in Berlin.

Aber bei der 12. Armee ist zu diesem Zeitpunkt bereits die Bildung einer geschlossenen Front nach Osten nicht mehr möglich. Der Feind muß in einzelnen Kampfgruppen angegriffen werden, um sein weiteres Vorgehen zu verzögern. Das Operationsgebiet der Armee wird nach Norden durch die Linie Wittstock–Altruppin–Herzberg–Kremmen–Ruppiner Kanal begrenzt. Im Süden ist die Grenze etwa im Zuge der allgemeinen Linie Dessau–Cottbus anzunehmen.

Ein Angriff in geschlossener Front ist in einem so weiten Operationsgebiet, das teilweise schon von feindlichen Verbänden durchsetzt ist, allein aus Kräftemangel gar nicht möglich. Daher muß eine Verzettelung der Kräfte notgedrungen in Kauf genommen werden.

Die Armee hat im Norden Anschluß an die Heeresgruppe „Weichsel“, noch immer so benannt, obwohl die Weichsel bis auf die Danziger Niederung schon seit Monaten in Feindeshand ist. Aber das dort stehende Panzerkorps General Holste der 12. Armee ist völlig unzureichend ausgerüstet und in starkem Maße bewegungsunfähig. Einzig das am Südflügel stehende Korps Köhler ist halbwegs geschlossen und bewegungsfähig.

Der Chef WFSt. gibt eine besondere Weisung heraus, nach der alle verfügbaren Kräfte gegen den bolschewistischen Todfeind einzusetzen sind, wobei große Geländeverluste gegenüber den Angloamerikanern in den Hintergrund zu treten haben, daß jedoch jede Verlegung von Kräften vom Westen an die Ostfront der Genehmigung des OKW unterliegt.

Diese Weisung ergeht an die OB:
West: (Feldmarschall Kesselring, Raum Süddeutschland)
Südwest: (Generaloberst v. Vietinghoff, Raum Italien)
Mitte: (Feldmarschall Schörner, Raum Böhmen/Mähren)
Süd: (Generaloberst Rendulic, Raum Österreich)
Südost: (Generaloberst Löhr, nördlicher Balkan).

Der Führer unterschreibt in der Nacht vom 24. zum 25. April den Befehl über die Aufstellung eines besonderen Führungsstabes B (Süddeutschland), der die nach dort verlegten Teile des WFSt. unter General Winter umfaßt, und über die Befehlsführung des OKW, wonach dessen Hauptaufgabe Fortführung der Gesamtoperationen ist. Ferner befiehlt er die Zusammenlegung der Stäbe WFSt. und Generalstab des Heeres. Diese letztere Lösung, welche bereits vor Jahren als einzig richtige organisatorische Maßnahme zwecks sinnvoller Führung der Gesamtoperationen hätte durchgeführt werden müssen, kommt viel zu spät.[1]

Während zur Verteidigung des Südraumes nun der Führungsstab B sozusagen als südliche Zweigstelle des OKW, neben dem OB West, Feldmarschall Kesselring, eingeschaltet worden ist, soll im Nordraum eine „Reichsverteidigung Nord" unter Großadmiral Dönitz zum Tragen kommen.

Zu dessen Generalstabschef wird General Kinzel, bisher Chef des Stabes der Heeresgruppe „Weichsel", ernannt. Feldmarschall Keitel tut alles Erdenkliche, um die 12. Armee durch die vermeintliche Wirkung seines persönlichen Erscheinens zu noch schnellerem Handeln anzuspornen.

Er fährt noch am Abend des 24. April zum XXXXI. Panzerkorps, dem schwachen nördlichsten Korps der 12. Armee. Er trifft den Befehlshaber, General Holste, auf dessen Gefechtsstand in Klessen, 10 km westlich Friesack, um mit ihm den befohlenen Angriff auf Berlin zu besprechen.

[1] Die Ostfront unterstand dem Generalstab des Heeres. Sie bildete den einzigen sogenannten OKH-Kriegsschauplatz im Gegensatz zu den OKW-Kriegsschauplätzen. Hierzu gehörten die übrigen Fronten, angefangen von Norwegen, Dänemark, über West-, Südwest- und Südostfront. Sie unterstanden befehlsgemäß dem Wehrmachtführungsstab. Die OKW-Kriegsschauplätze hatten im Laufe des Krieges eine immer größere Bedeutung erlangt und trugen dazu bei, die Stellung des Oberkommandos der Wehrmacht mit seinem Wehrmachtführungsstab gegenüber dem Oberkommando des Heeres zu dessen Ungunsten zu stärken.
Es ergaben sich ständig Kompetenzschwierigkeiten, welche die Gesamtführung hemmend beeinflußten. Hinzu kam, daß Hitler als Oberster Befehlshaber des Heeres die letzte und höchste Instanz bildete. Bei strittigen Fragen zwischen WFSt. und Gen.-Stab des Heeres, z. B. Verlegung einer Division vom westlichen auf den östlichen Kriegsschauplatz, mußte in jedem Falle zuerst seine Entscheidung eingeholt werden. Allein der Zeitverlust, der hierbei entstand, erbrachte häufig nicht wiedergutzumachende Nachteile. Wer von den beiden Führungsorganen den engsten Kontakt zu Hitler besaß, setzte seine Ansichten durch.

General Holste weist hierbei auf die besondere Behinderung der Marschbewegungen infolge Mangels an Fahrzeugen hin. Die Schwierigkeiten im Hinblick auf Beweglichkeit, Ausrüstung und Bewaffnung seien gerade bei seinen improvisiert schnell aufgestellten und meist zusammengewürfelten Verbänden außergewöhnlich groß. So, wie seine Lage im Augenblick ist, sehe er sich außerstande, nach Osten vorzustoßen. Keitel spricht von mangelndem Willen.

25. April 1945

Der Tag steht völlig unter dem Einfluß der Entwicklung der Lage um Berlin. Für das Oberkommando treten jetzt alle anderen Aufgaben hinter der einen Forderung zurück, nämlich: Hilfe und Entsatz für die Reichshauptstadt. Es wird im Kampf um Berlin nach den vorliegenden Meldungen um jeden Fußbreit Boden gerungen. Dennoch gelingt es den Russen, die Linie Babelsberg–Zehlendorf–Neukölln zu gewinnen. Im ostwärtigen und nördlichen Stadtgebiet spielen sich heftige Straßenkämpfe ab. Nördlich Berlin ausholende russische Verbände erreichen mit ihren Panzerspitzen den Raum von Nauen und Ketzin. Sie stehen mit weit überlegenen Kräften zwischen Berlin und dem improvisierten Korps Holste. Nordostwärts Oranienburg wird das Nordufer des Ruppiner Kanals noch gegen starke russische Angriffe gehalten.

In Berlin befinden sich nur das LVI. Panzerkorps unter General Weidling sowie einige stark angeschlagene gemischte Verbände, außerdem Alarm- und Volkssturmeinheiten. Die Gesamtzahl der Panzerfahrzeuge liegt bei 50 Panzern.

Die Verteidigung des Raumes von Potsdam ist dem Korps Reymann übertragen worden, dem zwei schwache Divisionen sowie ebenfalls einige zusammengewürfelte Einheiten, Alarmkompanien und Volkssturm unterstehen. Die offenbare Absicht der Russen, Berlin einzukesseln, steht dicht vor ihrer Verwirklichung.

Der Ablauf des Tages im einzelnen:

0.30 Uhr meldet die 12. Armee fernmündlich. Nach Herausziehen aus der Elbe-Mulde-Front in der Nacht vom 24. auf 25. April stehen die südlichen Divisionen der 12. Armee am 25. April früh trotz anstrengenden Marsches in den befohlenen Räumen mit Front gegen die Sowjets. Der Vorschlag der 12. Armee, mit den drei kampffähigen Divisionen des Korps Köhler aus dem Raum Niemegk, ostwärts Belzig vorbei zum Angriff in Richtung Trebbin anzutreten, wird genehmigt. Hierdurch wird die Vereinigung mit der 9. Armee, die gleichzeitig den Befehl zum Ausbruch nach Westen erhalten hat, erhofft.

Aber ein paar Stunden später hat sich die Lage im Raum Treuenbrietzen–Wittenberg durch Angriffe des Feindes in breiter Front gegen Niemegk so verschärft, daß das XX. Korps Köhler schon in dem eben bezogenen neuen Bereitstellungsraum in die Verteidigung gedrängt wird.

Auch die 9. Armee meldet ständige Verstärkung des Drucks des sowjetischen Einschließungsringes. Sie steht in schweren Abwehrkämpfen. Gelingen des befohlenen Ausbruchs fraglich. Das OKW erläßt einen Befehl an die 12. und 9. Armee, in dem auf die „entscheidende Wichtigkeit" der befohlenen Operationen zum Entsatz Berlins hingewiesen wird. In dem Befehl an die 9. Armee heißt es:

„Die Haltung der 9. Armee ist dafür entscheidend, daß es gelingt, die in den Verteidigungsring der Stadt Berlin eingebrochenen feindlichen Kräfte abzuschneiden und die Hauptstadt des Reiches wieder freizukämpfen, in der sich der Führer im Vertrauen auf seine Soldaten aufhält."

Die zunächst beabsichtigte Zusammenfassung der gesamten 12. Armee zum Angriff auf Berlin wird durch die Lageentwicklung unmöglich gemacht. Jüterbog geht an die Russen verloren. Das XX. Korps Köhler schlägt den ganzen Tag hindurch feindliche Panzerangriffe zurück.

Die Stadt Potsdam wird völlig eingeschlossen.

Bei Torgau an der Elbe findet die erste Vereinigung zwischen Sowjets und Amerikanern statt. Truppen der 58. Garde-Division, die zum Verbande der 1. Ukrainischen Heeresgruppe unter Marschall Konjew gehören, vereinigen sich hier mit der 69. US-Division, die unter dem Befehl der 12. Amerikanischen Armeegruppe des General Bradley steht.

Aber der Führer hat sich offenbar von dem Zusammenbruch am 22. April erholt. Er gibt den Kampf um Berlin noch nicht verloren. Um 19.15 Uhr trifft ein Funkspruch an den in Plön/Holstein befindlichen Großadmiral Dönitz ein, worin Hitler den Kampf um Berlin als

„deutsche Schicksalsschlacht“ bezeichnet. Demgegenüber seien alle anderen Aufgaben und Fronten von sekundärer Bedeutung. Er befiehlt dem Großadmiral, diesen Kampf unter Zurückstellung auch aller sonstigen Marineaufgaben durch Heranführung von Truppen auf dem Luftweg in die Stadt sowie auf dem See- und Landweg an vor Berlin kämpfende Fronten zu unterstützen.

Um 19.30 erfolgt beim OKW Anruf des Adjutanten des Führers, Major Johannmeier, aus der Reichskanzlei, in welchem er dringend Munition anfordert, außerdem sei das Einfliegen von Marinesoldaten nach Berlin erwünscht.

Um 19.40 Uhr folgt ein Ferngespräch des Feldmarschalls Keitel mit dem III. SS-Korps Steiner. Danach erwartet der Führer, daß der Durchstoß der 25. Panzer-Grenadier-Division mit unterstellter 7. Panzerdivision durch das Niederungs- und Engengebiet in Richtung Nauen vorgetrieben wird. Alle verfügbaren Kräfte sollen dort nachgeschoben werden. Keitel sagt wörtlich: „Es ist der ausdrückliche Wille des Führers, daß hier der Kernpunkt der weiteren Entwicklung der Lage liegt.“ Für die Nacht vom 25. auf den 26. April wird eine personelle und materielle Luftversorgung Berlins vorgesehen.

Um unmittelbar auf die Truppe im Sinne des Entsatzangriffes auf Berlin einwirken zu können, begibt sich Generaloberst Jodl auf Frontfahrt zum Korps Steiner und zur 25. Panzergrenadierdivision.

26. April 1945

Generalfeldmarschall Keitel und Generaloberst Jodl widmen sich in wortgetreuer Ausführung gegebener Befehle fast ausschließlich der Führung der Entsatzangriffe für Berlin.

Dort hat sich der Kampf weiter verstärkt. In allen Vorstädten der Stadt toben heftige Straßenkämpfe. Der Feind steht in Zehlendorf, Steglitz und am Südrand des Tempelhofer Feldes. Am Schlesischen und Görlitzer Bahnhof wird gekämpft, und zwischen Tegel und Siemensstadt leisten die Verteidigungstruppen, mit Volkssturm und Hitlerjugend vereint, erbitterten Widerstand. Auch in Charlottenburg ist der Kampf entbrannt.

Um 0.25 trifft ein Fernschreiben des Führers an Generaloberst Jodl und 12. Armee ein:

„Schnellste Durchführung aller Entsatzangriffe in den bisher befohlenen Richtungen ist zwingend notwendig. Die 12. Armee hat auf die Linie Beelitz–Ferch anzutreten und unverzüglich den Angriff in ostwärtiger Richtung bis zur Vereinigung mit 9. Armee fortzusetzen.

Die 9. Armee greift auf kürzestem Wege nach Westen an und stellt die Verbindung mit der 12. Armee her. Nach Vereinigung der beiden Armeen kommt es darauf an, unter Eindrehen nach Norden die feindlichen Verbände im Südteil von Berlin zu vernichten und eine breite Verbindung mit Berlin herzustellen.

Die nordwestlich Oranienburg vorgehende Angriffsgruppe Steiner muß im ersten Durchstoß die Gegend von Bötzow erreichen. Bei Heeresgruppe Weichsel ist der Kampf der 3. Panzerarmee so zu führen, daß eine Verbreiterung des großen feindlichen Brückenkopfes westlich der Oder verhindert wird."

Dieser letzte Punkt des Befehls verdient besondere Beachtung, denn er besagt, daß die in der Mark Brandenburg, Uckermark und Vorpommern westlich der Oder in Verteidigung stehende Heeresgruppe „Weichsel" (Oberbefehlshaber Generaloberst Heinrici), bei ihrer 3. Panzerarmee vordringlich darauf bedacht sein muß, eine Ausweitung des bereits über den Unterlauf der Oder vorgeschobenen sowjetischen Brückenkopfes in westlicher Richtung zu verhindern. Denn, wenn den Russen hier ein weiteres Vordringen gelingen sollte, würde wiederum der Kampf der von Norden auf Berlin angreifenden verstärkten 25. Panzergrenadierdivision in Flanke und Rücken bedroht sein. Es herrscht also auf allen Fronten um Berlin ein ständiges Hin und Her der Kämpfe mit fortlaufendem Bedrohtsein in Flanke und Rücken. Verteidigung nach der einen und Angriff nach der anderen Seite gehören zu den festen Regeln dieser verwirrenden Schlacht.

Generaloberst Jodl meldet zu dem um 0.25 Uhr eingegangenen Fernschreiben des Führers:

„Angriff 9. Armee erfolgversprechend begonnen. XX. AK wird hoffentlich Nacht 25./26. Richtung Beelitz antreten, um dann nach Osten einschwenkend Verbindung mit 9. Armee zu suchen. Korps Holste erkämpft sich Aufmarschraum südlich Havelländisches Luch. III. SS-Korps hat Brückenkopf bis Nordrand Niendorf erkämpft. Erfolg bei Bautzen wird Angriffsfortsetzung nach Norden und Nordwesten ermöglichen. Lage 3. Panzerarmee nach Eingreifen feindlichen

Panzerkorps ostwärts Prenzlau bis zum Zerreißen gespannt. Drohende Gefahr, daß sich Feind in kurzer Zeit in Flanke und Rücken unserer nördlich Berlin stehenden Kräfte ergießt.

Bei Lauenburg droht starker Feindangriff über Elbe in Richtung Lübeck. Um weitere Durchtrennung des norddeutschen Raumes in Richtung Lübeck zu verhindern und der 3. Panzerarmee Kräfte zuzuführen, Vorschlag so viel Truppen in Gegend südostwärts Hamburg aus Raum zwischen Ems und Elbe über See und Land zu befördern, wie transporttechnisch möglich. Entscheidung erbeten."

Schon seit Tagen wird ein englischer Angriff über die Elbe bei Lauenburg erwartet. Damit ging die Absicht der 21. britischen Heeresgruppe, die Ostsee zu gewinnen und Schleswig-Holstein von Norddeutschland zu trennen, ihrer Verwirklichung entgegen. Auch die Inbesitznahme von Hamburg und Schleswig-Holstein sowie die Weiterführung der Operationen in Richtung Dänemark ist zu erwarten.

Die Meldung über die 9. Armee stützt sich auf einen neueren Funkspruch dieser Armee über die Inangriffnahme des befohlenen Ausbruchs. Das Wort „erfolgversprechend" ist jedoch hier als moralische Stütze eingesetzt.

Das gleiche gilt für den „Erfolg von Bautzen". Er hat nur örtliche Bedeutung und ist ohne operativen Einfluß auf die Gesamtlage. Die Erwähnung dieser Tatsache ist ebenfalls als moralische Stützung für Hitler aufzufassen, der sich offenbar noch der Hoffnung hingibt, die Heeresgruppe Schörner könne zum Entsatz von Berlin nach Norden marschieren. Ob das XX. Korps angreifen kann, wird sich erst zeigen. Das XXXXI. Korps Holste fällt für seinen Angriff auf Berlin aus. Es hat infolge des sowjetischen Vordringens westlich Berlin überhaupt nur noch lockere Verbindung mit der 12. Armee. Am bedrohlichsten entwickelt sich der Kampf bei der 3. Panzerarmee. Durch den Antransport von Truppen aus dem Gebiet zwischen Weser und Elbe hofft Generaloberst Jodl, 1. die 3. Panzerarmee zu verstärken und 2. der Kampfgruppe Steiner (III. SS-Panzerkorps) neue Kräfte für ihren Angriff auf Berlin zuzuführen.

Um 8.15 Uhr kommt ein Ferngespräch von General Krebs, in dem er mitteilt, daß der Führer mit den von Generaloberst Jodl gemachten Vorschlägen grundsätzlich einverstanden ist.

Um 9.40 Uhr trifft ein Fernschreiben des Führers ein, wonach er den Großadmiral Dönitz darum gebeten hat, alles an Hilfe zu schikken, was augenblicklich abgegeben und bewaffnet werden kann.

Es heißt dann: „Führer hält es für richtig, den Wert aller Verbände dadurch zu steigern, daß jüngere Soldaten der Marine und Luftwaffe die älteren Soldaten aus zweit- und drittklassigen Truppen ablösen."

Um 11.45 Uhr beantragt Oberbefehlshaber Heeresgruppe „Weichsel", Generaloberst Heinrici, die Einstellung des Angriffes der Kampfgruppe Steiner (III. SS-Panzerkorps) westlich Oranienburg auf Berlin, da kein Erfolg dort zu erwarten und 25. Panzergrenadier- sowie 7. Panzer-Division bei der 3. Panzerarmee im Raum Prenzlau benötigt werden. Antrag wird abgelehnt, da dem ausdrücklichen Befehl des Führers zum konzentrischen Entsatzangriff auf Berlin zuwiderlaufend.

Um 12.20 Uhr Meldung, daß Beweglichkeit der zur Verstärkung des Angriffs der 25. Panzergrenadierdivision befohlenen Kampfgruppe 7. Panzerdivision aus Transportmangel nur unerheblich fortgeschritten ist.

Generaloberst Heinrici ist ein verantwortungsbewußter und klar die Lage überschauender Oberbefehlshaber. Er braucht die verstärkte 25. Panzergrenadierdivision dringend am rechten Flügel seiner 3. Panzerarmee, um einen drohenden Durchbruch der Sowjets aufzufangen. Mit der 25. Panzergrenadierdivision allein und der Kampfgruppe 7. Panzerdivision, die aus Mangel an motorisierten Fahrzeugen nicht einmal ausreichend beweglich gemacht werden kann, ist ein Erfolg des bei Oranienburg befohlenen Durchstoßes auf Berlin gegen die feindliche Übermacht tatsächlich mehr als zweifelhaft.

Um 18.00 Uhr findet das letzte Ferngespräch zwischen Generaloberst Jodl und dem Führer statt. Jodl spricht anschließend mit den Generalen Krebs und Burgdorf, die sich bei Hitler im Bunker der Reichskanzlei befinden.

Der Führer hofft immer noch, daß die Lage südlich und südwestlich Berlin „gerettet" werden könne, und befiehlt daher, daß der 9. Armee nochmals klargemacht werden müsse, daß sie scharf nach Norden mit der 12. Armee einzudrehen habe, um den Kampf um Berlin zu entlasten.

Um 20.30 Uhr wird an Major v. Freytag-Loringhoven, Adjutant des Generals Krebs in der Reichskanzlei, folgende Lageorientierung durchgegeben:

„Bei Heeresgruppe ‚Weichsel' gewinnt Ausweitung des russischen Brückenkopfes operative Bedeutung. Feindliche Panzerspitzen etwa fünf bis sechs Kilometer westlich des Randowabschnittes. Eingreifreserven werden hinter die Einbruchstelle geführt, und zwar zunächst in die Linie Fürstenberg–Neustrelitz–Neubrandenburg. Mit Führung dieser Kräfte wird Armeeoberkommando 21 (eben aus Ostpreußen gelandeter Reststab einstiger 4. Armee, General v. Tippelskirch) beauftragt. Angriff bei III. SS-Korps mit 25. Panzergrenadierdivision läuft. Bei 12. Armee Angriff des XX. Korps in das Waldgelände südwestlich Beelitz eingedrungen. Straße Brandenburg–Plaue durch Feind von Norden gesperrt. Starker Feinddruck bei Rathenow." Um 22.15 Uhr erfolgt eine Lageorientierung durch die Heeresgruppe „Weichsel".

„Die Angriffsspitzen der 9. Armee – diese gehört trotz räumlicher Trennung zur Heeresgruppe – haben anscheinend Straße Zossen–Baruth überschritten. Erhebliche Verluste durch pausenlose feindliche Luftangriffe. Feind griff mit etwa zwei Divisionen gegen den von verstärkter 25. Panzergrenadierdivision gebildeten Brückenkopf südlich des Ruppiner Kanals an. Aussichten, Angriff der Division erfolgreich fortzusetzen, erscheinen der Heeresgruppe auf Grund neuer Lage noch geringer als zuvor.

Randow-Abschnitt (ostwärts Prenzlau) ist stellenweise bis zu sechs Kilometer Tiefe durchbrochen."

Die Heeresgruppe Weichsel erhält nunmehr fernschriftlich Befehl für eine sogenannte erfolgreiche Abwehr des feindlichen Durchbruchs im Raum Prenzlau. Hierzu wird (siehe Lagemeldung Krebs) das neu zusammengestellte AOK 21 mit der Führung der Abwehr beauftragt. Das AOK verfügt aber über keinerlei Truppen.

Großadmiral Dönitz und OB Nordwest, Feldmarschall Busch, erhalten einen Befehl über sofortiges Herausziehen von so viel Kräften zwischen Weser und Ems, als es die Seetransportlage gestattet. Generaloberst Jodl möchte Durchbruch bei 3. Panzerarmee zum Stehen bringen, ohne sogenannten Entsatzangriff bei Oranienburg aufzugeben, wie Generaloberst Heinrici vorgeschlagen hat. Erscheint aussichtslos, da Antransport neuer Kräfte völlig unübersehbar.

Auch am 26. April befindet sich Feldmarschall Keitel auf Frontfahrt an den Kampfabschnitten nördlich Berlin.

27. April 1945

In Berlin wird erbittert um den inneren Verteidigungsring gekämpft.

Trotz des Hauptführungsproblems Berlin werden durch das OKW auch noch Entscheidungen an anderen Fronten getroffen. So meldet die Armee Ostpreußen, daß bei Nichteintreffen von Munition in kurzer Frist trotz aller Pflichttreue der Widerstand auf der Kurischen Nehrung und im Westraum des Weichseltiefs in wenigen Tagen vom Feind gebrochen sein wird.

Dennoch erhält die Armee Ostpreußen den Befehl, wonach ihr zur Aufgabe gemacht wird, auch nach Verlust der Seefestung Pillau stärkere Feindkräfte zu binden und damit die Voraussetzungen für Versorgung der Heeresgruppe Kurland zu erhalten. Daher müsse der Raum um die Putziger Nehrung weiter verteidigt werden.

Inzwischen trifft noch ein „Führerbefehl“ ein, mit der Maßgabe, die Angriffsgruppe Oranienburg (verstärkte 25. Panzergrenadierdivision) dem XXXXI. Panzerkorps General Holste bei Rathenow zu unterstellen und das Unterstellungsverhältnis unter SS-Obergruppenführer Steiner aufzuheben. Anscheinend hat Hitler zu dem SS-Führer Steiner kein Vertrauen mehr, da dessen befohlener Angriff auf Berlin nicht ins Rollen kommt.

Der Befehlshaber im norddeutschen Raum, Großadmiral Dönitz, sucht das Hauptquartier OKW auf, um sich zu orientieren und im Hinblick auf künftige Ereignisse eine enge Verbindung herzustellen.

Im Zuge des fast ausschließlichen Einsatzes der obersten Führung für den Kampf um Berlin glaubt Keitel noch durch einen „heroischen Aufruf“ an die Heeresgruppe „Weichsel“ sowie 9. und 12. Armee, diese Verbände zum stärkeren, hingebungsvollen Einsatz anspornen zu müssen, indem er darauf hinweist, „daß die Schlacht um Berlin ihren Höhepunkt erreicht habe und nur bei Vereinigung von 9. und 12. Armee mit ‚Vorstürmen‘ nach Norden und ‚Vorbrechen‘ der verstärkten 25. Panzergrenadierdivision auf Tegel die Schlacht um Berlin noch gerettet werden könne“.

Keitel gibt anschließend an einen Besuch beim Kampfkommandanten in Rathenow diesem den strikten Befehl, unter allen Umständen Rathenow gegen die westlich Berlin vordringenden Russen zu halten. Es werden scharfe Maßnahmen gegen alle aus Rathenow zurückflutenden Truppen befohlen. Die Truppenteile sind nach Rathenow zurückzuführen. Mit allen Mitteln soll die Fiktion aufrechterhalten werden, als werde General Holste aus dem Raum um Rathenow noch gegen Berlin antreten. Doch alles dies sind Verzweiflungsakte, die am Ende ohne Einfluß auf die Gesamtlage bleiben.

Um 15.00 Uhr wird unwiderruflich klar, daß der Feind die 3. Panzerarmee bei Prenzlau durchbrochen hat und im Vorstoß auf Lychen–Templin ist. 3. Panzerarmee hat keine Reserven mehr. So schwer es ist, es bleibt kein anderer Entschluß, als den sogenannten „Angriff Steiner" vorläufig einzustellen, 7. Panzer- und 25. Panzergrenadierdivision zum Angriff in Richtung Templin–Prenzlau in die Südflanke des durchbrechenden Gegners anzusetzen.

Diese Absicht wird um 17.00 Uhr als Befehl fernmündlich voraus an III. SS-Panzerkorps sowie nachrichtlich an 12. Armee und XXXXI. Panzerkorps übermittelt.

Anschließend ergeht KR-Blitz-Fernschreiben an Heeresgruppe „Weichsel", AOK 12, sowie nachrichtlich III. SS-Panzerkorps und XXXXI. Panzerkorps mit gleichem Befehl, wonach es Aufgabe der Heeresgruppe „Weichsel" bleibt, den feindlichen Durchbruch aufzufangen und Flanke und Rücken der 12. Armee zu decken, damit diese den Angriff südwestlich Berlin fortsetzen kann. Der Schluß des Auftrages lautet:

„Der Angriff westlich Oranienburg ist vorübergehend einzustellen, der Brückenkopf aber als Angriffsbasis besetzt zu halten. 25. Panzergrenadierdivision und 7. Panzerdivision sind aus dem Raum Templin zum Angriff gegen die Südflanke des durchgebrochenen Feindes zuzuführen."

Noch immer wehrt sich die oberste Führung, den Plan des Angriffs Steiner ganz aufzugeben und die 25. Panzergrenadierdivision und 7. Panzerdivision direkt vor die durchgebrochenen russischen Verbände zu legen. OKW glaubt, mit einem Flankenstoß von Süden die Russen aufhalten und dann die Angriffsdivisionen wieder in den Brückenkopf bei Oranienburg zurückführen zu können.

Trotz aller Befehle und Maßnahmen, Berlin zu helfen, zeigt dieser Tag aber deutlich, daß das Ende der Schlacht um die Reichshauptstadt beginnt.

Eine Verlautbarung wird durch den Rundfunk verbreitet: „Berlin, den 27. April. Reichsmarschall Hermann Göring ist an seinem seit längerer Zeit bestehenden chronischen Herzleiden, das nunmehr in ein akutes Stadium getreten ist, erkrankt. Er hat daher selbst darum gebeten, in dieser Zeit, die den Einsatz aller Kräfte erfordert, von der Führung der Luftwaffe und den damit zusammenhängenden Aufgaben entbunden zu werden. Der Führer hat dieser Bitte entsprochen. Zum neuen Oberbefehlshaber der Luftwaffe hat der Führer den Generalobersten Ritter v. Greim unter gleichzeitiger Beförderung zum Generalfeldmarschall ernannt."

Es wird als sicher angenommen, daß dies die Antwort auf Görings Angebot, die Macht zu übernehmen, ist.

28. April 1945

Der innere Verteidigungsring von Berlin ist durchbrochen. Die Entsatzangriffe der von Westen, Süden und Norden zum Angriff befohlenen Verbände bringen lediglich im Bereich des XX. AK der 12. Armee einen begrenzten Erfolg.

Es ist diesem Teil der 12. Armee in überraschendem Angriff gelungen, wenigstens die Verbindung mit der Besatzung von Potsdam an der Südwestspitze des Schwielow-Sees herzustellen. Dank dieses Angriffserfolges der 12. Armee kann die Besatzung von Potsdam, die sich über den Schwielow-See in Booten hinauskämpfte, aufgenommen werden. Aber die Verbindung ist nur auf einem so schmalen Streifen Geländes vollzogen worden, daß fortlaufend die Gefahr des Durchschneidens dieses Bandes besteht.

Kräfte zur Verbreiterung der Landbrücke stehen in ausreichender Zahl nicht zur Verfügung.

Um 1.30 Uhr meldet der Oberbefehlshaber Südwest, Generaloberst v. Vietinghoff, daß die Aufstandsbewegung in Italien Umsturzcharakter angenommen habe. Durch die italienische Freiheitsbewegung sei eine Gegenregierung gebildet worden.

Im Restgebiet des deutschen Reiches, das noch in eigener Hand ist, steigert sich der Kampf von Stunde zu Stunde und erreicht den Höhepunkt in der Schlacht um die Reichshauptstadt.

Um 3.00 Uhr spricht Generalfeldmarschall Keitel fernmündlich mit dem in der Reichskanzlei befindlichen Chef des Generalstabes des Heeres, General Krebs.

Erstaunlicherweise ist trotz sowjetischer Inbesitznahme fast des gesamten Berliner Raumes die Fernsprechleitung zur Reichskanzlei noch intakt.

Nachstehend sind Frage und Antwort im Wortlaut wiedergegeben:

Frage des General Krebs im Laufe der Orientierung: „Am meisten ist der Führer interessiert am Angriff westlich Oranienburg. Wie steht es dort? Kommt Angriff vorwärts? Steiner lehnt der Führer als Befehlshaber dort ab. Hat Holste den Befehl übernommen? Wenn uns nicht in den nächsten 36 bis 48 Stunden geholfen wird, dann ist es zu spät."

Antwort Keitel: „1. Der Brückenkopf westlich Oranienburg hat noch nicht das Gelände gewonnen, aus dem mit Panzern erfolgreich angegriffen werden kann, zumal der Feind die Stoßrichtung erkannt hat und den Brückenkopf einzuengen versucht und von drei Seiten angegriffen hat.

2. Wir haben die im Heranführen befindlichen Teile der 7. Panzerdivision sofort nach Osten abdrehen müssen, weil der Gegner mit durchgebrochenen Panzern über Templin die rückwärtigen Verbindungen des Korps Steiner stark bedroht und mit weiterem Vordringen den Angriff sowieso zum Erliegen bringen wird.

Wir ziehen statt dessen aber die Division ‚Schlageter' aus dem Westen in den Raum nordwestlich Oranienburg vor. Ich fahre heute zu Steiner und werde dann auch den Umfang der feindlichen Rückenbedrohung erfahren."

Frage Krebs: „Warum führt Holste dort nicht? Zu Steiner hat der Führer kein Vertrauen."

Keitel: „Holste ist am Westflügel seiner weit gespannten Fronten, ich habe ihn noch nicht heranholen können. Im Augenblick ist dort auch gar nichts zu machen, wie die Dinge stehen."

Krebs: „Der Führer erwartet schnellste Hilfe. Es sind nur noch höchstens 48 Stunden Zeit, wenn bis dahin keine Hilfe kommt, ist es zu spät. Das läßt der Führer nochmals sagen."

Keitel: „Wir werden Wenck und Busse mit äußerster Energie treiben. Dort liegen die Aussichten für die Entlastung durch Vorstoß nach Norden."

Mit Busse ist der OB der 9. Armee gemeint, über deren Ausbruchsangriff keine Nachrichten vorliegen.

Seit 5.00 Uhr ist die Fernsprechverbindung mit der Reichskanzlei abgerissen.

In den frühen Morgenstunden meldet die 9. Armee: „Durchbruchsversuch mißglückt. Gepanzerte Angriffsspitzen gegen ausdrücklichen Befehl anscheinend nach Westen durchgebrochen oder vernichtet. Übrige Angriffsgruppe unter empfindlichen eigenen Verlusten zum Stehen gebracht. Körperlicher und seelischer Zustand von Offizier und Mannschaft sowie die Munitions- und Betriebsstofflage gestatten weder erneuten planmäßigen Durchbruchsangriff noch langes Durchhalten.

Besonders belastend ist die erschütternde Not der im Kessel zusammengedrängten Zivilbevölkerung. Nur durch die von sämtlichen Generalen getroffenen Maßnahmen ist es gelungen, die Haltung der Truppe bis jetzt zu gewährleisten." Zum Schluß meldet noch der Oberbefehlshaber der 9. Armee, General Busse: „Haltung und Kampf der 9. Armee bis zum letzten selbstverständlich."

Die gepanzerten Angriffsspitzen, von deren Durchbruch die Meldung spricht, sind jedoch noch nicht bei den Verbänden der 12. Armee angekommen, also vermutlich von den Sowjets aufgerieben worden. Aber aus der Formulierung: „Gegen ausdrücklichen Befehl anscheinend nach Westen durchgebrochen" scheint das Eingeständnis der Unzuverlässigkeit bester Verbände hervorzugehen. Kein Soldat wollte den Sowjets in die Hände fallen. Wie namenlos schrecklich muß das Schicksal der gehetzten, wie das Vieh auf engstem Raum zusammengesperrten Bevölkerung, der Flüchtlinge und Einheimischen sein, wenn in einer nüchternen militärischen Meldung ihrer Erwähnung getan wird.

Trotzdem ergeht an die 9. Armee vom OKW erneut der Befehl, auf Grund der Lageentwicklung in Berlin unverzüglich nach Westen zur Vereinigung mit der 12. Armee durchzustoßen.

Um 12.30 Uhr trifft Befehl aus Reichskanzlei von General Krebs ein. Danach bleibt Aufgabe aller im Gebiet zwischen Elbe und Oder kämpfenden Verbände, den umfassenden Angriff zum Entsatz der Reichshauptstadt mit allen Mitteln und größter Beschleunigung zum erfolgreichen Ende zu bringen. Gegenüber dieser entscheidenden Aufgabe trete auch die Bekämpfung des nach Mecklenburg einbrechenden sowjetischen Gegners zurück. (Absolut unverständlich, denn wenn Front 3. Panzerarmee in Mecklenburg endgültig aufgespalten wird, stehen Russen im Rücken Steiner und vernichten ihn vollständig.)

Um 12.38 Uhr Befehl an Kampfkommandanten Berlin, über alle

Vorgänge in der Reichshauptstadt und in der Reichskanzlei durch Funk zu melden und Befehle an OKW zu übermitteln. Unmittelbare Verbindung mit Reichskanzlei besteht nicht mehr. Im Laufe des Tages meldet der im Südraum befindliche stellvertretende Chef des WFSt., General Winter, daß Rundfunksender Erding in Händen aufständischen Führers der Dolmetscher-Ersatzkompanie über Welle Reichssender München den Aufruf von sogenanntem Bayrischen Befreiungskomitee bekanntgegeben habe. Mißbrauch der Namen Kesselring, Westphal und anderer hoher Persönlichkeiten. Inhalt dieser Aufrufe unwahr. Schärfste Gegenmaßnahmen ergriffen.

Feldmarschall Keitel hat sich wieder an die Front der im Norden von Berlin kämpfenden Verbände begeben. Er stellt dabei die 7. Panzer- und 25. Panzergrenadierdivision auf dem Marsch nach Neustrelitz fest. Er schließt daraus, daß der Oberbefehlshaber der Heeresgruppe „Weichsel" diesen Verbänden selbständig und gegen Weisung des OKW den Befehl erteilt hat, den Angriff auf Berlin endgültig aufzugeben und auf die nutzlose Zwischenlösung eines Flankenangriffs in den sowjetischen Durchbruchskeil zu verzichten. Er hat ihnen offenbar seiner eigenen Forderung gemäß Befehl erteilt, sich dem sowjetischen Durchbruch vorzulegen. Er hat die einzige tatsächlich wohl bestehende Möglichkeit ergriffen, die Russen noch aufzuhalten und eine völlige Überflutung Mecklenburgs durch die Sowjets zu verhindern. Generalfeldmarschall Keitel trifft zwischen Neubrandenburg und Neustrelitz mit Generaloberst Heinrici und dem OB der 3. Panzerarmee, General v. Manteuffel, zusammen. Der Generalfeldmarschall beschuldigt Heinrici der Gehorsamsverweigerung und der Sabotage an den Befehlen des Führers. Doch Generaloberst Heinrici läßt sich nicht einschüchtern. Er baut die 7. Panzerdivision (soweit einsatzfähig) südostwärts Neustrelitz zum Auffangen des feindlichen Durchbruchs auf.

Inzwischen hat die 9. Armee gemeldet, daß die letzte Möglichkeit zur Luftversorgung ab 16.00 Uhr auf Platzviereck westlich Hermsdorf sei.

Daraufhin befiehlt Generaloberst Jodl in der Nacht vom 28. auf den 29. April, noch einmal mit allen verfügbaren Transportflugzeugen diese Armee zu versorgen.

Um 16.30 Uhr wieder Sprechverbindung mit Reichskanzlei, General Krebs. Er unterrichtet, daß die Nachrichten vom Sender München-Erding über politische Maßnahmen um Kesselring und Westphal falsch sind und von einem aufständischen Führer einer Dolmetscher-Ersatzkompanie namens Gerngroß ausgehen. Schärfste Gegenmaßnahmen sind eingeleitet.

Um 16.50 Uhr Gespräch mit Großadmiral. Frage Großadmiral, ob feindliche Meldung bekannt ist, daß Reichsführer SS ein Kapitulationsangebot an die Anglo-Amerikaner gemacht hätte und diese nur eine Gesamtkapitulation einschließlich der Sowjets annehmen würden.

Antwort: „Nachricht hier unbekannt, wird geklärt und notfalls Gegenerklärung abgegeben."

Um 17.20 Uhr Reichsführer SS fernmündlich verständigt:

a) von der Verbindung und der Unterrichtung, die Generaloberst Krebs gegeben hat,
b) von dem Aufruf aus München-Erding,
c) von dem angeblichen Kapitulationsangebot, das Reichsführer SS gemacht haben soll, und der Antwort der Angelsachsen.

Hierauf erklärt der Reichsführer SS, daß er Großadmiral Dönitz unterrichten werde, daß diese Nachricht falsch ist. Er möchte keine Gegenerklärung im Rundfunk erlassen haben, sondern die Meldung ignorieren.

Um 18.30 Uhr Befehl an General Winter, gegen Aufstand in Italien und Sender Erding mit brutalen Mitteln einzuschreiten.

Um 19.15 Uhr Telefongespräch zwischen Generaloberst Jodl und Generaloberst Heinrici.

Generaloberst Heinrici meldet, daß er auf Grund der Entwicklung der Lage im Raum Neubrandenburg–Friedland, wo einzelne Panzer bis südlich Anklam durchgebrochen sind, nun auch gezwungen ist, mit seinem rechten Flügel hinter den Havel-Voss-Kanal–Verlauf der Havel zurückzugehen, um Kräfte nach dem Norden in den Einbruchsraum verschieben zu können. Die im Anmarsch befindliche Division „Schlageter" soll in den Raum Neubrandenburg zum Abbremsen des feindlichen Vorstoßes zugeführt werden. Generaloberst Jodl befiehlt, daß der rechte Flügel, da er nicht angegriffen wird, stehen zu bleiben hat, weil bei einem Zurückweichen die Armee Wenck nicht mehr nach Norden durchgezogen werden könne. Die Division „Schlageter" ist nicht den feindlichen Angriffsspitzen vorzulegen, sondern, wie vorgesehen, der Angriffsgruppe Steiner zuzuführen.

Generaloberst Heinrici meldet, daß er diesen Befehl nicht ausführen könne, worauf Generaloberst Jodl den Befehl des Feldmarschalls

Keitel wiederholt, mit der Angriffsgruppe des XXXXVI. Panzerkorps in nordostwärtiger Richtung in die Flanke des Gegners anzugreifen.

Wenn Heinrici diesen Befehl nicht durchführe, habe er persönlich die Verantwortung bis zur letzten Konsequenz dafür zu tragen.

Der zur Erkundung in den Raum des III. SS-Panzerkorps entsandte Major d. G. Friedel meldet, daß sich der rechte Flügel der Heeresgruppe bereits befehlsgemäß hinter den Havel-Voss-Kanal in die Linie Liebenwalde–Zehdenick abgesetzt hat und nur noch schwache Sicherungen vorwärts im westlichen Teil der Schorfheide im Kampf sind.

Damit ist das selbständige Handeln des Befehlshabers erneut erwiesen.

In Süddeutschland erhalten Führungsstab B (General Winter) und OB West Befehl, daß dort, wo Amerikaner Vorgehen einstellt oder Gelände wieder aufgibt, unverzüglich eigene Kräfte herauszuziehen und gegen die Ostfront einzusetzen sind.

Es ergeht eine Weisung an Führungsstab, Heeresgruppen und Armeen über Unterbindung der Gerüchtbildung. Durch laufende Orientierung ist das Gefühl ständiger und enger Verbindung zu oberster Führung sicherzustellen.

Es wird darauf hingewiesen, daß es nur darauf ankommt, zu gehorchen und Befehle der obersten Führung bis zum letzten durchzuführen.

Um 23.02 Uhr Funkspruch an die Westfestungen, daß der Führer ihrer gedenkt und erwartet, daß sie auch weiterhin in vorbildlicher, soldatischer Haltung ihre Pflicht erfüllen. Jede eigenmächtige Handlung ist zu unterlassen.

Um 23.30 Uhr Ablösung Oberbefehlshaber und Chef des Generalstabes Heeresgruppe „Weichsel", Generaloberst Heinrici und General v. Trotha, durch Feldmarschall Keitel als Folge Gehorsamsverweigerung.

Sie werden ersetzt durch Generaloberst Student und General Dethleffsen.

29. April 1945

Am 29. April tobt im Stadtkern von Berlin Tag und Nacht der Häuserkampf.

Um 0.30 Uhr fordert Generaloberst Jodl bei dem stellvertretenden Chef des WFSt., General Winter, umgehend die Meldung über Meuterer an, die über Rundfunksender Erding Aufruf des bayrischen Befreiungskomitees erließen. Um 3.40 Uhr trifft von General Winter Meldung ein, daß über die Welle München die Nachricht verbreitet werde, der Führer sei gefallen.

Um 5.10 Uhr wird General Winter dahingehend orientiert, daß diese Nachricht falsch ist, da zu dieser Stunde noch Fernsprechverbindung mit der Reichskanzlei besteht. Generaloberst Jodl erwartet die Durchführung befohlener Maßnahmen gegen das Verrätergesindel.

Um 7.35 Uhr meldet General Winter über die Lage in München: „Verhalten Ritter v. Epp ungeklärt. Putschender Führer Dolmetscher-Kompanie mit seinen Offizieren entkommen. Wirkung der Münchener Ereignisse auf Fronttruppe vereinzelt erkennbar. Schärfstes Durchgreifen sichergestellt."

Um 11.00 Uhr Anruf Großadmiral, daß Feind bei Lauenburg Brükkenkopf über die Elbe gebildet hat.

Um 12.35 Uhr letztes Gespräch mit Berlin (mit Kampfkommandanten General Weidling, nicht mehr mit Reichskanzlei).

Um 12.37 Uhr meldet der abgelöste Generaloberst Heinrici, daß er vorübergehend den General v. Manteuffel mit der Übernahme der Heeresgruppe „Weichsel" beauftragt habe. General v. Manteuffel meldet, daß er in dieser krisenhaften und entscheidenden Lage nicht die Führung seiner 3. Panzerarmee aus der Hand geben könne. Daraufhin wird von Generalfeldmarschall Keitel General der Infanterie v. Tippelskirch mit der sofortigen Übernahme der Führung der Heeresgruppe beauftragt.

General v. Tippelskirch, der zuerst die Heeresgruppe ebenfalls nicht übernehmen will, wird von Keitel, der erneut an die Front gefahren ist, nach dessen eigener Aussage, eindringlichst zu seiner Pflicht ermahnt.

Er findet sich daraufhin zur Übernahme der Heeresgruppe in dieser verzweifelten Situation bereit. Keitel sagt darüber: „Tippelskirch hat die Lage begriffen, er versprach, sich restlos einzusetzen."

Um 12.50 Uhr wird der Ballon für die RV-Verbindung durch Luftangriff bei Fürstenberg abgeschossen.

Um 16.00 Uhr Funklagemeldung an Reichskanzlei: „Von 9. Armee keine Meldung, 12. Armee setzt Druck über Potsdam Richtung Berlin fort. Linker Flügel 12. Armee und rechter Flügel Heeresgruppe ‚Weichsel' in erfolgreicher Verteidigung. Bei Heeresgruppe ‚Weichsel' wird versucht, den Feinddurchbruch in Linie Liebenwalde–Lychen–Neubrandenburg–Anklam–Usedom–Wollin zum Stehen zu bringen."

Das Hauptquartier des OKW wird durch Feindnähe so bedroht, daß um 19.00 Uhr Abmarsch auf Waldwegen nach Dobbin, ostwärts Krakow in Südmecklenburg, erfolgt. Doch hier kann das Hauptquartier auch nur einen Tag bleiben, da sich die Sowjets in weiterem schnellem Vorwärtsdringen nach Westen befinden.

Um 19.31 Uhr trifft Funkspruch von General Krebs und Reichsleiter Bormann an Feldmarschall Keitel ein:

„Auslandspresse verbreitet neuen Verrat. Der Führer erwartet von Ihnen, daß Sie blitzschnell und stahlhart ohne Unterschied durchgreifen. Von Wenck, Schörner und anderen erwartet der Führer, daß diese ihre Treue zu ihm durch schnellsten Entsatz unter Beiweis stellen."

Um 20.28 Uhr Fernschreiben an Heeresgruppe „Weichsel" fernmündlich voraus:

„Aufgabe der Heeresgruppe ‚Weichsel' ist es, unter Festhalten der Süd- und Ostfront den Richtung Neubrandenburg durchgebrochenen Feind mit allen verfügbaren Kräften anzugreifen und zu schlagen."

Um 23.00 Uhr erhält Generaloberst Jodl in Dobbin folgenden Funkspruch des Führers:

„Es ist mir sofort zu melden:

1. Wo sind die Spitzen von Wenck?
2. Wann greifen sie weiter an?
3. Wo ist die 9. Armee?
4. Wohin bricht die 9. Armee durch?
5. Wo sind die Spitzen von Holste?"

Also immer noch glaubt man anscheinend in der Reichskanzlei an einen Entsatz. Aber diese Hoffnung muß nach den letzten Ereignissen und auf Grund der um 23.00 Uhr von der 12. Armee eingehenden Lageunterrichtung begraben werden:

„Die Armee, und insbesondere das XX. Korps, welches zeitweilig die Verbindung mit der Besatzung von Potsdam hatte herstellen können, ist auf der gesamten Front so in die Abwehr gedrängt, daß ein weiterer Angriff auf Berlin nicht mehr möglich ist, zumal auch mit Unterstützung durch die Kampfkraft der 9. Armee nicht mehr gerechnet werden kann.

Die tiefe Flanke und der Rücken der Armee werden durch den Vorstoß der Amerikaner auf Coswig westlich Wittenberg an der Elbe bedroht. Hierdurch und infolge des harten Widerstandes, verbunden mit Gegenangriffen der Sowjets, ist die Unmöglichkeit eines weiteren Angriffs nach Norden erheblich gewachsen. Außerdem ist ein Antreten der in Höhe der Elbe befindlichen Amerikaner an zahlreichen Stellen gegen die gesamte deutsche Westfront auf Grund ihres heutigen Verhaltens wahrscheinlich. Die Armee erbittet daher sofortige Entscheidung für die weitere Kampfführung."

Diese Entscheidung wird wie folgt gefällt:

„An AOK 12: Wenn OB 12. Armee in voller Kenntnis seiner heutigen Lage bei XX. Armeekorps eine Fortführung des Angriffs in Richtung Berlin trotz der hohen moralischen und geschichtlichen Verantwortung, die wir dafür tragen, für undurchführbar hält, sind Maßnahmen zum Durchbruch des XX. Armeekorps über die untere Havel nach Norden vorzubereiten. Auffassung hierzu melden. Befehl zur Durchführung erfolgt daraufhin von hier unter Vorlage beim Führer. gez. Keitel."

Gegen Mitternacht ergeht ein Befehl über Verlegung von Kräften zwischen Ems und Elbe in das Gebiet ostwärts Hamburg, denn hier droht aus dem Brückenkopf Lauenburg weiteres Vordringen der Engländer. Von Ost nach West ist der Russe im Vormarsch und Angriff in der Mark Brandenburg und in Mecklenburg.

Von General Winter trifft ein Brief an Generaloberst Jodl ein. Darin bittet Winter um vorausschauende Orientierung über die Nachfolge Hitlers, falls dieser fallen sollte. Man hat offenbar im Südraum erkannt, daß die Lage in Berlin hoffnungslos ist.

In Kurland und im Weichseltief haben die deutschen Verteidiger im wesentlichen alle Feindangriffe abschlagen können, lediglich auf der Frischen Nehrung ist es den Sowjets gelungen, Fuß zu fassen.

Nach Vereinigung der Russen und Amerikaner an der Elbe geht das Ringen in den beiden großen deutschen Kampfräumen in Nord und Süd weiter. Der Verlauf der Fronten ist durch zwei große Widerstandslinien gekennzeichnet, und zwar:

Im Norden von der unteren Ems über Bremen bis Hamburg, entlang der Elbe bis in Höhe von Havelberg, entlang des Rheins, des Hohenzollern-Kanals und über die östlichen Ausläufer der Mecklenburgischen Seenplatte bis an das Stettiner Haff.

Im Süden vom Bodensee über die nördlichen Alpenausläufer und entlang der Donau bis in den Raum von Passau. Von hier aus verläuft sie über Bayerischen-und Böhmerwald, das Sächsische Erzgebirge und die Nordränder der Sudeten bis zur Mährischen Senke bei Troppau. Von da aus setzt sie sich fort durch die Westbeskiden und Weißen Karpaten über Brünn bis zum Ostrand der Alpen.

Im Raum Brandenburg–Berlin sowie im sächsisch-böhmischen Grenzgebiet dauern die harten Kämpfe an.

Auch die Festung Breslau schlägt sowjetische Angriffe ab.

In der Festung Holland sowie in den Atlantik-Festungen St. Nazaire und Lorient stehen noch deutsche Verteidiger.

In Italien versuchen die deutschen Verbände, die in Norditalien durchgebrochenen alliierten Truppen in Sperriegeln aufzufangen.

30. April 1945

Um 0.30 Uhr erhält die Heeresgruppe „Weichsel", nachdem der 12. Armee bereits der Angriff nach Norden befohlen worden ist, einen Befehl, wonach das Armee-Oberkommando 12 der Heeresgruppe ab sofort unterstellt ist. Die 12. Armee hat demnach den Auftrag, mit dem XX. Korps nach Norden durchzubrechen und sich mit dem XXXXI. Panzerkorps (Holste) nördlich des Havelländischen Hauptkanals zu vereinigen. In Berlin wird das Zentrum der Stadt weiter in erbitterten Häuser- und Straßenkämpfen gehalten.

Um 1.00 Uhr meldet Generalfeldmarschall Keitel zu dem am Vortage eingegangenen Funkspruch des Führers nach langen Erwägungen wahrheitsgemäß:

„1. Spitze Wenck liegt südlich Schwielow-See fest.
2. Armee kann daher Angriff auf Berlin nicht fortsetzen.
3. 9. Armee mit Masse eingeschlossen.
4. Korps Holste in die Abwehr gedrängt."

Nach Meldung des General Winter über die Lage in der Festung Breslau Funkspruch an Winter, daß Durchbruch aus Breslau versucht werden kann, wenn Ausbruch geringe Chance gibt und Kräfte Heeresgruppe Mitte von außen mithelfen können.

Weitere Anforderungen von Lageorientierungen und überhaupt irgendwelche militärisch bedeutungsvollen Befehle erfolgen aus dem Führerbunker nicht mehr. Es wird aber durch Funkmeldungen nach dort die Vorstellung aufrechterhalten, als ob Hitler noch Einfluß auf die operative Führung habe.

Auf den letzten Resten ostpreußischer Erde stehen immer noch deutsche Verbände im Kampf und verteidigen sich mit Schwerpunkt auf Hela und im Weichseltief. Mit der vom Armeeoberkommando Ostpreußen gemeldeten Kampfführung ist das OKW einverstanden.

Die Verschärfung der Lage bei der Heeresgruppe „Weichsel", hervorgerufen durch unaufhaltsam vorstoßende und angreifende russische Verbände, zwingt das OKW, Maßnahmen zu ergreifen, durch welche in letzter Stunde noch ein Halten der dortigen Front erreicht werden soll. Daher werden unverzüglich fünf Ordonnanzoffiziere des Wehrmachtführungsstabes zur Überbringung eines Befehls, der das Halten der Stellung um jeden Preis fordert, an alle Kommandeure der Nordfront der Heeresgruppe „Weichsel" entsandt.

Sie haben diesen Befehl dahingehend mündlich zu erläutern, daß die Gesamtlage es erfordert, daß die Front unter Ausnutzung der Mecklenburgischen Seengebiete unter allen Umständen zum Stehen gebracht wird, denn nur dann kann die 12. Armee aus dem Raum Potsdam–Belzig–Brandenburg gerettet werden.

Feldmarschall Keitel appelliert persönlich und eindringlichst „an das Gewissen und an das Ehrgefühl aller Kommandeure", in dieser Lage „ihre kameradschaftliche Pflicht" zu erfüllen.

Durch das „zu spät" befohlene Abbrechen eines aussichtslosen Entsatzangriffes steht die Armee, die sich vorbildlich tapfer geschlagen hat, vor der Gefahr der Vernichtung durch sowjetische Übermacht.

Um 16.00 Uhr erfolgt Orientierung über die Lage im Nordraum an General Winter gleichzeitig mit Übermittlung des Auftrages, auch im Raum Süd den Zusammenschluß aller Fronten im großen Ring herzustellen und mit Schwerpunkt Osten zu halten, um möglichst viel Raum vor Bolschewismus zu bewahren.

Generaloberst Jodl: „Kampf um politischen Zeitgewinn muß fortgesetzt werden."

Unter dem erwähnten „politischen Zeitgewinn" wird eine Entzweiung der Sowjets mit den westlichen Alliierten verstanden. Es besteht die Hoffnung, daß dadurch noch eine Wendung zu Deutschlands Gunsten von seiten der Westalliierten eintreten könne.

Um 19.00 Uhr ergeht nochmals eine Funkorientierung an General Krebs in der Reichskanzlei.

Danach hat sich die Lage bei den Heeresgruppen Süd und Mitte, die beide im Abwehrkampf gegen die Rote Armee stehen, weiter gefestigt. Die Heeresgruppe Südost befindet sich in geordnetem Absetzen auf die Linie Fiume–Varazdin.

Bei der Heeresgruppe Südwest ist die in Oberitalien kämpfende 14. Armee großenteils zerschlagen, die 10. Armee befindet sich in Absetzbewegung hinter die Etsch.

In Südbayern sind die Amerikaner eingebrochen.

Die Engländer haben einen Brückenkopf bei Lauenburg gebildet.

So sieht die Lage an den Fronten aus, als um 19.35 Uhr folgende Meldung von der Heeresgruppe „Weichsel" eintrifft:

„Feind mit 40 Panzern in Malchin in Mecklenburg eingedrungen. Bei Demmin nach Westen durchgestoßen.

XXXXVI. Panzerkorps ist sofort in Enge Kölpinsee und Malchowersee zurückgenommen.

25. Panzergrenadierdivision ist nach Norden vorgedrungen, um den aus Raum Demmin nach Westen vorgehenden Feind zu schlagen."

Um 22.15 Uhr Anruf vom Adjutanten des Großadmirals Dönitz, Korvettenkapitän Lüdde-Neurath, an den Adjutanten des Generaloberst Jodl, Oberstleutnant d.G. Brudermüller: „Generalfeldmarschall Keitel und Generaloberst Jodl möchten mit allen Unterlagen der militärischen Führung sobald wie möglich zum Großadmiral kommen. Der Großadmiral ist vom Führer zum Nachfolger bestimmt worden. Durchgabe ist durch Funk erfolgt. Zeitpunkt mitteilen, wann Generalfeldmarschall Keitel und Generaloberst Jodl eintreffen können."

Der besagte Funkspruch über die Nachfolgeschaft Hitlers hat folgende Fassung:

„Großadmiral Dönitz.

Anstelle des bisherigen Reichsmarschalls Göring setzt der Führer Sie, Herr Großadmiral, als seinen Nachfolger ein. Schriftliche Vollmacht unterwegs. Ab sofort sollen Sie sämtliche Maßnahmen verfügen, die sich aus der gegenwärtigen Lage ergeben. Bormann."

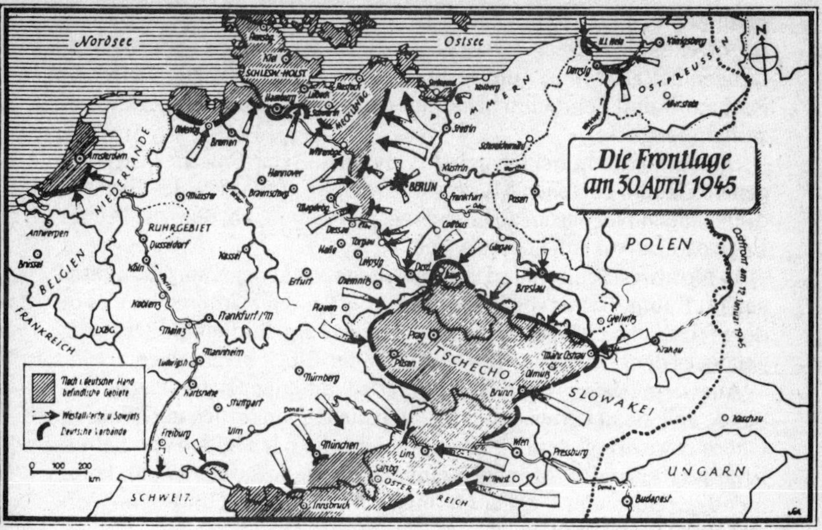

Nunmehr scheint also in der Reichskanzlei das Schicksal Hitlers und des ihn umgebenden Kreises nahezu besiegelt zu sein, denn sonst würde ja nicht ein Funkspruch in dieser Formulierung erfolgt sein. Es erscheint der obersten Führung fraglich, ob Hitler noch unter den Lebenden weilt.

1. Mai 1945

Im Stadtkern von Berlin verteidigt sich tapfere Besatzung auf engstem Raum gegen die bolschewistische Übermacht.

Südlich der Reichshauptstadt haben die Verbände der 9. Armee auf noch ungeklärte Weise doch noch Anschluß an die 12. Armee Wenck gefunden und stehen mit dieser in der Linie Niemegk–Beelitz–Werder offenbar in harter Abwehr gegen die Sowjets. Nach anderen Meldungen hat 12. Armee nur Trümmer der 9. Armee gerettet. Zwischen Rathenow und Fehrbellin behaupten sich unsere Truppen gegen starke Feindangriffe.

In Mecklenburg richtet sich der Hauptstoß der Bolschewisten gegen den Raum zwischen Müritz und Demmin. Teilkräfte des Gegners drehen nach Nordosten ab und versuchen vergeblich, über die Peene-Enge östlich Anklam überzusetzen.

In Nordwestdeutschland lag der Schwerpunkt der Kampfhandlungen im Raum Bremervörde–Stade. Zu heftigeren Kämpfen kam es in dem feindlichen Elbe-Brückenkopf Lauenburg. Südlich Boitzenburg gelang es dem Feind, auf das Nordufer der Elbe überzusetzen.

Aus dem Bayerischen Wald stießen amerikanische Panzerverbände an Passau vorbei und erreichten die Donau östlich der Stadt. In Oberbayern dringt der Feind von Regensburg nach Süden vor. Feindliche Kräfte sind in München eingedrungen. Aus dem Allgäu kommend, erreichte der Gegner Garmisch-Partenkirchen und ist im Vorstoß auf Mittenwald.

In Oberitalien kämpfen sich unsere Divisionen weiter nach Norden zurück und erwehren sich fortgesetzter Angriffe überlegener feindlicher Kräfte. Sie zerschlugen kommunistisch-terroristische Gruppen, die ihnen den Rückzug abzuschneiden versuchten.

Die Verteidiger von Breslau schlugen bolschewistische Angriffe ab.

Großadmiral Dönitz sendet in Erwiderung des am Abend des Vortages gesandten und von Bormann unterzeichneten Funkspruches um 1.22 Uhr folgenden Funkspruch an den Führer:

„FRR Führerhauptquartier.

Mein Führer, meine Treue zu Ihnen wird unabdingbar sein. Ich werde daher weiter alle Versuche unternehmen, um Sie in Berlin zu entsetzen. Wenn das Schicksal mich dennoch zwingt, als der von Ihnen bestimmte Nachfolger das deutsche Reich zu führen, werde ich diesen Krieg so zu Ende führen, wie es der einmalige Heldenkampf des Deutschen Volkes verlangt. Großadmiral Dönitz."

Der Großadmiral befindet sich zu dieser Zeit in seinem Hauptquartier in Plön in Holstein.

Um 4.30 Uhr verlegte das Hauptquartier OKW mit angeschlossenen Stäben aus dem wiederum von den Sowjets bedrohten Standort Dobbin nach Wismar in Mecklenburg.

Dort trifft um 10.40 Uhr ein Funkspruch des SS-Gruppenführers Kaltenbrunner ein, in welchem dieser den Zusammenbruch der Italienfront meldet.

Um 10.53 Uhr trifft bei Großadmiral Dönitz in Plön folgender Funkspruch des Reichsleiters Bormann ein:

„FRR Großadmiral Dönitz.

Testament in Kraft. Ich werde so rasch wie möglich zu Ihnen kommen. Bis dahin meines Erachtens Veröffentlichung zurückstellen.

Bormann."

Dies ist der Originaltext des Funkspruches, der die Nachricht vom Tode Hitlers bestätigt.

Da die Verhältnisse in der Reichskanzlei nicht übersehbar sind und man nicht weiß, ob diese Todesmeldung wirklich auf Wahrheit beruht, läßt Dönitz sofort durch Funk eine kriegsgerichtliche Vernehmung von Zeugen, einschließlich des Funkpersonals in Plön und in der Reichskanzlei durch Kriegsrichter vornehmen und aktenkundig machen. Diese Untersuchung – wenn auch nur auf dem Funkwege gemeldet – bestätigt den Tod des Führers. Es kann wohl nach Entwicklung des Geschehens in Berlin und im Bunker der Reichskanzlei kein Zweifel mehr darüber bestehen, daß Hitler tatsächlich tot ist.

Sein Nachfolger Dönitz tritt ein schweres Erbe an.

Am Abend dieses Tages um 22.03 Uhr gibt der deutsche Rundfunk folgende Meldung:

„Aus dem Führerhauptquartier wird gemeldet, daß unser Führer Adolf Hitler heute nachmittag in seinem Befehlsstand in der Reichskanzlei, bis zum letzten Atemzug gegen den Bolschewismus kämpfend, für Deutschland gefallen ist. Am 30. April hat der Führer den Großadmiral Dönitz zu seinem Nachfolger ernannt."

Im Anschluß an die Bekanntgabe des Todes des Führers über den Rundfunk sprach Großadmiral Dönitz zum deutschen Volk: „Deutsche Männer und Frauen, Soldaten der Deutschen Wehrmacht.

Unser Führer, Adolf Hitler, ist gefallen. In tiefster Trauer und Ehrfurcht verneigt sich das deutsche Volk. Frühzeitig hatte er die furchtbare Gefahr des Bolschewismus erkannt und diesem Ringen sein Dasein geweiht. Am Ende dieses, seines Kampfes und seines unbeirrbaren geraden Lebensweges steht sein Heldentod in der Hauptstadt des deutschen Reiches. Sein Leben war ein einziger Dienst für Deutschland. Sein Einsatz im Kampf gegen die bolschewistische Sturmflut galt darüber hinaus Europa und der gesamten Kulturwelt.

Der Führer hat mich zu seinem Nachfolger bestimmt.

Im Bewußtsein der Verantwortung übernehme ich die Führung des deutschen Volkes in dieser schicksalsschweren Stunde. Meine erste Aufgabe ist es, deutsche Menschen vor der Vernichtung durch den vordrängenden bolschewistischen Feind zu retten. Nur für diesen Zweck geht der militärische Kampf weiter. So weit und so lange die Erreichung dieses Zieles durch Briten und Amerikaner behindert wird, werden wir uns auch gegen sie weiter verteidigen und weiter kämpfen müssen. Die Anglo-Amerikaner setzen dann den Krieg nicht mehr für ihre eigenen Völker, sondern allein für die Ausbreitung des Bolschewismus in Europa fort.

Was das deutsche Volk in dem Ringen dieses Krieges kämpfend vollbrachte und in der Heimat ertragen hat, ist geschichtlich einmalig. In der kommenden Notzeit unseres Volkes werde ich bestrebt sein, unseren tapferen Frauen, Männern und Kindern, soweit dieses in meiner Macht steht, erträgliche Lebensbedingungen zu schaffen.

Zu alledem brauche ich eure Hilfe. Schenkt mir euer Vertrauen, denn euer Weg ist auch mein Weg. Haltet Ordnung und Disziplin in Stadt und Land aufrecht, tue jeder an seiner Stelle seine Pflicht! Nur so werden wir die Leiden, die die kommende Zeit jedem einzelnen von uns bringen wird, mildern und den Zusammenbruch verhindern. Wenn wir tun, was in unseren Kräften steht, wird auch der Herrgott nach so viel Leid und Opfern uns nicht verlassen."

Nach seiner Ansprache an das deutsche Volk richtete Großadmiral Dönitz folgenden Tagesbefehl an die Deutsche Wehrmacht: „Deutsche Wehrmacht! Meine Kameraden!

Der Führer ist gefallen. Getreu seiner großen Idee, die Völker Europas vor dem Bolschewismus zu bewahren, hat er sein Leben eingesetzt und den Heldentod gefunden. Mit ihm ist einer der größten Helden deutscher Geschichte dahingegangen. In stolzer Ehrfurcht und Trauer senken wir vor ihm die Fahnen.

Der Führer hat mich zu seinem Nachfolger als Staatsoberhaupt und als Obersten Befehlshaber der Wehrmacht bestimmt. Ich übernehme den Oberbefehl über alle Teile der deutschen Wehrmacht mit dem Willen, den Kampf gegen die Bolschewisten so lange fortzusetzen, bis die kämpfende Truppe und die Hunderttausende von Familien des deutschen Ostraumes vor der Versklavung oder Vernichtung gerettet sind.

Gegen Engländer und Amerikaner muß ich den Kampf so weit und so lange fortsetzen, wie sie mich in der Durchführung des Kampfes gegen die Bolschewisten hindern.

Die Lage erfordert von euch, die ihr schon so große geschichtliche Taten vollbracht habt, und die ihr jetzt das Ende des Krieges herbeisehnt, weiteren bedingungslosen Einsatz. Ich verlange Disziplin und Gehorsam. Nur durch vorbehaltlose Ausführung meiner Befehle werden Chaos und Untergang vermieden. Ein Feigling und Verräter ist, wer sich gerade jetzt seiner Pflicht entzieht und damit deutschen Frauen und Kindern Tod oder Versklavung bringt.

Der dem Führer von euch geleistete Treueid gilt nunmehr für jeden einzelnen von euch ohne weiteres mir als dem vom Führer eingesetzten Nachfolger.

Deutsche Soldaten, tut eure Pflicht. Es gilt das Leben unseres Volkes!"

Großadmiral Dönitz bedient sich als Führungsorgan weiterhin des Stabes OKW mit angeschlossenen Stäben und beläßt auch Keitel und Jodl in ihren Stellungen.

Er bespricht sich mit beiden über alle schwebenden Fragen. Keitel und Jodl kehren vorläufig zum jetzt von Wismar nach Neustadt in Holstein verlegten Hauptquartier zurück, um schon am übernächsten Tage endgültig nach Flensburg-Mürwik überzusiedeln.

Im deutschen Nordraum sind jetzt nur noch als Führungsstäbe für die Truppe eingesetzt:

Im nordwestlichen Teil der Oberbefehlshaber Nordwest, Feldmarschall Busch, und im ostwärtigen Teil die Heeresgruppe „Weichsel", Generaloberst Student.

Der Chef des Stabes dieser Heeresgruppe, General Dethleffsen, meldet in einem Brief an Generaloberst Jodl eine „sogenannte Disziplin der Auflösung innerhalb der Truppe". Diese Erscheinung ist nur allzu verständlich, denn auch der Kampf kann keinen Erfolg mehr bringen, der über eine örtliche Bedeutung hinausgehen würde.

Hitler ist tot, und jeder Deutsche hat nur das verständliche Bestreben, nicht mehr in diesen letzten Stunden des Krieges den Russen in die Hände zu fallen. Daher ziehen geschlossene Formationen der Kampftruppe, einzelne Soldaten und Trupps sowie Dienststellen aller Wehrmachtteile und Hilfsorganisationen es vor, oftmals aus eigener Machtbefugnis aus dem brandenburgisch-mecklenburgischen Raum in Richtung auf mittlere und untere Elbe, Hamburg und Schleswig-Holstein zurückzugehen.

2. Mai 1945

Meldung des Wehrmachtsberichtes:

„An der Spitze der heldenmütigen Verteidiger der Reichshauptstadt ist der Führer gefallen. Von dem Willen beseelt, sein Volk und Europa vor der Vernichtung durch den Bolschewismus zu erretten, hat er sein Leben geopfert. Dieses Vorbild ‚getreu bis zum Tode' ist für alle Soldaten verpflichtend.

Die Reste der tapferen Besatzung von Berlin kämpfen im Regierungsviertel, in einzelne Kampfgruppen aufgespalten, weiter."

Von Feldmarschall Kesselring als Oberbefehlshaber im gesamten Südraum trifft die Meldung ein, daß der Oberbefehlshaber Südwest auf Grund der taktischen und politischen Entwicklung in Italien eine Waffenstillstandsverhandlung mit Feldmarschall Alexander abgeschlossen habe. Die Waffenruhe soll mit dem 2. Mai 1945, 12.00 Uhr, eintreten.

Die bei der obersten Führung zur Richtschnur gewordene Tendenz lautet seit heute allgemein:

„Rettung möglichst vieler deutscher Menschen vor dem Zugriff der Sowjets und Aufnahme von Verhandlungen mit den westlichen Alliierten."

In diesem Sinne ergeht ein Funkbefehl an die Heeresgruppe „Weichsel":

„Kampfführung ist so zu führen, daß möglichst starke Kräfte der Heeresgruppe sich in den englischen und amerikanischen Machtbereich westlich der Linie Dömitz–Wismar geordnet zurückkämpfen können. Örtliche Verhandlungsmöglichkeiten mit örtlichen englischen und amerikanischen Befehlshabern können ausgenutzt werden. OB Nordwest kämpft hinhaltend, um Zeitgewinn für Verhandlung des OKW mit den Engländern über den nordwestdeutschen Raum zu erzielen."

Zur Einleitung der Kapitulation im Nordraum ergeht daher ein fernmündlicher Befehl des OKW vom 2. Mai 1945, abends, an Kampfkommandanten Hamburg und Gauleiter Kaufmann:

„1. Es ist nicht beabsichtigt, Hamburg zu verteidigen, um Stadt und Bevölkerung vor der restlosen Vernichtung zu bewahren.
2. Daher ist am 3. Mai, 8.00 Uhr vormittags, ein Parlamentär zu entsenden, der Vollmacht hat zu vereinbaren:

a) Hamburg wird nicht verteidigt.

b) Die deutsche Truppe setzt sich kampflos über die Elbe ab.

Ankündigung der Parlamentäre hat noch heute zu erfolgen. Gleichzeitig mit diesem Parlamentär wird eine Delegation des OKW entsandt, die ebenfalls noch heute anzukündigen ist. Sie besteht aus zwei Admiralen, einem General mit Begleiter in vier Kraftfahrzeugen. Die Delegation hat den Auftrag, weitergehende Fragen zu erörtern. Die Bereitschaft zum Empfang dieser Delegation am 3. Mai vormittags durch den Oberbefehlshaber der 21. englischen Heeresgruppe und der Ort des Empfanges ist herbeizuführen.

Keitel
Generalfeldmarschall."

Im Laufe des Vormittags Anruf des General Dethleffsen mit Meldung über Erscheinen amerikanischer Panzer vor Schwerin. Rostock von Russen besetzt. Heeresgruppe „Weichsel" beabsichtigt, aus Raum Ludwigslust–Parchim durchzubrechen.

Um 13.00 Uhr fährt Generaloberst Jodl zur Lagebesprechung nach Plön zum Großadmiral.

Um 13.00 Uhr Lageorientierung an General Winter im Südraum mit der Mitteilung, daß unter Ausnutzung eines inzwischen eingegangenen englischen Angebots zur Schonung der Stadt Hamburg am 3. Mai eine Delegation des OKW unter Führung des Oberbefehlshabers der Kriegsmarine, Generaladmiral v. Friedeburg, zur Besprechung weitergehender Fragen zum Oberbefehlshaber der 21. englischen Heeresgruppe, Feldmarschall Montgomery, entsandt werden wird.

Besprechungspunkte für Montgomery:

Bestreben, möglichst viele deutsche Soldaten und europäische Menschen vor der Bolschewisierung und der Versklavung zu retten. Daher Rückführung der Heeresgruppe „Weichsel" in angelsächsischen Machtbereich. Bewahrung der im schleswig-holsteinischen Raum zusammengefaßten Menschen vor der Vernichtung und dem Verhungern. Versorgung dieses Raumes mit Sanitätsmaterial. Bewahrung der großen Orte vor Zerstörung durch Bombardement. Darüber hinaus Bestreben, Regelung zu finden, um Mittel- und Nordeuropa vor weiterem Chaos zu bewahren. Vollmacht für Generaladmiral v. Friedeburg.

Generaloberst Blaskowitz, Oberbefehlshaber in Holland, meldet, daß Verhandlungen mit dem Alliierten Oberkommando zur Behebung der Ernährungskrise der Zivilbevölkerung in Holland mit Erfolg abgeschlossen seien.[1]

Generalfeldmarschall Busch wird mit der einheitlichen Führung des Kampfes im Nordraum, außer Norwegen und Dänemark, betraut und vom Großadmiral zum Oberbefehlshaber Nord ernannt.

3. Mai 1945

In der Reichshauptstadt setzen die Reste der Besatzung immer noch ihren Widerstand fort.

In den frühen Nachmittagsstunden erfolgt Verlegung des Stabes OKW von Neustadt in Holstein nach Flensburg-Mürwik in die unmittelbare Nähe des neuen Staatsoberhauptes, Großadmiral Dönitz. Feldmarschall Keitel und Generaloberst Jodl sind bereits früh morgens 4 Uhr voraus nach Mürwik gefahren.

Um 10.00 Uhr findet eine Lagebesprechung beim Großadmiral statt.

Um 11.20 Uhr erhält der Kampfkommandant Schleswig den Befehl, alle verfügbaren Kräfte sofort an den Kaiser-Wilhelm-Kanal zu führen, der zu verteidigen ist.

Diese Befehle sind als Vorsichtsmaßnahmen zu werten, da noch nicht feststeht, wie die Besprechung mit Feldmarschall Montgomery verlaufen wird. In Wirklichkeit glaubt niemand, daß noch eine Verteidigung des Kanalabschnittes in Frage kommen wird. Das geht schon

[1] Dort waren die Lebensbedingungen nach Einschließung des restlichen, von den Deutschen besetzten Gebietes durch die Alliierten für die holländische Bevölkerung immer schlechter geworden. Die Ernährungskrise konnte durch die Einführung von Nahrungsmitteln, welche die Alliierten zuließen, weitgehend gebessert werden, und zwar hatten die Alliierten sich nach Unterhandlungen mit den deutschen Stellen bereit erklärt, an der Grebbe-Linie stehen zu bleiben, während die Deutschen sich verpflichtet hatten, keine weiteren Überschwemmungen vorzunehmen und auch alle Repressalien gegen die Holländer einzustellen.

Die Alliierten gingen offenbar von dem Gedanken aus, daß die „Festung Holland" ihnen sowieso über kurz oder lang im Zuge der allgemeinen deutschen Kapitulation in die Hand fallen werde.

allein aus der Befehlsziffer hervor, in welcher eine Sprengung der Kanalbrücken verboten wird. Dieser Passus ist auf ausdrücklichen Wunsch des Großadmirals aufgenommen worden.

Mittags Besprechung mit Gauleiter Terboven aus Oslo und Oberbefehlshaber Norwegen, General Böhme.

Das Ergebnis der Besprechung wird in einem Fernschreiben an AOK Norwegen abgesetzt. Danach ist Oberbefehlshaber Norwegen in seiner Eigenschaft als Wehrmachtbefehlshaber berechtigt, sämtliche militärischen Anordnungen an alle Wehrmachtteile und sonstige Organisationen – außer Polizei – zu geben, die er in jetziger Lage für erforderlich hält. Oberstleutnant d. G. de Maizière fliegt nach Kurland und Ostpreußen, um dort über Zielsetzung des Großadmirals und Absicht über Abtransport der dortigen Truppen mündlich zu unterrichten.

Um 14.53 Uhr Funkspruch an Generalfeldmarschall Kesselring und General Winter:

„Feldmarschall Kesselring wird ermächtigt, für die Truppen der Westfront zwischen Böhmerwald und oberem Inn Waffenstillstand mit 6. amerikanischer Heeresgruppe abzuschließen. Hierbei muß geklärt werden, wie weit Anglo-Amerikaner nach Osten vorzugehen beabsichtigen. Dadurch müssen die Voraussetzungen zu Verhandlungen über die Rettung der Heeresgruppe Löhr, Rendulic und Schörner geschaffen werden. 7. Armee ist Schörner zu unterstellen."

Um 19.30 Uhr Funkspruch an Armee Ostpreußen und Heeresgruppe Kurland:

„Die veränderte militärische Lage im Reich erfordert den beschleunigten Abtransport zahlreicher Truppenteile aus den ost- und westpreußischen Räumen sowie aus Kurland. Die Kampfführung der Armee Ostpreußen und der Heeresgruppe Kurland hat sich dieser Forderung anzupassen.

Von den zurückzuführenden Truppenteilen ist das Personal mit leichten Infanteriewaffen zu verladen. Alle übrigen Materialien, einschließlich Pferde, sind zurückzulassen und zu vernichten. Heeresgruppe Kurland erhält Operationsfreiheit zur Zurücknahme der Hauptkampflinie in vorgeschobene Brückenköpfe um die Häfen Libau und Windau.

Kriegsmarine wird nach Ostpreußen und Kurland allen verfügbaren Transportraum zuführen."

Das entscheidende Merkmal dieses Tages ist die Verbindungsaufnahme des deutschen Bevollmächtigten, Generaladmiral v. Friedeburg, mit Marschall Montgomery. Hierdurch rückt zumindest die Möglichkeit des Abschlusses eines Waffenstillstandes mit den Engländern in greifbare Nähe.

Auch den Feldmarschall Kesselring zwingt die Lageentwicklung dazu, umgehend von solchen Möglichkeiten Gebrauch zu machen.

4. Mai 1945

Letzte Meldung über Berlin: „Der Kampf um die Reichshauptstadt ist beendet. In einem einmaligen heroischen Ringen haben Truppen aller Wehrmachtteile und Volkssturmeinheiten ihrem Fahneneid getreu bis zum letzten Atemzug Widerstand geleistet und ein Beispiel besten deutschen Soldatentums gegeben."

Von der Wehrmachtführung ergeht um 9.25 Uhr der Befehl an den Kommandanten der Insel Rügen, die Insel nicht gegen die Russen zu verteidigen. Er soll so viele Menschen wie möglich abtransportieren und danach die Insel an die Sowjets übergeben. Generaladmiral v. Friedeburg verhandelt noch mit Feldmarschall Montgomery, Oberbefehlshaber der 21. englischen Heeresgruppe, v. Friedeburg bietet die Kapitulation der 3. Panzerarmee, der 12. und 21. Armee sowie der Streitkräfte im norddeutschen Raum an. Er erbittet die Erlaubnis, mit den Truppen, die im Kampf gegen die Sowjets standen, durch die alliierten Linien ziehen zu dürfen, damit diese Truppen nicht vor den Russen kapitulieren müßten. Nachdem Feldmarschall Montgomery abgelehnt hat, auf dieser Basis mit den Deutschen eine Kapitulation abzuschließen, führen die Besprechungen doch schließlich zu einem positiven Ergebnis, weil Montgomery v. Friedeburg wissen läßt, daß alle Soldaten, die sich einzeln ergeben würden, in englische Gefangenschaft genommen werden könnten. Es wird vereinbart, daß am 5. Mai 1945, 8.00 Uhr deutscher Sommerzeit, Waffenruhe im norddeutschen Raum eintreten soll. Der Großadmiral entscheidet daraufhin, das Abkommen mit Montgomery auf den gesamten nördlichen Raum auszudehnen und weiterzutreiben.

Ein Vorschlag von Generaloberst Jodl geht dabei dahin, die Trümpfe Norwegen und Helgoland noch nicht aus der Hand zu geben.

Gegen die Sowjets dauert der Kampf inzwischen unvermindert heftig an. So erhält das Armeeoberkommando Ostpreußen um 9.30 Uhr einen Funkspruch, worin Einverständnis für weitere Kampfführung aus Abschnitt Hela erteilt wird.

Jedoch auch der Kampf gegen die 21. englische Heeresgruppe ist an diesem 4. Mai noch nicht zum Abschluß gekommen, da die Waffenruhe erst am 5. Mai in Kraft treten soll. Daher erhält General Hoffmann, welcher zum Kommandeur der Verteidigungszone des Kaiser-Wilhelm-Kanals bestimmt worden ist, von Generaloberst Jodl eine Lageorientierung, in der ihm die Absicht des Großadmirals übermittelt wird, den Kaiser-Wilhelm-Kanal zu besetzen und möglicherweise zu verteidigen.

Die im Umlauf befindlichen Gerüchte, die insbesondere im Zuge des am 2. Mai ergangenen Aufrufs des Großadmirals entstanden sind, haben bei den militärischen Dienststellen die Meinung aufkommen lassen, daß jeglicher Widerstand eingestellt werden soll. Daher ergeht um 11.20 Uhr Befehl, daß das am Vortage durch die Kriegsmarinedienststelle Kiel entwaffnete Bataillon der 264. Inf.-Div. unverzüglich wieder mit allen Waffen auszustatten und nach Holtenau zum Einsatz in Marsch zu setzen sei.

Es heißt: „Der Krieg ist heute noch nicht zu Ende. Militärisch gilt kein anderer Befehl als der des Großadmirals. Der Kaiser-Wilhelm-Kanal ist zu verteidigen. Alle Kräfte sind dorthin zu bringen. Ausnahme: Flensburg (offene Stadt), alle anderen Gerüchte sind falsch. Gerüchtemacher sind zu bekämpfen."

Um 11.30 Uhr Fernschreiben an Wehrmachtsbefehlshaber Norwegen und Dänemark: „Großadmiral fordert Vermeidung von Zwischenfällen, die geeignet sind, Lage gegenüber Westfeind zu verschärfen."

Um 14.00 Uhr Äußerung des Großadmirals, an die U-Boote Befehl zu erteilen, vorerst keine Angriffshandlungen mehr vorzunehmen und ungesehen Rückmarsch anzutreten.

Auch über den endgültigen Sitz des Hauptquartiers und der Reichsregierung hat man sich Gedanken gemacht, die auf der Anschauung beruhen, an einen Platz zu gehen, der innerhalb des größten geschlossenen Machtbereiches läge. Der geeignetste Platz, welcher diese Bedingungen noch erfüllen könnte, wäre Prag. Aber auf Grund der jetzigen Lageentwicklung läßt man den Gedanken an Prag fallen.

Über das Zusammentreffen des Marschalls Montgomery mit der Delegation des OKW im taktischen Hauptquartier der 21. englischen Heeresgruppe wird im einzelnen folgender Bericht gegeben:

„Vorschläge und Forderungen Montgomerys:

1. Alle Angehörigen der deutschen Streitkräfte, welche im Bereich der 21. Armeegruppe von Osten her kommen und wünschen, sich zu ergeben, werden zu Kriegsgefangenen gemacht. Von der 21. Armeegruppe kann eine Ausnahme für die Übergabe einer geschlossenen deutschen Armee, die gegen die Russen kämpft, nicht gemacht werden.

2. Eine Erörterung über die Zivilbevölkerung ist nicht nötig.

3. Feldmarschall Montgomery verlangt, daß alle deutschen Streitkräfte in Holland, Friesland, einschl. der Inseln und Helgoland, Schleswig und Dänemark ihre Waffen niederlegen und sich ihm bedingungslos ergeben.

4. Er ist bereit, sobald der Übergabe zugestimmt worden ist, über die Art der Besetzung der Gebiete, die Behandlung der Zivilbevölkerung usw. zu verhandeln.

Generaladmiral v. Friedeburg hat zunächst keine Vollmachten, einer Übergabe, wie sie unter 3. ausgeführt ist, zuzustimmen. Er will deshalb zwei Offiziere, Konteradmiral Wagner und Major d. G. Friedel, zum Oberkommando der Wehrmacht entsenden, um die Zustimmung zu erhalten und zurückzubringen.

Er bittet Feldmarschall Montgomery, ein Flugzeug für die beiden Offiziere verfügbar zu machen, da die Bewegung über die Straßen zu langsam ist, und bittet fernerhin, daß Admiral v. Friedeburg und General Kinzel in der Zwischenzeit in Feldmarschall Montgomerys Hauptquartier verbleiben." Soweit der Bericht. Später ist Abschluß gemäß Bedingungen Montgomerys erfolgt. General Eisenhower wird mitgeteilt, daß Großadmiral Dönitz den Wunsch habe, den Admiral v. Friedeburg, der eben Verhandlungen mit Montgomery abgeschlossen hat, in sein Hauptquartier zu entsenden.

Um 22.30 Uhr Fernschreiben:

„Wehrmachtsbefehlshaber Dänemark wird ermächtigt, Kopenhagen im Angriffsfall zur offenen Stadt zu erklären."

Um 23.00 Uhr Funkspruch an Führungsstab B und Heeresgruppe Mitte, nach dem nach vollzogener Kapitulation Feldmarschall Kesselring als OB Süd mit dem Führungsstab B die Führung der Heeresgruppen Mitte, Süd und Südost übernimmt. Kampfführung so, daß Zeit zur Rettung möglichst großer Teile der deutschen Bevölkerung vor den Sowjets gewonnen wird.

Der Beginn der Waffenruhe am 5. Mai 1945, 8.00 Uhr, schließt die Einstellung von Schiffsbewegungen aus dem norwegischen und dem dänischen Raum ein. Jeder Luftverkehr im Bereich OB Nord und Wehrmachtbefehlshaber Dänemark ist zum gleichen Zeitpunkt einzustellen.

Das entscheidende Ergebnis dieses spannungsreichen 4. Mai ist der endgültige Abschluß des am 5. Mai 1945 in Kraft tretenden Waffenstillstandes mit den Engländern für die im Nordraum stehenden Teile der deutschen Wehrmacht.

5. Mai 1945

Nach Vereinbarung mit dem OB der 21. britischen Heeresgruppe, Feldmarschall Montgomery, ist seit heute früh 8.00 Uhr in Holland, in Nordwestdeutschland von der Emsmündung bis zur Kieler Förde sowie in Dänemark einschließlich der diesen Gebieten vorgelagerten Inseln Waffenruhe. Hiervon werden auch die gegen England gerichteten Operationen der Kriegsmarine und Handelsmarine aus und nach den Häfen der genannten Räume betroffen. Diese Waffenruhe wurde nach fast sechsjährigem ehrenvollem Kampf auf Befehl des Großadmirals Dönitz vereinbart, da der Krieg gegen die Westmächte seinen Sinn verloren hat und nur zum Verlust kostbaren deutschen Blutes, vor allem durch den Bombenkrieg, führt.

Der Widerstand gegen die Sowjets aber wird fortgesetzt, um möglichst viele deutsche Menschen vor dem bolschewistischen Terror zu bewahren.

Alle nicht von der Waffenruhe betroffenen Streitkräfte der deutschen Wehrmacht setzen den Kampf gegen jeden Angreifer fort. Die Seefestungen am Atlantik melden Aufklärungs- und Artillerietätigkeit.

In Holstein besetzte der Gegner Kiel.

Um 0.28 Uhr meldet General Kinzel, der zunächst noch als deutscher Verbindungsoffizier bei Feldmarschall Montgomery verblieben ist:

„Englische Luftlandegruppe, bestehend aus Transportflugzeugen unter Jagdschutz, wird am 5. Mai in Kopenhagen gelandet. Unbehinderten Anflug und Landung sicherstellen."

Hinsichtlich der Waffenruhe sind noch verschiedene Fragen zu klären.

Der Großadmiral wünscht, daß keinerlei Zerstörungen und Schiffsversenkungen vorgenommen werden. Die englische Luftlandung wird auf den gewünschten Plätzen sichergestellt.

Um 0.42 Uhr erbittet General Kinzel die Übersendung eines bevollmächtigten Luftwaffen- und Marineoffiziers für den Nordraum.

Um 4.45 Uhr Meldung von General Toussaint, Stadtkommandant von Prag, daß die Arbeiterschaft weitere Rüstungsfertigung ablehnt und Zivilfertigung leisten will.

Befehl über Eintreten der Waffenruhe ab 5. Mai, 8.00 Uhr deutscher Sommerzeit, an OB Nord, Wehrmachtbefehlshaber Dänemark, Oberkommando der Kriegsmarine und Oberkommando der Luftwaffe ergangen.

Um 4.45 Uhr Fernschreiben an OB Nord, WB Dänemark, OB Niederlande, OKM, OKL und verschiedene Reichsbehörden mit Erläuterung, warum im Nordraum die Waffen niedergelegt werden, jedoch im Osten weitergekämpft wird.

Anfrage bei General Kinzel, ob Engländer Bornholm besetzen wollen.

Um 7.30 Uhr Funkspruch an General Kinzel zur Übermittlung an Marschall Montgomery und Weiterleitung an General Eisenhower. Danach hat Großadmiral Dönitz verfügt:

„Um die aus dem Kriegsausgang sich ergebenden Abwicklungsaufgaben durchzuführen, hat Großadmiral Dönitz beauftragt:

Mit der Gesamtleitung und der Führung der Geschäfte des Reichsaußenministers und des Reichsfinanzministers: Graf Schwerin v. Krosigk; mit der Wahrnehmung der Geschäfte des Reichsinnen- und des Reichskultusministers: Dr. Stuckart; mit der Führung der Geschäfte des Reichswirtschafts- und Produktionsministers: Speer; mit der Führung der Geschäfte des Reichsministers für Ernährung, Landwirtschaft und Forsten: Backe; mit der Führung der Geschäfte des Reichsarbeits- und Sozialministers: Seldte; mit der Führung der Geschäfte des Reichsverkehrs- und Reichspostministers: Dr. Dorpmüller."

An Heeresgruppe Kurland Mitteilung über Eintreten der Waffenruhe mit den Truppen des Marschalls Montgomery.

Die Kommandanten Ost-Ägäis und Kreta werden von Abschluß der Waffenruhe unterrichtet. Die Kommandanten sind ermächtigt, mit Anglo-Amerikanern Übergabe abzuschließen.

General Winter soll melden, inwieweit Heeresgruppe Ostmark Zurückkämpfen des OB Südost unterstützen kann.

Um 11.00 Uhr Mitteilung an Chef Wehrmachtbefehlshaber Dänemark, daß Feldmarschall Montgomery um Entsendung Generaloberst Lindemann oder Chef bis Spätnachmittag zu englischem General Fewing nach Kopenhagen ersucht hat.

Um 14.24 Uhr meldet General Kinzel an Generaloberst Jodl, daß Teile der Luftflotte Reich den Werwolf vorbereiteten. Es ergeht sofort scharfer Befehl an Luftflotte Reich zwecks Unterbindung dieser Aktion. Großadmiral erläßt grundsätzliches Verbot in dieser Richtung.

Um 15.50 Uhr wird OB Nord die Bedingung für die seit 5. Mai 1945, 8.00 Uhr, bestehende Waffenruhe mitgeteilt. Die deutschen Befehlsstellen haben sofort und ohne Widerrede alle Befehle auszuführen, welche durch die alliierten Mächte in jedweder Sache erteilt werden.

Admiral Wagner und Major Friedel kehren nachmittags aus Hauptquartier Montgomerys zurück und geben Bericht. Major Friedel werden Unterlagen für General Kinzel, einstweilen Führer des Verbindungsstabes bei Montgomery, zur Übergabe an den Marschall ausgehändigt. Danach hat Großadmiral bereits am 4. Mai um 16.14 Uhr den U-Booten den Befehl gegeben, Kampfhandlungen einzustellen und Rückfahrt anzutreten. Er ist bereit, Festungen am Kanal, der Biskaya und Kanalinseln in Waffenruhe einzubeziehen.

Der Text der Kapitulationsurkunde der gesamten deutschen Streitkräfte in Holland, Nordwestdeutschland einschl. aller Inseln und in Dänemark wird an die im Nordraum stehenden höheren Kommandobehörden und Reichsdienststellen übersandt.

Gegen den Parteimann, der über Wilhelmshavener Sender am 5. Mai nachmittags laufend zu Aufstand und Widersetzung gegen Waffenstillstand auffordert, ist energisch durchgegriffen worden.

Um 18.00 Uhr meldet General Kinzel über Besprechung mit Marschall Montgomery. Danach ist ein Zentralstab unter Führung des

Feldmarschalls Busch für den gesamten Nordraum einzuteilen. Armeen, Korps, Divisionen usw. werden mit den entsprechenden englischen Kommandobehörden gekoppelt. Frage der Entwaffnung geregelt. Weitere wichtige Besprechungspunkte hinsichtlich Belassung von Zivilbehörden und Schutz von Zivilpersonen und Verwundeten geregelt.

Befehl an Marineoberkommando West, daß Übertritt über Schweizer Grenze keinesfalls in Frage kommt.

Die Kapitulationsurkunde gilt lediglich gegenüber englischen Truppen. Der dänischen Bevölkerung einschließlich der dänischen Freiheitsbewegung gegenüber gilt dieser Befehl nicht.

Feldmarschall Keitel weist in einem Schreiben an Feldmarschall Busch dessen Vorwurf zurück, daß durch Unklarheiten bei Bekanntgabe der Kapitulationsbedingungen eine Würdelosigkeit gezeigt worden sei.

Um 19.10 Uhr Einverständniserklärung zum Vorschlag Generaloberst Löhr, worin dieser bemüht ist, im Verhandlungswege die Ausrottung namhafter Teile des kroatischen Volkes zu verhindern.

Abends Besprechung mit Kinzel über Organisation der Verbindung mit Montgomery.

Der Großadmiral hebt am Abend des 5. Mai alle Versenkungsbefehle auf.

Aus der Reihenfolge der Ereignisse und der Art ihrer Behandlung durch Deutsche und Alliierte ist das Bestreben ersichtlich, einen möglichst reibungslosen Ablauf der Dinge zu gewährleisten.

6. Mai 1945

Gemäß Vereinbarung mit dem britischen Oberbefehlshaber, Feldmarschall Montgomery, landen die Engländer im Raum Kopenhagen schwächere Besatzungstruppen aus der Luft.

Die Amerikaner setzten in Oberbayern und in den Alpen ihren Vormarsch nach Süden und Osten fort.

In Italien ist nach gegenseitigem Einvernehmen des deutschen und anglo-amerikanischen Oberbefehlshabers Waffenruhe eingetreten.

Die Absetzbewegungen in Kroatien verlaufen planmäßig.

Die schweren Kämpfe im Raum von Olmütz dauern an.

An der Front in Schlesien und in Sachsen verhält sich der Gegner ruhig.

Auf der Frischen Nehrung sind wechselvolle Kämpfe im Gange. Aus Kurland werden Aufklärungsvorstöße gemeldet.

Der Großadmiral hat gewünscht, Feldmarschall Kesselring persönlich in die neue Lage einzuweisen. Um 1.45 Uhr meldet Feldmarschall Kesselring, daß befohlener Flug zum Großadmiral nicht möglich sei.

Er meldet weiter, daß General Eisenhower ihm mitgeteilt habe, daß es zwecklos sei, einen Bevollmächtigten in sein Hauptquartier zu schicken, falls die Kesselring unterstehenden Kräfte nicht zu gleicher Zeit vor Anglo-Amerikanern und Russen kapitulierten. Da diese Forderung als den Weisungen des Großadmirals entgegenstehend nicht erfüllt werden kann, hat Kesselring keinen bevollmächtigten Vertreter entsandt.

Der Vorschlag des Feldmarschalls Kesselring, den immer noch in Haft befindlichen Reichsmarschall Göring freizugeben, wird abgelehnt. Auf Befehl von Feldmarschall Keitel bleibt es bei der bisherigen Anordnung.

Am Vormittag trifft erster Bericht von Friedeburg über seine Verhandlungen im Hauptquartier Eisenhowers ein, daß Eisenhower auf sofortiger bedingungsloser Kapitulation an allen Fronten gleichzeitig, auch gegenüber den Russen, bestehe. Großadmiral befiehlt, daß Generaloberst Jodl in das Hauptquartier Eisenhowers fliegt. Er soll dort je nach Lage auf allen Fronten den Waffenstillstand abschließen unter möglichst großem Zeitgewinn für die Rettung deutscher Menschen aus dem Ostraum.

Der Generaloberst fliegt noch am selben Tage nach Reims.

Morgens gehen Meldungen über das Vorgehen der Engländer in den schleswig-holsteinischen Raum ein.

Gauleiter Uiberreither, Ostmark, bittet in einem Funkspruch den Großadmiral, durchzusetzen, daß über die Ostmark nur als Bestandteil des Reiches und nicht als selbständiges Gebilde verhandelt wird.

Infolge Beschlagnahme des Flugplatzes Flensburg durch englische Truppen ist die Bewegungsfreiheit über die dortigen deutschen Kurierflugzeuge unterbunden. Um Abstellung wird über den deutschen Verbindungsoffizier bei Marschall Montgomery gebeten.

General Winter meldet, daß die Versorgungsreichweiten im Osten nur noch durchschnittlich 14 Tage bis drei Wochen betragen. Im Alpenraum Ernährungslage bedenklich.

Die Besatzung der Ägäis gibt eine Treueerklärung ab.

Generaloberst Löhr wird mit allen unterstellten Verbänden dem OB Süd, Feldmarschall Kesselring, ab sofort unmittelbar unterstellt.

Funkspruch an Feldmarschall Kesselring, Einzelverhandlungen zu unterlassen, da Generaloberst Jodl als Bevollmächtigter für Gesamtverhandlungen zu Eisenhower unterwegs.

Generaladmiral v. Friedeburg im Hauptquartier Eisenhowers in Reims wird gleichfalls unterrichtet, daß Generaloberst Jodl mit Vollmacht des Großadmirals dorthin unterwegs sei. Feldmarschall Keitel orientiert durch Funk um 14.12 Uhr die Feldmarschälle Kesselring und Schörner sowie General Winter, daß Eisenhower seinem politischen Auftrag entsprechend anscheinend die Gesamtkapitulation entgegennehmen dürfe. Er sei trotzdem bereit, über Teilkapitulationen mit all den Kräften zu verhandeln, die seiner amerikanischen Front gegenüberstehen und nicht der Front gegen Russen angehören.

Jedem Vordringen amerikanischer Truppen nach Osten in das Protektorat und weiter südlich ist keinerlei Widerstand mehr entgegenzusetzen.

Eine Befehlsgliederung und Zusammensetzung von Kommandobehörden im Nordraum wird aufgestellt, um eine Unterlage für Kapitulationsverhandlungen zu besitzen.

Die Ernährungslage im schleswig-holsteinischen Raum wird durch Zuführung von Truppen aus Dänemark besonders schwierig.

In Dänemark dringen die Engländer auf beschleunigte Räumung, besonders der Städte. Es ist eindeutig, daß die Truppe vor der 21. englischen Heeresgruppe und nicht vor den Dänen die Waffen streckt.

Der Großadmiral ordnet unter Aufhebung entgegenstehender Befehle an, daß jede Zerstörung von Betrieben, Nachrichtenanlagen sowie Bedarfsgütern ab sofort untersagt wird.

Über die Besprechung des Generaloberst Jodl mit Generalleutnant Bedell-Smith am 6. Mai nachmittags in Reims liegt folgende Notiz vor:

„1. Absicht Großadmiral:
   a) Krieg so rasch wie möglich zu liquidieren.
   b) Deutsche Menschen in möglichst großer Zahl dem Deutschtum zu erhalten und sie vor dem Bolschewismus zu retten.

2. Die sofortige Kapitulation stößt unsererseits auf keinerlei Schwierigkeiten.
   a) Kanalinseln und Atlantikfestungen;
   b) Bei den Resten der 7. Armee, die Front gegen die amerikanische Armee haben;
   c) in Norwegen;
   d) auf Kreta, Rhodos und Milos, sofern sie gegenüber englischen oder amerikanischen Truppen stattfindet.
3. Anders liegen die Dinge bezüglich der Kapitulation in Kurland, an der Weichselmündung, bei den Heeresgruppen Löhr: 400 000, Rendulic: 600 000, Schörner: 1 200 000 Mann.

Eine Kapitulation dieser Armeen liefert nicht nur die Soldaten, sondern die deutsche Bevölkerung im Schutze dieser Truppen der Sklaverei aus. Diese Tat kann kein Deutscher von Ehre mit seinem Namen decken. Der Fluch von Millionen würde seinen Namen ächten, und die Geschichte würde ihn als einen Verräter brandmarken. Aber noch etwas anderes kommt dazu. Keine Macht der Welt könnte die Truppen der Heeresgruppen Löhr, Rendulic und Schörner zwingen, einem Befehl zum Niederlegen der Waffen nachzukommen, solange sie noch einen Weg nach rückwärts in den von amerikanischen Truppen besetzten Raum freihaben.

Sie werden sich mit dem Mut der Verzweiflung auf alles stürzen, was ihnen den Weg versperrt, und letzten Endes geschlossen oder in Gruppen bei ihnen ankommen.

Wir aber, die wir die Kapitulation unterzeichnet haben und uns verpflichten müssen, sie einzuhalten, wir werden als vertragsbrüchig hingestellt und der Vertrag als nichtig erklärt werden.

Warum, frage ich mich dann, schließen wir überhaupt einen Vertrag?

4. In den uns mitgeteilten Bedingungen der Waffenstreckung steht ausdrücklich:
   a) alle Truppen haben in ihren augenblicklichen Stellungen zu verbleiben;
   b) das OKW muß die Garantie übernehmen für die Ausführung aller Befehle;
   c) die neue Regierung wird mit der Schuld für die Fortführung der Feindseligkeiten belastet werden.

Aus diesem Dilemma gibt es für uns keinen Weg als den in das Chaos.

Einen Ausweg zu finden und Ihre Hilfe zu erbitten, bin ich hier."

Anschließendes Gespräch ergibt etwa folgendes:

Bedell-Smith: Wir hätten ein hohes Spiel gespielt. Der Krieg sei mit dem Übergang über den Rhein verloren gewesen. Wir hätten aber immer noch auf die Entzweiung der Verbündeten gerechnet. Das sei nicht eingetreten. Was die Schwierigkeiten beträfe, in denen ich seine Hilfe wolle, so könne er nicht helfen. Er sei als Soldat an seine Befehle gebunden und müsse die Vereinbarungen zwischen den Verbündeten einhalten.

Er verstünde nicht, warum wir uns nicht den Russen ergeben würden, so würden wir doch am besten fahren.

Jodl: Ich erwiderte, daß selbst, wenn das so wäre, ich jetzt keinen Deutschen davon überzeugen könne, sie würden, solange sie noch einen offenen Weg nach Westen sähen, sich unter allen Umständen dorthin durchschlagen. Da nütze kein Befehl etwas.

Ich könnte aber sofort einen Befehl erwirken, daß an keiner Front mehr ein Schuß gegen die Westgegner abgegeben würde.

Ich schlüge folgendes vor: Unterzeichnung der Kapitulation nicht durch mich, sondern durch die Oberbefehlshaber der Wehrmachtteile. Diese könnten allerdings erst am 8. Mai hier eintreffen, da Feldmarschall Ritter v. Greim erst gesucht oder durch einen Vertreter ersetzt werden müßte.

Dann brauchten wir unter allen Umständen nicht 24, sondern 48 Stunden Zeit, um die Befehle durchzubringen, so daß bei einer Unterzeichnung am 8. Mai nachmittags die Waffenruhe am 10. Mai nachmittags eintrete.

Bedell-Smith: Einseitige Einstellung der Kampfhandlungen gegen Westgegner sei ganz unmöglich. Es gäbe nur eine gemeinsame Kapitulation gegenüber allen Verbündeten. Wenn die Soldaten an der Ostfront den klar gegebenen Befehlen nicht folgten, so könne dafür weder die Regierung noch das OKW verantwortlich gemacht werden. Die in die amerikanischen Linien zurückkommenden deutschen Soldaten würden als Kriegsgefangene behandelt.

Bedell-Smith holt anschließend die Entscheidung General Eisenhowers zu diesen Vorschlägen ein. Dieser lehnt rundweg ab und verlangt:

a) Unterzeichnung noch heute;
b) Kapitulation träte unter allen Umständen am 9. Mai, 0.00 Uhr, in Kraft.

c) Ich hätte eine halbe Stunde Bedenkzeit für meine Entschließung. Lehne ich ab, so würden die Verhandlungen abgebrochen, und wir könnten dann später mit dem Russen allein verhandeln. Der Bombenkrieg würde aufgenommen und die englischen und amerikanischen Linien für alle aus dem Osten kommenden Deutschen dichtgemacht.

Ich erklärte, daß meine Entschließung aus dem Funkspruch zu ersehen sei, den ich jetzt an Feldmarschall Keitel geben würde und dessen Beantwortung ich abwarten müsse, da ich keine Vollmacht zur Unterzeichnung hätte.

21.41 Uhr Funkspruch von Generaloberst Jodl bei Feldmarschall Keitel eingegangen:

„General Eisenhower besteht darauf, daß wir noch heute unterschreiben, andernfalls werden die alliierten Fronten auch gegenüber denjenigen Personen geschlossen werden, die sich einzeln zu ergeben versuchen, und alle Verhandlungen werden abgebrochen.

Ich sehe keinen anderen Ausweg als Chaos oder Unterzeichnung. Erbitte sofortige drahtlose Bestätigung, ob ich die Vollmacht habe, die Kapitulation zu unterzeichnen. Die Kapitulation kann dann wirksam werden. Feindseligkeiten werden dann am 9. Mai 1945, 0.00 Uhr, nach deutscher Sommerzeit aufhören. Jodl.“

Nach Mitternacht fernmündliche Anfrage, wo Antwort bleibt.

7. Mai 1945

Um 1.30 Uhr gibt Major Friedel folgende Antwort durch: „Vollmacht zur Unterzeichnung nach mitgeteilten Bedingungen hat Großadmiral Dönitz erteilt. gez. Keitel.“

Um 2.30 Uhr Unterzeichnung für das deutsche Oberkommando durch Generaloberst Jodl im Hauptquartier Eisenhowers in Reims.

Dessen Stabschef, General Bedell-Smith, unterzeichnet für den Oberstkommandierenden der alliierten Expeditions-Streitkräfte, und General Suslaparow für das russische Oberkommando. Als Zeuge unterschreibt General Sevez, stellvertretender Generalstabschef der französischen Armee.

Aus allen Maßnahmen und Befehlen der Alliierten ist klar ersichtlich, daß sie gewillt sind, das auf sie übergegangene Gesetz des Handelns mit aller Konsequenz zu handhaben. Dies wird besonders deutlich bei dem Verlangen Eisenhowers auf umgehende Unterzeichnung der Kapitulation unter Ablehnung jeglicher Aufschub- und Änderungsvorschläge.

Im Laufe des Tages werden weitere Einzelheiten der Kapitulationsbedingungen verlautbart. So heißt es:

„In den Kapitulationsbedingungen übergibt der Unterzeichnende, Generaloberst Jodl, bedingungslos alle Streitkräfte dem Oberkommando der Alliierten Expeditions-Streitkräfte und gleichzeitig dem Sowjetischen Oberkommando.

Das deutsche Oberkommando hat sofort Befehl zu erlassen, mit dem 8. Mai, 23.00 Uhr mitteleuropäischer Zeit, jede aktive Kampftätigkeit einzustellen.

Die in Reims abgeschlossene Übergabe-Verhandlung ist nicht als endgültig anzusehen. Sie wird durch einen allgemeinen Kapitulationsvertrag von seiten der Alliierten ersetzt werden. Falls das deutsche OKW oder irgendwelche Streitkräfte unter seinem Befehl nicht entsprechend den Übergabebedingungen handeln, werden Strafmaßnahmen unternommen werden."

Die Ratifizierung der endgültigen Kapitulationsurkunden soll durch den Chef des OKW sowie die Oberbefehlshaber des Heeres, der Marine und der Luftwaffe, ausgestattet mit ordnungsgemäßen Vollmachten, erfolgen. Ort und Zeit wird von den Alliierten und den Sowjets festgesetzt werden.

Um 5.30 Uhr meldet Generaloberst Jodl, daß Besprechung über Einzelheiten der Durchführung der Kapitulation im Hauptquartier General Eisenhowers am 8. Mai, 10.00 Uhr, stattfindet. Sie wird im Laufe des Vormittags abgeschlossen sein, denn Generaloberst Jodl teilt seine Rückkehr für 16.30 Uhr mit.

Weitere Maßnahmen und Entschlüsse, welche einerseits vorsorglich die Rettung vieler deutscher Menschen vor sowjetischem Zugriff und andererseits die Sicherstellung der Versorgung zum Ziele haben, ergeben sich aus der Tatsache der Waffenstreckung an den meisten Fronten und dem bevorstehenden Inkrafttreten der endgültigen Gesamtkapitulation.

Entsprechende Befehle werden von der obersten Führung erlassen.

Um 1.35 Uhr ergeht Befehl von Großadmiral Dönitz an Feldmarschall Kesselring und General Winter sowie nachrichtlich an Heeresgruppe Mitte, Ostmark und OB Südost:

„Es gilt, von allen Fronten gegen Ostgegner schnellstens, was möglich, nach Westen zurückzuführen und notfalls sich durch Sowjets durchzuschlagen.

Jede Feindseligkeit gegen Anglo-Amerikaner sofort einstellen und Übergabe an diese durchführen. Gesamtkapitulation wird heute noch bei Eisenhower unterzeichnet.

Eisenhower hat Generaloberst Jodl Einstellung der Feindseligkeiten zum 9. Mai 1945, 0.00 Uhr deutscher Sommerzeit zugesagt."

Für Aufrechterhaltung der Zucht und Ordnung im holsteinischen Raum ist der OB Nord, Feldmarschall Busch, verantwortlich. Auch die Versorgung der Truppe und Zivilbevölkerung wird ihm übertragen.

Auf Befehl der Engländer gelten ab sofort wieder die militärischen Grußformen, wie vor der Einführung des deutschen Grußes. (Der OB West hat diese Anordnung schon von sich aus getroffen.)

Die dem Ostgegner gegenüberstehende Heeresgruppe Kurland, welche infolge der Kürze der Zeit und des Mangels an Schiffsraum keine Möglichkeit mehr hat, in der Gesamtheit der Gefangennahme durch die Sowjets zu entgehen, erhält die Genehmigung zur Verhandlungsfreiheit mit dem örtlichen russischen Oberbefehlshaber.

Dies ist die einzige Hilfe, welche – außer dem Versuch, noch möglichst viele Soldaten auf dem Wasserwege abzutransportieren – dieser tapferen Heeresgruppe gegeben werden kann.

Um 12.45 Uhr kündigt Reichsminister Graf Schwerin v. Krosigk über den Flensburger Sender dem deutschen Volk die bedingungslose Kapitulation an.

Großadmiral Dönitz erläßt neben einem Aufruf an seine U-Boot-Leute Verlautbarungen an die Heeresgruppen Mitte, Süd und Südost sowie an die deutsche Bevölkerung in den Westgebieten. Die Aufrufe lauten:

„An die Heeresgruppen Mitte, Süd und Südost.

Soldaten der Heeresgruppen Mitte, Süd und Südost!

Ihr seid neben den Divisionen in Kurland, in der Weichselmündung und auf der Halbinsel Hela die letzte festgefügte Kampfkraft, die unter den bewährten Führern sich der bolschewistischen Welle entgegenstemmt. Damit schützt ihr zurzeit nicht nur euch selbst, sondern auch viele Millionen deutscher Männer, Frauen und Kinder, die sich noch östlich des amerikanischen Machtbereiches befinden.

Wenn ihr nun hört, daß im Norden, Westen und Süden einzelne Armeen die Waffen nach ehrenvollem Kampf niedergelegt haben, so ist das geschehen, weil der Kampf mit den Westmächten seinen Sinn verloren hat, denn das einzige Ziel, für das wir noch kämpfen müssen, ist die Errettung möglichst vieler deutscher Menschen vor der Bolschewisierung und Versklavung. Das ist eure heilige Aufgabe, die ihr im Sinne unseres toten Führers und für die Erhaltung des deutschen Volkes in der Zukunft noch erfüllen müßt und auch erfüllen werdet.

Alles, was ich zur Zeit politisch und militärisch unternehme, geschieht nur, um euch und die deutsche Bevölkerung, die ihr schützt, vor der Vernichtung zu bewahren.

Wer aber in selbstsüchtiger Absicht nur an seine eigene Rettung oder die seines Verbandes denkt, macht die Rettung der Gesamtheit unmöglich. Er ist ein Verräter am deutschen Volk und wird dementsprechend behandelt werden. Bedingungsloser Gehorsam, eiserne Disziplin und der Zusammenhalt aller sind nötiger denn je und sind die unentbehrliche Voraussetzung für die Erfüllung eurer großen Aufgabe. Das deutsche Volk wird sie euch danken."

An die deutsche Bevölkerung der besetzten Westgebiete.

„Ich fordere auf Grund der inzwischen Tatsache gewordenen Waffenruhe alle deutschen Männer und Frauen auf, jede illegale Kampftätigkeit im Werwolf oder anderen Organisationen in den vom Feind besetzten Westgebieten zu unterlassen, da sie nur zum Schaden unseres Volkes führen kann."

Alle Anordnungen und Maßnahmen sind überschattet von dem bevorstehenden Inkrafttreten der Gesamtkapitulation, die am 9. Mai, 0.00 Uhr deutscher Sommerzeit, d. h. nach alliierter Zeitrechnung (mitteleuropäischer Zeit) am 8. Mai, um 23.00 Uhr, erfolgen soll.

8. und 9. Mai 1945

An Montgomery wird bereits am frühen Morgen ein Funkspruch übersandt, worin er über eine Verzögerung bei der Übermittlung des Befehls an die in See befindlichen U-Boote hinsichtlich ihres Verhaltens gemäß den Kapitulationsbedingungen unterrichtet wird.

Die Entsendung eines Verbindungsstabes zum Hauptquartier Eisenhowers unter dem Kommando des Generals Fangohr wird vorbereitet.

An Feldmarschall Kesselring ergeht Befehl, Truppenbewegungen im Rahmen der gegebenen Befehle mit allen Mitteln voranzutreiben und deutscher Bevölkerung zu helfen. Die dem Ostgegner gegenüberstehenden Heeresgruppen werden ermächtigt, selbständige Verhandlungen mit den Sowjets zu führen.

Der Kommandant von Bornholm erhält Befehl, russische Landungsversuche abzuwehren.

Die Westfestungen erhalten Weisung, jede Zerstörung von Schiffen, Fahrzeugen und Gerät sowie Munition aller Art zu unterlassen.

Der Großadmiral verlangt strengste Einhaltung der Kapitulationsbedingungen.

Um 12.30 Uhr richtet Großadmiral Dönitz über den Rundfunk folgende Botschaft an das deutsche Volk:

„Deutsche Männer und Frauen!

In meiner Ansprache am 1. Mai, in der ich dem deutschen Volk den Tod des Führers und meine Bestimmung zu seinem Nachfolger mitteilte, habe ich es als meine erste Aufgabe bezeichnet, das Leben deutscher Menschen zu retten. Um dieses Ziel zu erreichen, habe ich in der Nacht vom 6. und 7. Mai dem Oberkommando der Wehrmacht den Auftrag gegeben, die bedingungslose Kapitulation für alle kämpfenden Truppen auf allen Kriegsschauplätzen zu erklären.

Am 8. Mai, 23.00 Uhr, schweigen die Waffen.

Die in unzähligen Schlachten bewährten Soldaten der deutschen Wehrmacht treten den bitteren Weg in die Gefangenschaft an und bringen damit das letzte Opfer für das Leben von Frauen und Kindern und für die Zukunft unseres Volkes.

Wir verneigen uns vor ihrer tausendfach bewiesenen Tapferkeit und der Opfertat der Gefallenen und Gefangenen.

Ich habe dem deutschen Volk zugesagt, in der kommenden Notzeit bestrebt zu sein, unseren tapferen Frauen, Männern und Kindern, soweit dies in meiner Macht steht, erträgliche Lebensbedingungen zu schaffen.

Ob ich dazu beitragen kann, euch in dieser harten Zeit zu helfen, weiß ich nicht. Wir müssen den Tatsachen klar ins Gesicht sehen. Die Grundlagen, auf denen das deutsche Reich sich aufbaute, sind zerborsten. Die Einheit von Staat und Partei besteht nicht mehr. Die Partei ist vom Schauplatz ihrer Wirksamkeit abgetreten.

Mit der Besetzung Deutschlands liegt die Macht bei den Besatzungsmächten. Es liegt in ihrer Hand, ob ich und die von mir bestellte Reichsregierung tätig sein kann oder nicht. Kann ich durch meine Amtstätigkeit meinem Vaterland nützen und helfen, dann bleibe ich in diesem Amt, bis der Wille des deutschen Volkes in der Bestallung eines Staatsoberhauptes Ausdruck finden kann oder die Besatzungsmächte mir die Fortführung meines Amtes unmöglich machen. Denn mich halten nur die Liebe zu Deutschland und die Pflicht auf meinem schweren Posten. Ich bleibe nicht eine Stunde länger, als ich ohne Rücksicht auf meine Person es mit der Würde vereinbaren kann, die ich dem Reiche schulde, dessen oberster Repräsentant ich bin.

Wir haben alle einen schweren Weg vor uns. Wir müssen ihn in der Würde, der Tapferkeit und Disziplin gehen, die das Andenken unserer Gefallenen von uns fordert. Wir müssen ihn mit dem Willen zur Anspornung aller unserer Arbeits- und Leistungskraft gehen, ohne die wir uns keine Lebensgrundlage schaffen können. Wir wollen ihn in Einigkeit und Gerechtigkeit gehen, ohne die wir die Not der kommenden Zeit nicht überwinden können.

Wir dürfen ihn in der Hoffnung gehen, daß unsere Kinder einmal in einem befriedeten Europa ein freies und gesichertes Dasein haben werden.

Ich will auf diesem dornenreichen Weg nicht hinter euch zurückbleiben.

Gebietet mir die Pflicht, in meinem Amt zu bleiben, dann werde ich versuchen, euch zu helfen, soweit ich irgend kann. Gebietet mir die Pflicht zu gehen, so soll auch dieser Schritt ein Dienst an Volk und Reich sein."

Das Oberkommando der Wehrmacht gibt um 22.00 Uhr durch Rundfunk bekannt:

„Ab 9. Mai, 0.00 Uhr, sind auf allen Kriegsschauplätzen, von allen Wehrmachtteilen und von allen bewaffneten Organisationen oder Einzelpersonen die Feindseligkeiten gegen die bisherigen Gegner einzustellen.

Jede Zerstörung oder Beschädigung von Waffen und Munition, Flugzeugen, Ausrüstung, Geräten jeder Art sowie jede Beschädigung oder Versenkung von Schiffen widerspricht den vom OKW angenommenen und unterzeichneten Bedingungen und ist im Gesamtinteresse des deutschen Volkes mit allen Mitteln zu verhindern.

Diese Bekanntmachung gilt für jeden Mann als Befehl, der auf dem militärischen Dienstwege einen solchen nicht erhalten haben sollte.

Vom 9. Mai, 0.00 Uhr, ab ist ferner auf sämtlichen Funklinien aller Wehrmachtteile nur mehr offen zu funken. Im Auftrage des Großadmirals gez. Jodl, Generaloberst."

Ferner wird befohlen, daß alle Vorgesetzten schriftlich eindeutige Befehle zum Stehenbleiben am 9. Mai, 0.00 Uhr, zu erlassen haben.

Zur Erläuterung dieses letzten Befehls ist ein Generalstabsoffizier in der Person des Oberst Meyer-Detring bereits am 7. Mai nachmittags nach Pilsen zur Heeresgruppe Schörner geflogen.

Für diese Heeresgruppe kommt es besonders darauf an, den Kampf gegen die Sowjets möglichst lange fortzusetzen, da nur auf diese Weise namhafte Teile der deutschen Verbände die Möglichkeit haben, durch Zeitgewinn sich zum Westgegner durchzuschlagen.

Als wichtigstes Ereignis dieses Tages ist der Abruf der deutschen Delegation unter Führung von Feldmarschall Keitel zwecks Unterzeichnung des endgültigen Kapitulationsprotokolls in Berlin zu verzeichnen. Außer Keitel gehören dieser Delegation an: Generaladmiral v. Friedeburg und Generaloberst der Luftwaffe Stumpff mit ihren Begleitoffizieren.

Die Kapitulationsbedingungen werden am 9. Mai 1945 um 0.16 Uhr vom Oberkommando der Deutschen Wehrmacht durch Feldmarschall Keitel, Admiral v. Friedeburg und Generaloberst Stumpff unterzeichnet, obwohl als offizielles Datum der Kapitulation in der Kapitulationsurkunde der 8. Mai angegeben wird. Es unterzeichnet für das Oberkommando der Roten Armee Marschall Schukow;

für den Obersten Befehlshaber der Alliierten Expeditions-Streitkräfte Luftobermarschall Tedder.

Bei der Unterzeichnung sind als Zeugen zugegen und unterzeichnen:

de Lattre de Tassigny, General, Oberstkommandierender der 1. Französischen Armee;

General Spaatz, Kommandierender General der Strategischen Luftstreitkräfte der Vereinigten Staaten.

Die Kapitulationsbedingungen lauten:

„1. Wir, die hier Unterzeichneten, handelnd in Vollmacht für und im Namen des Oberkommandos der Deutschen Wehrmacht, erklären hiermit die bedingungslose Kapitulation aller am gegenwärtigen Zeitpunkt unter deutschem Befehl stehenden oder von Deutschland beherrschten Streitkräfte auf dem Lande, auf der See und in der Luft gleichzeitig gegenüber dem Obersten Befehlshaber der Alliierten Expeditions-Streitkräfte und dem Oberkommando der Roten Armee.

2. Das Oberkommando der Deutschen Wehrmacht wird unverzüglich allen Behörden der deutschen Land-, See- und Luftstreitkräfte und allen von Deutschland beherrschten Streitkräften den Befehl geben, die Kampfhandlungen um 23.01 Uhr mitteleuropäischer Zeit am 8. Mai einzustellen und in den Stellungen zu verbleiben, die sie an diesem Zeitpunkt innehaben, und sich vollständig zu entwaffnen, indem sie Waffen und Geräte an die örtlichen alliierten Befehlshaber bzw. an die von den alliierten Vertretern zu bestimmenden Offiziere abliefern. Kein Schiff, Boot oder Flugzeug irgendeiner Art darf versenkt werden, noch dürfen Schiffsrümpfe, maschinelle Einrichtungen, Ausrüstungsgegenstände, Maschinen irgendwelcher Art, Waffen, Apparaturen, technische Gegenstände, die Kriegszwecken im allgemeinen dienlich sein können, beschädigt werden.

3. Das Oberkommando der Deutschen Wehrmacht wird unverzüglich den zuständigen Befehlshabern alle von dem Obersten Befehlshaber der Alliierten Expeditions-Streitkräfte und dem Oberkommando der Roten Armee erlassenen zusätzlichen Befehle weitergeben und gleichzeitig deren Durchführung sicherstellen.

4. Diese Kapitulationserklärung ist ohne Präjudiz für irgendwelche an ihre Stelle tretenden allgemeinen Kapitulationsbestimmungen, die durch die Vereinten Nationen und in deren Namen Deutschland und der deutschen Wehrmacht auferlegt werden mögen.

5. Falls das Oberkommando der Wehrmacht oder irgendwelche ihm unterstehenden oder beherrschten Streitkräfte es versäumen sollten, sich gemäß den Bestimmungen dieser Kapitulationserklärungen zu verhalten, werden das Oberkommando der Roten Armee und der Oberste Befehlshaber der Alliierten Expeditions-Streitkräfte alle diejenigen Straf- und anderen Maßnahmen ergreifen, die sie als zweckmäßig erachten.

6. Diese Erklärung ist in englischer, russischer und deutscher Sprache abgefaßt. Allein maßgebend sind die englische und die russische Fassung.

Unterzeichnet zu Berlin am 8. Mai 1945.

v. Friedeburg Keitel Stumpff

Für das Oberkommando der Deutschen Wehrmacht.

In Gegenwart von:

Marschall Tedder	Für das Oberkommando der
Für den Obersten Befehlshaber	Roten Armee
der Alliierten Expeditions-Streitkräfte	Marschall Schukow

Bei der Unterzeichnung waren als Zeugen auch zugegen:

de Lattre de Tassigny	General Spaatz
General, Oberstkommandierender der Ersten Französischen Armee	Kommandierender General der Strategischen Luftstreitkräfte der Vereinigten Staaten

Am 9. Mai erscheint der letzte Wehrmachtbericht:

„Seit Mitternacht schweigen nun an allen Fronten die Waffen. Auf Befehl des Großadmirals hat die Wehrmacht den aussichtslos gewordenen Kampf eingestellt. Damit ist das fast sechsjährige heldenhafte Ringen zu Ende. Es hat uns große Siege, aber auch schwere Niederlagen gebracht. Die deutsche Wehrmacht ist am Ende einer gewaltigen Übermacht ehrenvoll unterlegen.

Der deutsche Soldat hat, getreu seinem Eid, im höchsten Einsatz für sein Volk, für immer Unvergeßliches geleistet.

Die einmalige Leistung von Front und Heimat wird in einem späteren gerechten Urteil der Geschichte ihre endgültige Würdigung finden.

Den Leistungen und Opfern der deutschen Soldaten zu Lande, zu Wasser und in der Luft wird auch der Gegner die Achtung nicht versagen. Jeder Soldat kann deshalb die Waffe aufrecht und stolz aus der Hand legen und in den schwersten Stunden unserer Geschichte tapfer und zuversichtlich an die Arbeit gehen für das ewige Leben unseres Volkes.

Die Wehrmacht gedenkt in dieser Stunde ihrer vor dem Feind gebliebenen Kameraden.

Die Toten verpflichten zu bedingungsloser Treue, zu Gehorsam und Disziplin gegenüber dem aus zahllosen Wunden blutenden Vaterland."

An den Fronten gegen die Sowjets finden die letzten Kämpfe statt.

In Ostpreußen verteidigen sich noch deutsche Truppen an der Weichselmündung und auf der Frischen Nehrung.

Die Heeresgruppe Kurland hält nach sechs großen Abwehrschlachten immer noch unbesiegt ihre Stellungen gegen die überlegene Rote Armee.

Bis zum Eintritt der Kapitulationsbedingungen wurden so weit wie möglich Verwundete und Familienväter durch Flugzeuge weggeschafft.

Die Verteidiger der Festung Breslau sind nach vorbildlich tapferem Widerstand der feindlichen Übermacht erlegen.

An die Einheiten der Heeresgruppe Mitte, Süd und Südost sind die Befehle zur Einstellung des Feuers ergangen.

Bei der Heeresgruppe Mitte wird die Durchführung der Kapitulation durch den Aufstand der Tschechen in Böhmen und Mähren behindert.

In der nächtlichen Lagebesprechung, die nach wie vor täglich stattfindet, wird betont, daß die Vereinigung der Nord- und Südstäbe des OKW wegen der in Zukunft anfallenden Arbeiten dringend notwendig sei.

Generaloberst Jodl gedenkt der Toten dieses Krieges und der um diese Stunde eintretenden Waffenruhe.

In einem 4.30 Uhr aus dem Hauptquartier Montgomerys eingehenden Funkspruch wird Bewegung deutscher Schiffe durch den Kaiser-Wilhelm-Kanal nach westdeutschen Häfen verboten.

An General Eisenhower ergeht Mitteilung, daß entgegen Ziffer 2 der am 7. Mai 1945 unterzeichneten Kapitulationsbedingungen weiter im Bereich der Armee Ostpreußen Art.-Feuer, Bombenabwürfe und Bordwaffenbeschuß auf dem Weichselraum liegen. Sofortige Abstellung erbeten.

Um 13.45 Uhr Funkspruch an Eisenhower mit der Bitte, den Feldmarschall Kesselring zum Vortrag und zur Ausgabe neuer Richtlinien nach Flensburg befehlen zu dürfen.

Die Flugzeuge zur Abholung des Verbindungsstabes Fangohr sind nicht eingetroffen. Auch das Flugzeug, das einen Offizier mit Unterlagen für das sowjetische Oberkommando nach Berlin befördern sollte, kommt nicht an.

Von den Westfestungen und Kanalinseln gehen Funksprüche mit Treue-Erklärungen der Befehlshaber ein.

Aus Kurland wird durch den zurückgekehrten Verbindungsoffizier, Oberstleutnant d. G. de Maizière, die Stimmung der Truppen als tadellos diszipliniert geschildert. Rund 230 000 Deutsche befinden sich in Kurland.

Feldmarschall Kesselring teilt SS-Oberst-Gruppenführer Sepp Dietrich mit, daß die Waffenstillstandsbedingungen auch für die Truppenteile der Waffen-SS verbindlich sind. Der Feldmarschall erwartet, daß ebenso wie die Gesamt-Wehrmacht auch die Waffen-SS ein einwandfreies korrektes Verhalten zeigt.

Da von den Alliierten die Aufstellung von Ordnungsorganen genehmigt ist, wird für das OKW die Aufstellung eines Wach-Bataillons OKW beantragt.

Für das deutsche Marineoberkommando haben die Alliierten Sonderbestimmungen erlassen.

10. Mai 1945

Der Tag ist mit Regelung organisatorischer Fragen, Herausgabe von Anordnungen und Erläuterungen, die sich aus dem Abschluß der Kapitulation ergeben, erfüllt. Auch die Verbindung mit dem alliierten Oberkommando unter General Eisenhower beginnt sich einzuspielen.

In dem von den Alliierten zugestandenen Sonderbereich „Enklave" behalten das OKW und die Reichsregierung eine gewisse Freiheit.

Die deutschen Dienststellen können sich hier frei bewegen und werden von der Besatzungsmacht respektiert.

Das Armeeoberkommando Ostpreußen meldet am Vormittag den Verhandlungsbeginn mit der 43. Armee der 2. Weißrussischen Front wegen Übergabe der noch bei Hela und in der westlichen Weichselniederung stehenden eigenen Verbände.

Um 0.50 Uhr ist die Waffenniederlegung dort erfolgt. Eigenmächtigkeiten russischer Offiziere und Mannschaften werden gemeldet.

Um 4.30 Uhr meldet der Befehlshaber Norwegen, daß die ihm durch den alliierten englischen Befehlshaber auferlegten Kapitulationsbedingungen unerträgliche Härten enthielten. Um Abstellung wird gebeten.

Anschließend wird das Armeeoberkommando Norwegen über die unternommenen Protestschritte unterrichtet und darauf aufmerksam gemacht, daß es notwendig sei, gegen unbillige Bedingungen sofort an Ort und Stelle zu protestieren.

Auch der Wehrmachtbefehlshaber Dänemark meldet Übergriffe der Engländer und erhebt Einspruch.

Das OKW schließt sich diesem Einspruch voll an und gibt hierüber sowie über die Lage in Norwegen eine Funkmitteilung an General Fangohr, Leiter des deutschen Verbindungsstabes, der zum Hauptquartier General Eisenhowers nach Reims geflogen werden soll, zwecks Einleitung eines Protestes beim alliierten Hauptquartier, weiter.

General Winter, Südraum, wird benachrichtigt, daß alle Wirtschafts- und Versorgungsfragen auch für die Zivilbevölkerung vorläufig durch die Wehrmacht bearbeitet werden.

Die Reichsministerien ernennen Bevollmächtigte für den Nord- und Südraum.

Das OKW arbeitet mit Feldmarschall Busch im Nordraum und Feldmarschall Kesselring im Südraum nach Weisung von Eisenhower zusammen.

An alle Oberkommandos und dem OKW unterstellte Dienststellen werden die Zusatzbedingungen zu dem in Berlin unterschriebenen Kapitulationsvertrag mitgeteilt. Sie lauten:

„Alle Behörden der deutschen Land-, See- und Luftstreitkräfte und alle von Deutschland beherrschten Streitkräfte haben sich vollständig zu entwaffnen, indem sie Waffen und Gerät an die örtlichen alliierten Befehlshaber beziehungsweise an die von den alliierten Vertretern zu bestimmenden Offiziere abliefern."

General Eisenhower wird durch Funk orientiert, daß Heeresgruppe Mitte und Süd den Befehl des OKW mit Kapitulationsbedingungen erhalten und bestätigt haben. Es steht fest, daß Feldmarschall Schörner die schärfsten Befehle für strikte Durchführung der Kapitulation erlassen hat. Ob ein Teil der Truppe diese Befehle nicht befolgt oder tschechische Aufstandsbewegung die Befolgung der Befehle erschwert hat, ist nicht bekannt, da zur Zeit keine Funkverbindung zur Heeresgruppe Mitte, Süd und Süd-Ost.

Um 16.30 Uhr erfolgt ein Funkspruch an den Befehlshaber Bornholm, wonach Bornholm als Teil von Dänemark zu betrachten sei.

„Bezüglich deutscher Truppen in Dänemark ist eindeutiger Kapi-

Ankunft der deutschen Delegation am 8. Mai 1945 in Berlin zur Unterzeichnung der „bedingungslosen Kapitulation".
V. l.: Generaloberst Stumpff, Generalfeldmarschall Keitel, Generaladmiral von Friedeburg.

Russisches Foto der Zeremonie der „bedingungslosen Kapitulation" in Berlin-Karlshorst. Generalfeldmarschall Keitel bei der Unterzeichnung; in der Mitte General Spaatz, USA, rechts neben ihm Marschall Schukow.

Unterzeichnung der deutschen Kapitulation am 8. Mai 1945 durch Generalfeldmarschall Keitel im sowjetischen Hauptquartier in Berlin-Karlshorst.

Als triumphierende Sieger über das geschlagene Hitlerdeutschland zeigten sich die Generäle Schukow und Montgomery anläßlich der alliierten Siegesparade im Mai 1945 in Berlin vor dem Brandenburger Tor.

Bei der Gefangennahme der Regierung Dönitz am 23. Mai 1945 in Flensburg-Mürwik werden männliche und weibliche Angehörige des Stabes unter entwürdigenden Bedingungen durch englische Soldaten mit aufgepflanztem Seitengewehr bewacht.

23. Mai 1945, 10.00 Uhr: Gefangennahme der Regierung Dönitz. Zivile und militärische Mitarbeiter des Stabes Dönitz werden abgeführt.

Gefangennahme der Regierung Dönitz. Vernehmung von Konteradmiral Wagner, der mit erhobenen Händen einem britischen Vernehmungsoffizier antworten muß.

Gefangennahme der Regierung Dönitz am 23. Mai 1945 durch die Engländer in Flensburg-Mürwik.

tulationsvertrag mit Feldmarschall Montgomery abgeschlossen. Etwa auf russischen Druck abgeschlossener Kapitulationsvertrag mit Russen deutscherseits als ungültig anzusehen.

Alle weiteren Schritte unterlassen und Entscheidung alliierten Oberkommandos, die eingeholt ist, abwarten."

Um 18.42 Uhr Funkspruch von General Eisenhower: „Flug Feldmarschall Kesselring zum OKW nicht genehmigt. General Eisenhower wünscht für 11. Mai Entsendung folgender Persönlichkeiten in sein Hauptquartier:

1. Staatssekretär der Reichsregierung;
2. obersten Funkbearbeiter der Luftwaffe;
3. höchsten Nachrichtenoffizier des OKW.

Dauer der Besprechung voraussichtlich einige Tage."

Um 23.50 Uhr wird durch Funk bei General Eisenhower angefragt, wann mit Flugzeugen für Abflug der von Chef des Stabes von Marschall Schukow geforderten Verbindungskommission zu rechnen sei.

Auch die Delegation für Reims (Fangohr) stehe abmarschbereit. Es wird um Mitteilung gebeten, wann Abflug aus Flensburg beabsichtigt sei.

Hieraus ist ersichtlich, daß die Organisation des gegenseitigen Verbindunghaltens noch sehr mangelhaft ist.

An Stelle des von Eisenhower nicht genehmigten Fluges des Marschalls Kesselring zum OKW wird bei Eisenhower um Genehmigung für Flug des stellvertretenden Chefs WFSt, General Winter, zum OKW nachgesucht. Aber wiederum erfolgt ein ablehnender Entscheid.

Die völlige Abhängigkeit vom Willen der Alliierten wird durch Absagen dieser Art unterstrichen.

Da wegen der veränderten Gesamtlage eine Neugliederung des OKW notwendig geworden ist, wird hierüber ein entsprechender Befehl erlassen.

11. Mai 1945

Die wesentlichsten Ereignisse zeigen wiederum, wie vielseitig auch nach der Kapitulation das tägliche Geschehen abläuft.

Als letzte Festungskommandanten melden sich die Kommandanten von St. Nazaire und Lorient ab. Damit haben jetzt alle Westfestungen und Kanalinseln die Durchführung der Kapitulation gemeldet und sich abgemeldet.

Alle aus Rügen, Ost- und Westpreußen und Kurland im Bereich OB Nord eintreffenden Truppenteile unterstehen mit dem Zeitpunkt ihrer Anlandung dem OB Nord.

Armeeoberkommando Ostpreußen bittet, bei 2. Weißrussischer Front zu erwirken, daß auch über den 12. Mai 1945 hinaus Funkverbindung zwischen OKW und AOK Ostpreußen gewährleistet bleibt.

Das alliierte Hauptquartier hat entschieden, daß die Insel Bornholm mit Besatzung zunächst an den sowjetischen Befehlshaber zu übergeben ist. Spätere Regelung bleibt vorbehalten.

Die Luftflotte Reich erhält in Fragen der Demobilmachung ihre Befehle unmittelbar von den 2. „Tactical Air Forces".

Der Marine wird mitgeteilt, daß Entscheidung zur grundsätzlichen Regelung der Frage der Flaggen und Hoheitsabzeichen bei alliiertem Oberkommando beantragt sei.

An Stelle des Wortes „Waffenstillstand" ist der Ausdruck „Kapitulation" zu setzen. Der Bereich des OKW wird als Sonderbereich bezeichnet.

Der Reichsarbeitsdienst ist in Fragen der Demobilmachung ähnlich zu behandeln wie die Wehrmacht.

Um 16.10 Uhr Fernschreiben an Verbindungsstab Fangohr in Reims mit der Bitte, Sendungen vom Reichssender Flensburg und zwei weiteren fahrbaren Rundfunksendern genehmigen zu lassen.

In verschiedenen Funksprüchen meldet General Winter, daß er Festlegung der Aufgaben des Stabes Kesselring erhalten habe. Er erbittet territoriale Abtrennung zwischen Nord- und Südraum. Um 16.34 Uhr meldet er, daß Stab Generaloberst Löhr, OB Süd-Ost, anscheinend durch Tito festgesetzt sei.

Ferner bittet er Freigabe der im böhmisch-mährischen Raum noch bereitgestellten Brot- und Getreidemengen zu erwirken.

Ein Befehl des Großadmirals über Verhalten gegenüber der Besatzungsmacht und insbesondere Haltung des deutschen Soldaten wird an die Truppe bekanntgegeben.

Es heißt darin:

„Wir haben unsere ehemaligen Gegner auf uns zukommen zu lassen und ihnen sodann mit Anstand und Höflichkeit zu begegnen.

Wir stehen ohne Flecken an unserer Ehre als Soldaten da und können mit Recht voller Stolz und Würde auftreten. Jeder Soldat bleibt an seinem Platz, bis er von seinem Vorgesetzten weiteren Befehl erhält. Der Zeitpunkt der Entlassung aus dem Wehrdienst hängt von den Entscheidungen der Besatzungsmacht und dem Abtransport ab."

12. Mai 1945

In Norwegen hat der dortige Wehrmachtbefehlshaber, General Böhme, beim Alliierten Oberkommando Einspruch erhoben, daß Führung und Truppe die Zumutung der Entwaffnung beziehungsweise Inhaftierung eigener deutscher Soldaten (SS) auferlegt worden sei.

Zwischen den Angehörigen der einer verletzenden Ausnahmsbehandlung unterstehenden Organisationen und der Masse der Truppe besteht bezüglich ihrer inneren Einstellung und ihrer Disziplin gegenüber ihren Vorgesetzten kein Unterschied. Um weitere Erschütterungen der Truppe und damit unwiederbringlich Disziplinwidrigkeit zu vermeiden, stellte General Böhme den Antrag, von Forderung der Kapitulationsbedingungen, nämlich einen von den Alliierten festgelegten Personenkreis durch die Truppe verhaften zu lassen, Abstand zu nehmen.

Es werden Einzelheiten für die Regelung des dienstlichen Verkehrs mit den alliierten Befehlsstellen festgelegt. Eine Aufstellung über Fragen der Zusammenarbeit zwischen Deutschen und Alliierten wird herausgegeben. Da Reichsregierung und OKW in einem sogenannten Sonderbereich untergebracht sind, erfolgt auch hier eine interne Festlegung der Befugnisse in einer Besprechung mit dem englischen Brigadekommandeur Churcher, der als Kommandant von Flensburg die vollziehende Gewalt repräsentiert.

An den jetzt bei der 21. englischen Heeresgruppe, Feldmarschall

Montgomery, befindlichen Verbindungsstab unter Leitung des General Kinzel wird ein Antrag des OKW geleitet, in welchem erneut um Genehmigung zur Aufstellung eines motorisierten Wachbataillons des OKW als sogenannte Ordnungstruppe ersucht wird.

Schwierigkeiten machen sich bemerkbar.

So meldet zum Beispiel Feldmarschall Busch, daß er die Verantwortung für die ihm von Feldmarschall Montgomery übertragenen Aufgaben in dem befohlenen Raum nicht übernehmen kann, da er keine Waffengewalt und nicht den entsprechenden Einfluß habe.

Um 12.15 Uhr trifft Funkmeldung von dem im Südraum mit dem Stab des Feldmarschalls Kesselring vereinigten Teil des OKW unter Leitung des stellvertretenden Chefs WFSt. General Winter ein, wonach Verbleib der Heeresgruppe Ostmark (früher Süd) und des OB Süd-Ost infolge unübersichtlicher Entwicklung auf Balkan ungeklärt sei.

Über die Rechtsnatur und den Inhalt der am 8. Mai 1945 erklärten bedingungslosen Kapitulation wird folgende Sprachregelung erlassen:

„Unsere westlichen Gegner haben immer wieder während des Krieges erklärt und dies auch in den Ansprachen aus Anlaß der Kapitulation ausdrücklich bestätigt, daß ihr Ziel auf die Wiederherstellung des Rechts in den Beziehungen zwischen den Völkern gerichtet sei. Unsere Gegner werden sich daher, nachdem mit dem Führer nach ihrer Auffassung der Träger einer rechtswidrigen Gewaltherrschaft gefallen ist, nicht vor der Weltöffentlichkeit dem Vorwurf aussetzen dürfen, nunmehr ihrerseits trotz Erreichung ihres angeblichen Kriegszieles die gleichen Methoden anzuwenden, um deren Ausschaltung sie den Krieg überhaupt nur geführt haben wollen."

In der täglichen Lagebesprechung gibt Generaloberst Jodl Richtlinien für den Verkehr mit den Alliierten dahingehend, daß die Alliierte Delegation mit Vorschlägen und Denkschriften überschüttet werden müßte.

Er sagt: „Sie müssen die großen Organisationsfragen vorgelegt bekommen, die im Zuge des totalen Niederbruchs zu lösen sind. Es muß ihnen auch klargemacht werden, daß wir Deutsche das Leben lieben, aber den Tod nicht fürchten.

Bei allen Besprechungen mit den Alliierten ist Großadmiral Dönitz als Oberster Befehlshaber der Wehrmacht und nicht als Staatsoberhaupt herauszustellen."

13. Mai 1945

Es ist jetzt möglich, einen allgemeinen Überblick über den Ablauf der Gesamtkapitulation zu gewinnen. Es ergibt sich folgendes Bild:

Norwegen: Die Marschbewegungen in Norwegen verlaufen planmäßig. Deutsche Truppen sind in Reservaten (120 kleinste Ortschaften) untergebracht worden. Für 13. Mai ist das Einlaufen eines alliierten Verbandes in Oslo angekündigt worden. Bisher sind in Norwegen alliierte Truppen in Stärke einer Division eingetroffen.

Dänemark: Die Marschbewegungen verlaufen wie vorgesehen. Auf Befehl der Engländer werden deutsche Truppen auf Eiderstedter Halbinsel gesammelt. Bisher 33 700 Mann eingetroffen. Im Kreis Schleswig ist von den Engländern die Brigade „Großdeutschland" als Ordnungstruppe eingesetzt worden. Protest des Generaloberst Lindemann gegen Anordnungen des englischen Generalmajors Fewing wurde von diesem loyal beantwortet. Hiernach werden den deutschen Truppen bezüglich der Mitnahme von Fahrrädern, San.-Fahrzeugen und persönlicher Habe sowie von motorisierten und bespannten Fahrzeugen gewisse Zugeständnisse gemacht.

Niederlande: Abwicklungen verlaufen planmäßig. Nachrichtenaustausch zwischen Generaloberst Blaskowitz und General der Infanterie Straube hat auf Befehl 1. Kan. Armee zu unterbleiben.

Südraum: Die dem OB West unterstellten Truppenteile haben Forderungen der Amerikaner erfüllt. Sie werden in Auffanglagern gesammelt. Eine Ordnungstruppe aus Feldjägerkommandos und 100 Mann je Division von Amerikanern zugestanden. Triest von Jugoslawien besetzt. Endgültige Regelung des Besitzes von Triest wird bei Friedensverhandlungen festgelegt werden.

Sowjet-Rußland: Mit Stab des Marschalls Schukow besteht immer noch keine Verbindung von seiten des OKW. Auch über das Schicksal des als Verbindungsoffizier nach Berlin zu den Russen befohlenen und im Flugzeug dort hingebrachten Oberstleutnant des Generalstabes de Maizière ist noch nichts bekannt. Den Russen fällt es gar nicht ein, auf über das amerikanische Hauptquartier an sie gerichtete Anfragen zu antworten.

Kurland: Abtransport eines kleinen Teiles der Truppen ist hervorragend diszipliniert nach übereinstimmenden Meldungen des Heeres und der Marine auf dem Seewege durchgeführt worden.

Schiffsraum wurde bis zur äußersten Tragfähigkeit ausgenutzt, zum Beispiel auf Schnellbooten bei 23 Mann Besatzung noch zusätzliche 220 Mann befördert, auf Minensuchbooten mit 60 Mann Besatzung rund 700 Mann transportiert. Die unbesiegte Truppe rückte nach Anlandung zum Teil in Achtungsmarsch in ihre Unterkünfte ein.

Kanalinseln: Übergabe an Engländer in würdiger Form im Gange.

Mit Ausnahme der Kurland-Front liegt somit über den übrigen Abschnitten der Ostfront und damit über dem Schicksal von Millionen deutscher Menschen völlige Ungewißheit. Sie befinden sich im Machtbereich der Sowjets und sind damit von der übrigen Welt abgeschnitten.

Im Sonderbereich der obersten Reichsbehörden findet um 10.00 Uhr eine Ministerbesprechung beim Reichsaußenminister Graf Schwerin von Krosigk statt. Hierbei werden durch diesen Hauptpunkte aus der englischen und amerikanischen Presse bekanntgegeben. Danach sollen vorerst keine deutschen Zeitungen erscheinen.

Ernährungsfrage von den Alliierten als sehr brennend angesehen.

Minister Backe hat auf Grund eines Gesprächs mit englischen Sachverständigen den Eindruck, daß die Engländer gut über die deutschen Ernährungsprobleme unterrichtet sind. Die Organisation der deutschen Ernährungswirtschaft soll nach Aussage der Engländer im wesentlichen erhalten bleiben. Englische Truppen sollen durch eigenen Nachschub, nicht aus dem Lande versorgt werden.

Im weiteren Verlauf des Tages tritt eine alliierte Überwachungskommission unter der persönlichen Initiative ihres Leiters, des amerikanischen Generalmajors Rooks, in Flensburg in Aktion. Generalmajor Rooks wohnt ebenso, wie die übrigen Angehörigen der Alliierten Kommission, auf dem im Flensburger Hafen liegenden modernen Motorschiff „Patria" der Hamburg-Süd.

Um 10.55 Uhr Anruf der Alliierten Überwachungskommission, wonach General Rooks ersucht, daß der Großadmiral um 12.00 Uhr, und Generalfeldmarschall Keitel um 12.30 Uhr zu ihm auf die „Patria" kommen sollen.

Um 12.00 Uhr: Unterredung zwischen Großadmiral Dönitz und Generalmajor Rooks auf der „Patria".

In dieser Unterredung stellt sich Generalmajor Rooks als Bevollmächtigter des Oberstkommandierenden, General Eisenhower, vor mit der Erklärung, daß er den Auftrag habe, in Zukunft mit dem Großadmiral zusammenzuarbeiten. Er eröffnet dem Großadmiral, daß auf Befehl des Alliierten Oberkommandos Generalfeldmarschall Keitel mit sofortiger Wirkung seines Postens als Chef OKW enthoben sei und sich als Kriegsgefangener zu betrachten habe. Als Nachfolger des Generalfeldmarschall Keitel sei auf Befehl Eisenhowers vorübergehend Generaloberst Jodl einzusetzen. Er erklärt weiter, daß er bemüht sein werde, in ersprießlicher Weise mit dem OKW zusammenzuarbeiten. Er sähe sich als Vertreter militärischer Regierungsstellen.

Großadmiral Dönitz weist darauf hin, daß er als Staatsoberhaupt zugleich oberster Befehlshaber der Wehrmacht sei und sich des OKW zur Ausführung seiner Befehle bediene.

Der Großadmiral führt ferner aus, das wichtigste Problem des Augenblicks sei die Lösung der Ernährungsfrage und des Geldumlaufs sowie die Wiederankurbelung der Transportverbindungen. General Rooks teilt die Auffassungen des Großadmirals und bestätigt, daß das Alliierte Oberkommando bemüht sei, für diese dringenden Fragen eine Lösung zu finden.

Der Großadmiral macht auf die Einrichtung einer Zentralstelle, von der aus alle Probleme gemeinsam geregelt werden könnten, aufmerksam. General Rooks teilt diese Auffassung und kündigt eine entsprechende Lösung an. Abschließend erkennt General Rooks die Einstellung und die ergriffenen Maßnahmen des Großadmirals als richtig an.

Um 12.30 Uhr Zusammentreffen Generalfeldmarschall Keitel mit Generalmajor Rooks auf der „Patria".

Generalmajor Rooks teilt dem Feldmarschall mit, daß er auf Befehl des Generals Eisenhower mit sofortiger Wirkung seines Postens als Chef OKW enthoben sei und sich als Kriegsgefangener zu betrachten habe. Er habe den Auftrag, den Feldmarschall um 14.30 Uhr abzuholen und ihn zum Flugplatz zwecks Weiterbeförderung zu bringen. Dem Feldmarschall sei es freigestellt, einen Adjutanten, eine Ordonnanz und Gepäck in normalem Umfange mitzunehmen.

Generaloberst Jodl sei vorübergehend als Nachfolger bestimmt. Feldmarschall Keitel nahm zu der ihm gemachten Mitteilung keinerlei weitere Stellung, sondern erklärte, daß er selbst die bedingungslose Kapitulation unterschrieben habe und sich über die daraus entstehenden Folgen im klaren gewesen sei.

Um 14.30 Uhr Besprechung Generaloberst Jodl mit Chef der Überwachungskommission beim OKW, Generalmajor Rooks, auf der „Patria".

General Rooks erklärt, daß er die Aufgabe habe, die Befehle des OKW zu überprüfen. Er teilt die Dienstenthebung und Gefangennahme des Generalfeldmarschalls Keitel mit sowie die vorläufige Beauftragung des Generalobersten Jodl mit der Führung der Geschäfte des Chefs OKW. Für seine Person und seine Offiziere erbittet General Rooks freien Zutritt zu allen Dienststellen des OKW. Ferner wünscht er Regelung des Geschäftsverkehrs mit ihm und seinem Stab.

General Rooks erwartet, daß er sich nur mit den grundsätzlichen Fragen der drei Wehrmachtsteile befassen muß.

Generaloberst Jodl erwidert, daß er die Befehle in Erfüllung der Kapitulationsbedingungen nach bestem Wissen und Gewissen durchführen werde.

Der Generaloberst erklärt: „Ich werde immer zu Ihnen kommen und Sie bitten, die Vorgänge abzustellen, die geeignet sind, das Unglück des deutschen Volkes noch zu steigern.

Ich werde immer kommen, wenn die Ehre der deutschen Truppen und des deutschen Volkes durch Anordnungen örtlicher Befehlshaber in den Staub getreten wird.

Ich wiederhole nochmals, daß ich meine einzige Pflicht darin sehe, dem deutschen Volke zu helfen, indem ich die hierfür von Ihnen gegebenen Befehle nach bestem Wissen und Gewissen durchführen werde."

Generaloberst Jodl erbittet ferner zwecks Durchführung einer erfolgreichen Arbeit die Klärung wichtiger Organisationsfragen und stellt die Einreichung eines entsprechenden Vorschlages in Aussicht. General Rooks erwartet diesen Vorschlag. Es werden bei dieser Unterredung noch weitere Einzelheiten behandelt, insbesondere die Frage der Kriegsauszeichnungen und Hoheitsabzeichen an den deutschen Uniformen, die sämtlich das Hakenkreuz tragen. Diese Frage liegt beim alliierten Hauptquartier zur Entscheidung vor.

Abschließend setzt der Generaloberst dem Generalmajor Rooks nochmals auseinander, daß eine Trennung zwischen Oberkommando der Wehrmacht und Oberkommando des Heeres seit 24. April 1945 nicht mehr vorhanden sei.

Durch Befehl des Großadmirals wird Generaloberst Jodl unter Beibehaltung seiner bisherigen Aufgaben mit der Wahrnehmung der Geschäfte als Chef OKW beauftragt.

Generaloberst Jodl beabsichtigt auf Grund seiner Besprechungen mit General Rooks folgende Vorschläge einzureichen:

1. Einteilung Deutschlands in drei Räume:
   a) 21. englische Heeresgruppe Zusammenarbeit mit Feldmarschall Busch, O.B. Nord.
   b) 12. amerikanische Heeresgruppe Zusammenarbeit mit General Obstfelder, 7. Armee,
   c) 6. amerikanische Heeresgruppe Zusammenarbeit mit General der Infanterie Schultz, H. Gr. G.
2. Wunsch, Teile des OKW aus Nord- und Südraum zusammenzufassen;
3. Einreichung weiterer Vorschläge mit Wünschen hinsichtlich organisatorischer Gliederung innerhalb des Reichsgebietes wird vorgenommen werden.

In der Lagebesprechung spricht Generaloberst Jodl davon, daß die Abgrenzung des russisch-amerikanischen Interessengebietes noch nicht bekannt sei.

Zur Ernährungslage erklärt er, daß Reichsminister Backe auf Grund von Unterhaltungen mit den Engländern der Ansicht sei, daß diese unser schwieriges Ernährungsproblem erkannt hätten. Ferner weist Jodl darauf hin, daß die Beschaffung einer Übersichtskarte mit allen deutschen Grenzen sowie den tschechischen und österreichischen Grenzen vom 1. 9. 1939 notwendig sei, um alle Probleme an Hand geographischer Unterlagen mit den Alliierten zu besprechen.

Jodl: „Wir müssen gegenüber Alliierten so auftreten, wie es sich aus der Zwangslage ergibt. Wir haben bedingungslos kapituliert, da wir den Krieg bis zur letzten Phase und Konsequenz geführt haben. Reminiszenzen an 1918 haben zu unterbleiben. Aus eigener Kraft können wir uns nicht helfen, nur mit Hilfe von anderen, das heißt, das Schwergewicht allen Handelns muß auf dem politischen Sektor liegen.

Die Rolle Deutschlands als Volk inmitten Europas ist noch nicht ausgespielt. Ohne Deutschland können die Probleme auf die Dauer nicht gelöst werden.

Wir müssen gegen alles, was die Alliierten an ehrenrührigen Dingen tun, protestieren.

Die Alliierte Kommission muß die deutschen Probleme erkennen, daher müssen von uns Vorschläge eingereicht werden.

Alles Wesentliche aus Absprachen mit den Alliierten muß den interessierten Stellen zur Kenntnis gebracht werden."

Generalfeldmarschall Keitel ist als Kriegsgefangener weggeflogen worden. Tiefes Mitgefühl erfüllt den Generaloberst.

Der Grund der Gefangennahme ist wahrscheinlich darin zu suchen, daß Generalfeldmarschall Keitel in seiner Eigenschaft als Chef OKW einen Befehl des Führers hat weitergeben müssen, der die Liquidierung der fünfzig englischen Offiziere, die im April 1944 aus einem Gefangenenlager geflohen waren, betraf. Dies ist wenigstens die persönliche Ansicht des Generalobersten. Der Generaloberst teilt mit, daß er auf Befehl des Großadmirals und mit Genehmigung Eisenhowers vorläufig die Geschäfte des Chefs OKW übernommen habe.

Er erwartet von jedem, besonders den Offizieren, daß sie sich in dieser Lage als treue und anständige Soldaten erweisen.

Über seine neue Aufgabe fällt Generaloberst Jodl etwa folgenden Ausspruch:

„Ich fühle mich berufen, auch die größte Aufgabe zu meistern."

Ferner sagt Jodl etwa sinngemäß:

„Ich habe fünf Jahre geschwiegen und gehorcht und nichts für mich beansprucht, sondern nur gearbeitet. Ich bin ein gehorsamer Soldat gewesen und habe meine Ehre darin erblickt, den Gehorsam, den ich gelobt habe, zu halten. Ich habe in diesen fünf Jahren gearbeitet und geschwiegen, obwohl ich manchmal völlig anderer Meinung war.

Ich will die alten Tugenden, insbesondere die deutsche Generalstabsarbeit, so wie sie früher üblich waren, wieder einführen. Ich werde nur nach alten, bewährten Grundsätzen handeln."

14. Mai 1945

Der Tag bringt eine weitere Vertiefung der Zusammenarbeit mit den Alliierten. Auch zahlreiche organisatorische Maßnahmen werden verfügt.

Aus Norwegen erfolgt die Meldung, daß der angekündigte englische Flottenverband am 13. Mai in Oslo eingetroffen sei.

Durch die Engländer werden Kriegsgefangenengebiete auf der Eiderstedter Halbinsel für Truppen aus Dänemark, auf der Oldenburger Halbinsel (Oldenburg in Holstein) für Truppen aus dem Osten und bei Cuxhaven/Stade für Truppen zwischen Weser und Elbe eingerichtet.

Mit Ostpreußen ist wieder Funkverbindung vorhanden. Räumung von Hela wird flüssig durchgeführt.

Es kann damit gerechnet werden, daß fast alle Verwundeten aus dem Weichselraum und von Hela abtransportiert worden sind. Die Übergabe der Armee Ostpreußen an die Russen ist am 14. Mai, 12.00 Uhr, mit insgesamt 150000 Mann vollzogen worden.

Aus Kurland meldet Moskau die Gefangennahme von 180000 Mann.

Aus dem Südraum keine besonderen Meldungen.

Marine: Bisher sind 14 U-Boote in alliierte Häfen eingelaufen. Rund 40 U-Boote sind noch unterwegs. In Japan befinden sich fünf deutsche und zwei italienische U-Boote.

Luftwaffe: Durch Alliierte Kommission erfolgte Verfügung über Befehlsverhältnisse der Luftwaffe. Diese sollen so bestehen bleiben, wie zur Zeit vorhanden.

Zusammenarbeit mit den Alliierten: Es wird ein Vorschlag über Zusammenarbeit zwischen deutschen und alliierten Kommandostellen eingereicht, und zwar:

OKW mit General Eisenhower,

OB Nord mit 21. englischer Heeresgruppe,

AOK Norwegen mit dem alliierten Befehlshaber in Norwegen;

OB West mit 12. amerikanischer Heeresgruppe;

Heeresgruppe G, General der Infanterie Schultz, mit 6. amerikanischer Heeresgruppe;

OB Südwest, v. Vietinghoff, mit 14. alliierter Heeresgruppe.

Für die Luftwaffe ist ein Vorschlag noch in Bearbeitung.

Vom Chef der Heeresnachrichtenverbindungen wird Vorschlag für das Nachrichtenwesen eingereicht werden. Hierbei kommt es darauf an, zu zeigen, wie wichtig die Wahl eines zentralen Platzes ist, um die Verbindungen sicherzustellen.

Auf dem zivilen Sektor hat der Chef des Stabes der alliierten Kommission die Staatssekretäre Rieke und Reich zwecks Rücksprache über Ernährungs- und Versorgungsfragen bestellt. Ansätze zur Behebung dieser Schwierigkeiten sind bei den Engländern und Amerikanern ersichtlich, besonders die Engländer haben eingesehen, daß eingegriffen werden muß.

Bei der Regierung ergeben sich ebenso wie beim OKW Schwierigkeiten bei Behebung von speziellen Fachfragen, da die Masse der Regierungsmitglieder einschließlich der Fachreferenten sich in Süddeutschland befindet.

An den Chef der Überwachungskommission beim OKW wird Antrag auf Freigabe von Rundfunksendern gestellt. Die Überwachungskommission antwortet, daß der Antrag zur weiteren Veranlassung an das Hauptquartier weitergegeben worden sei. Der Überwachungskommission wird mitgeteilt, daß die geforderte kurzfristige Beibringung von Unterlagen für Vorräte an Verpflegung, Bekleidung usw. im Gebiet des OB Nord aus nachrichtentechnischen Gründen nicht möglich sei.

Der Überwachungskommission werden Unterlagen über Transportwesen übersandt, die nur unvollständig sein können, da dem Wehrmachtstransportchef und den Reichsministerien keine volle Bewegungsfreiheit zustehen. Außerdem ist das gesamte Nachrichtennetz der Reichsbahn noch nicht wiederhergestellt.

Über den Verkehr mit den Besatzungsmächten erläßt Generaloberst Jodl einen diesbezüglichen Befehl.

In der täglichen Lagebesprechung betont Jodl, daß die Alliierten nach seiner Ansicht besonderen Wert auf Abwehrunterlagen legen. Diese seien jedoch nicht vorhanden. Jodl führt aus:

„Wir können nur immer wieder betonen, daß die Wehrmacht durch Befehl Hitlers in entscheidenden Abwehrfragen ausgeschaltet worden ist. Denn Hitler übertrug die Leitung der Abwehr dem Reichssicherheitshauptamt, da er zur Wehrmacht nicht das Vertrauen hatte, daß sie die Abwehr in seinem Sinne durchführen werde. Hierin läge nach seiner Meinung ein sehr entlastendes Moment für die Wehrmacht. Außerdem werde auch aus vielen Akten sehr viel Entlastungsmaterial zugunsten der Wehrmacht zu finden sein."

Jodl gibt anschließend einen Ausblick auf kommende politische Möglichkeiten, die ernste Gegensätze zwischen Ost und West zur Grundlage haben könnten. Hierin wird der Generaloberst vermutlich bestärkt durch den Leiter der Attaché-Abteilung, der infolge einer Unterhaltung mit den Russen am 8. Mai 1945 und 9. Mai 1945 in Berlin aus Anlaß der Unterschriftsleistung unter den Kapitulationsvertrag zu der Ansicht gekommen ist, daß auch beim Russen für uns eine politische Chance gegeben sei.

15. Mai 1945

Die Abwicklungsmaßnahmen im Zuge der erfolgten Kapitulation gehen auch am 15. Mai 1945 laufend weiter.

Aus Norwegen und dem deutschen Nordraum sind keine besonderen Meldungen eingetroffen.

In Hamburg wurde in einem Sammellager kommunistische Propaganda festgestellt. Es waren Flugblätter angeschlagen worden. Die Stimmung in den Gefangenenlagern ist infolge Ungewißheit über die künftige Entwicklung zum Teil schlecht.

Seit 8.30 Uhr besteht endlich Fernsprechverbindung mit dem Stab Eisenhower in Reims.

Reichsminister Backe ist zu Eisenhower zwecks Verhandlungen befohlen worden.

Auf Befehl des Generals Eisenhower ist Feldmarschall Kesselring am 14. Mai 1945 in dessen Hauptquartier abgeflogen. Ob mit seiner Rückkehr zu rechnen ist, bleibt noch ungeklärt. Dienstältester Oberbefehlshaber im Südraum nunmehr Generaloberst Deßloch.

Da das Flaggengesetz von 1935 durch die Amerikaner aufgehoben worden ist, besteht Unklarheit über die augenblicklich gültige Flagge.

Die Reichsbahn wird von den Besatzungsbehörden übernommen.

Der Chef der Alliierten Überwachungskommission beim OKW befiehlt eine Beschränkung in der Übermittlung von Befehlen, welche vom OKW an untere Dienststellen ausgegeben werden. Auf den erneuten Antrag, Rundfunksender freizugeben, antwortet die Überwachungskommission, daß die Genehmigung in Erwägung gezogen sei, aber noch keine endgültige Nachricht vorliege. Die Alliierte Überwachungskommission verbietet den Soldaten auf der Straße das Singen. Es wird jetzt nur noch gepfiffen. Seit dem 13. Mai vormittags erfolgen im Bereich der Armee Lindemann, Dänemark, laufend Beschlagnahmungen von LKW und PKW durch die Engländer.

Es wird Protest erhoben, da dieses Vorgehen den Kapitulationsbedingungen widerspricht.

Aus dem Südostraum wird die Verfolgung und Entwaffnung einer deutschen Gruppe durch jugoslawische Verbände gemeldet. In der Tschechoslowakei suchen sich deutsche Truppen weiter der Gefangennahme durch die Sowjets zu entziehen und den Amerikanern zu ergeben. Hier sind seit dem Tage der Kapitulation heftige Kämpfe zwischen deutschen Truppen und tschechischen Aufständischen im Gange. Auch die Rote Armee ist in den böhmisch-mährischen Raum eingedrungen. Am 9. Mai ist Prag durch die Panzer des Marschalls Konjew erobert worden.

Die in Kampfgruppen aufgesplitterten Teile der Heeresgruppe Schörner versuchen, sich auch weiterhin kämpfend der Gefangennahme durch Bolschewisten und Tschechen zu entziehen. Es ist ein verzweifelter Endkampf.

In Österreich wird die Unabhängigkeit der österreichischen Republik proklamiert.

Aus dem Südraum bittet General Winter, bei den Sowjets zu erwirken, daß die aus Böhmen für die Ernährung der Zivilbevölkerung vorgesehenen Getreidezüge zugeführt werden.

Er stellt ferner den Antrag, den Stab OB West nach Abholung Kesselrings zu Eisenhower aus der Befehlsführung auszuschalten und der Außenstelle des OKW Süd unter seiner Leitung unmittelbar zu unterstellen.

Die Marine meldet, daß weitere elf U-Boote in alliierte Häfen eingelaufen seien. Dreizehn U-Boote werden noch auf See gemeldet, außerdem sind sechsundzwanzig Boote in See, die sich noch nicht gemeldet haben.

Großadmiral Dönitz befiehlt zur Vermeidung von Zwischenfällen die Entfernung von Bildern führender Persönlichkeiten des Dritten Reiches aus den Diensträumen, in denen mit Besuch von Mitgliedern der Alliierten Kommission zu rechnen ist.

Ebenfalls wird die Frage der Grußpflicht und der Orden und Ehrenzeichen behandelt.

Am Nachmittag findet eine Besichtigung von Dienststellen des OKW und der Marine durch den Leiter der englischen Überwachungskommission, Brigadier Foord, statt.

Bei der Lagebesprechung unter Leitung von Generaloberst Jodl wird folgender bemerkenswerte Schlußsatz aus der Tagesmeldung der Informationsabteilung der Reichsregierung vom 12. Mai zur Kenntnis gebracht. Es heißt darin:

„Bei alledem ergibt sich auf jeden Fall, daß Deutschland schon jetzt mitten im Stadium seiner totalen Niederlage bereits wieder ein europäischer Faktor geworden ist. Die Regierung des Großadmirals und ihre, wenn auch noch so bedingte Anerkennung durch die Alliierten ist der äußere Beleg dafür. Vielleicht liegt darin auch der tiefere

Sinn ihrer Existenz, daß sie die Einheit der Reichsgewalt in den Tagen der Auflösung repräsentieren darf und diese Einheit durch die Kapitulation hindurch in die neue Zeit hineinrettet."

Generaloberst Jodl schließt im Sinne der Ansicht der obersten Reichsbehörden folgende Ausführungen an:

„Alle Einsprüche und Beschwerden sind mit dem Völkerrecht zu begründen.

Leider haben wir die Waffe des Rechtes in der letzten Zeit nie gebraucht. Wir haben Recht gebrochen, zwar nachdem es uns von Feindseite vorgemacht worden war. Aber wir haben nicht mit dem Recht gearbeitet, wodurch wir unendlich mehr hätten erreichen können als durch Gewalt.

Die Tendenz gegenüber den Feindmächten muß lauten:

Ihr habt den Krieg geführt, um des Rechtes willen, deswegen verlangen auch wir eine Behandlung nach dem Recht.

Die Alliierten müssen wir ständig auf das Völkerrecht hinweisen. Das Recht ist die Grundlage jeder menschlichen Gemeinschaft. Das Recht der Staaten und Völker muß über jedem Einzelnen stehen. Gegenüber den Alliierten ist die Grenze zu betonen, wo unsere Willfährigkeit in Sachen des Kapitulationsvertrages aufhört, d. h. dann, wenn unsere Ehre angegriffen wird.

Hierauf ist in aufgelockerten Gesprächen immer wieder hinzuweisen. Wenn durch eine Maßnahme der Alliierten, z. B. Abnahme und Verbot der Kriegsauszeichnungen oder dergl., unsere Ehre angegriffen wird, dann werden unabsehbare Folgen eintreten, z. B. Waffenabgabe wird gefährdet sein usw.

Wir wollen im übrigen aber darauf hinaus, die Überwachungskommission zu der Überzeugung kommen zu lassen, daß wir korrekt vorgehen. Dadurch werden wir allmählich Vertrauen gewinnen. Dann, wenn der Boden durch unsere Loyalität so vorbereitet ist, will der Großadmiral zu Eisenhower gehen, um mit ihm Zukunftsfragen zu besprechen."

Der Generaloberst ist der Überzeugung, daß die Alliierten zur Zeit keine Emigranten-Regierung einsetzen werden.

Warnung des Generaloberst an die Fürsprecher, die für vollziehende Gewalt durch die Wehrmacht eintreten, dahingehend, daß er für diese Lösung, nämlich Führung der Regierung durch die Wehrmacht, nicht zu haben sei. Denn dann wird die Feindseite sagen, daß ja das OKW genüge, um die Regierung zu führen. In diesem Falle hat die

Wehrmacht dann z. B. auch die Verantwortung für die Ernährung des deutschen Volkes, die von der Wehrmacht unmöglich getragen werden kann. Die Wehrmacht ist außerdem nur auf Teilgebieten der Regierung in der Lage, positive Arbeit zu leisten, z. B. im Nachrichten- und Transportwesen.

Der Großadmiral Dönitz ist von den Besatzungsmächten als Staatsoberhaupt praktisch dadurch anerkannt worden, daß die von den Alliierten geforderte Vollmacht für die Persönlichkeiten, welche die Kapitulation unterzeichneten, seine Unterschrift trug und von der Gegenseite gebilligt wurde.

Der erste Akt des Wiederaufbaues Deutschlands ist loyalste Erfüllung aller von den Alliierten gestellten Aufgaben.

In den Fragen der Geheimhaltung haben wir nichts zu verbergen. Wir haben Operationen angelegt und diese ausgeführt. Wir haben Treue und Gehorsam gehalten, und wir halten auch jetzt noch jeden, der nicht gehorsam gewesen ist, für einen Verräter. Bei Verkehr mit den Alliierten ist Abstand zu nehmen von dem Ausdruck „Protest", man soll ihn umschreiben, wie z. B. auf Folgen hinweisen, daß dies und jenes passieren werde, was nicht im Interesse der Alliierten liegen könne.

Der Großadmiral beabsichtigt, einen Befehl herauszugeben, in dem er von den Auswüchsen der KZ-Behandlung scharf abrückt.

Die kürzlich erfolgte Churchill-Rede enthält einen Hinweis auf den Kapitalfehler Hitlers, der im Angriff auf Rußland bestanden habe.

Jodl: „Ich bin der Überzeugung, wenn wir den Krieg gegen Rußland nicht geführt hätten, so hätten wir gewonnen. Wir haben jedoch den Angriff gegen Rußland nicht geführt, weil wir den Raum haben wollten, sondern weil Tag für Tag der Aufmarsch der Russen gewaltig zunahm und zum Schluß zu ultimativen Forderungen geführt hätte.

Es ist die Ansicht mancher Leute, daß diese Frage politisch hätte gelöst werden können, und zwar entweder durch ‚ins Gespräch kommen' mit den Russen, (sie hätten ihre Kriegsvorbereitungen gegen uns abgestritten und sich auf den mit ihnen laufenden Vertrag berufen) – oder durch Verbindungsuchen mit den Engländern –, diese hätten uns ausgelacht und gesagt: ‚Es kann uns ja gar nichts besseres passieren, als daß Rußland auch gegen euch ziehen will.'"

Auch der Versuch, mit Molotow bei dessen letztem Deutschlandbesuch zu einer Übereinkunft zu kommen, war bekanntlich fehlgeschlagen.

Nach Jodls Aussage hat Hitler den Krieg gegen Rußland nicht aus einer vorgefaßten politischen Meinung heraus begonnen, sondern auf Grund der sich aufdrängenden Notwendigkeiten.

Jodl: „Wir alle und besonders jeder Soldat sind in diesen Krieg gegen Rußland mit einem beklemmenden Gefühl gegangen beim Gedanken an seinen Ausgang. Insbesondere wurde mir dies klar, als die Katastrophe des Winters 1941/42 hereinbrach, daß von diesem Kulminationspunkt des beginnenden Jahres 1942 an kein Sieg mehr errungen werden konnte. Der Höhepunkt war überschritten, und auch der erneute, anfangs erfolgreiche Versuch des Sommers 1942, das Schicksal zu wenden, scheiterte."

16. Mai 1945

Weitere englische Schiffsverbände sind in Norwegen eingetroffen. Die Marschbewegungen im Bereich des AOK Norwegen verlaufen planmäßig, ebenso bei der Armee Lindemann.

Beim OB Nord ist das Verhalten der Engländer im allgemeinen korrekt.

Außer den Sammellagern auf der Eiderstedter Halbinsel, Oldenburger Halbinsel und im Raum Cuxhaven/Stade sind auf den Nordseeinseln Pellworm und Nordstrand sowie in Dithmarschen Lager im Entstehen. Die Sammellager sind praktisch Kriegsgefangenenlager.

Eine Auflockerung von Truppen und Flüchtlingen nach Süden über die Elbe ist durch 2. englische Armee deswegen abgelehnt worden, weil der nordwestdeutsche Raum für die aus den zerstörten Gebieten des Ruhrgebietes zu evakuierende Bevölkerung und vielleicht auch für die 20. Armee, AOK Norwegen, vorbehalten bleiben soll.

Nach Meldung OB Nord ist bei den Engländern das Bestreben erkennbar, die meisten Fragen durch örtliche Befehlshaber regeln zu lassen. Einwendungen von Heeresgruppen und Armeen sind dadurch weitgehend beschränkt.

Im südlichen Bereich sind von den Amerikanern bisher 31 390 aus der Landwirtschaft stammende Volkssturmleute entlassen worden. Die Alliierten haben den Italienern dem Vernehmen nach 20000 deutsche Kriegsgefangene für Wiederaufbauarbeiten zur Verfügung gestellt.

Von der Marine ist zu melden: In der Elbemündung sind mehrere englische Minen-Such- und Räumboote eingetroffen. Die Nordsee-Inseln sind besetzt worden bzw. befinden sich in der Besetzung.

Seetransporte von Soldaten und Flüchtlingen wurden in Kiel, Neustadt in Holstein und Wilhelmshaven ausgeschifft.

In alliierten Häfen sind zwanzig U-Boote eingetroffen. Auf See haben sich dreizehn U-Boote gemeldet, außerdem in See 41 Boote, jedoch teilweise fraglich. Vermutlich in See, jedoch noch keine Meldung vorhanden, elf Boote. Hafenbelegung mit U-Booten in ausländischen Häfen: 94 Boote. Für deutsche Häfen folgt eine Zusammenstellung.

General Fangohr, Führer des Verbindungsstabes bei General Eisenhower, meldet, daß die bisher unter deutscher Besatzung stehende dänische Insel Bornholm an die Russen übergeben worden ist.

Ihm ist anläßlich einer Besprechung mit General Newins, dem Chef der Operationsabteilung im Hauptquartier General Eisenhowers, erklärt worden: „Ihr Status und der Ihres Verbindungsstabes ist der von Kriegsgefangenen."

Oberstleutnant d. G. de Maizière ist zurückgekehrt. Er berichtet über seine Entsendung in das Hauptquartier der Sowjets zu Marschall Schukow. Er ist absolut korrekt behandelt worden. Die Besprechungsfragen beliefen sich auf Erläuterungen zu den mitgebrachten Unterlagen. Alle von Oberstleutnant de Maizière zur Sprache gebrachten Fragen blieben unbeantwortet. Über Gliederungen des Generalstabes des Heeres und des Wehrmachtführungsstabes wurde Oberstleutnant de Maizière in allen Einzelheiten vernommen.

General Westphal, Chef des Stabes OB West, meldet, daß Ausschaltung des Stabes OB West, wie von General Winter vorgeschlagen, sich gerade in dieser schweren Zeit nachteilig auf die Versorgung der Truppe auswirken würde.

Gegenüber Offizieren der Besatzungsmacht wird ein Grußbefehl erlassen.

In einer Ministerbesprechung am 16. Mai wird festgestellt, daß das Reich zur Zeit rechtlich keine Flagge besitzt. Eine Zwischenlösung sei dringend erforderlich.

Vordringlichste Fragen, die erledigt werden müssen, sind: Ernährung, Verkehr und Finanzierung.

Reichsminister Backe wird am 17. Mai von einer Besprechung im Hauptquartier Eisenhowers zurückerwartet.

Die Alliierte Überwachungskommission wünscht beschleunigte Heranziehung von Vertretern des Verkehrsministeriums zwecks Wiederherstellung des Verkehrs. Vorgesehen sind Dorpmüller und Ganzenmüller.

In der Lagebesprechung schließt sich Generaloberst Jodl dem Gedanken des Reichsaußenministers hinsichtlich der Sprachregelung, wenn mit den Alliierten das Gespräch auf den Nationalsozialismus und dergl. kommt, an. Die Grundtendenz lautet:

„Nach dem ersten Weltkrieg litten wir Hunger und Not. Das Ergebnis war Zuwendung zum Nationalsozialismus. Wenn ihr, als Alliierte, nach diesem Kriege noch stärkeren Hunger durch eure Maßnahmen erzielen wollt, dann gibt es eine Reaktion. Folge: Hinwendung zum Kommunismus, und zwar der deutschen Menschen, die noch etwas Schwung besitzen."

„Wenn die KZ-Lagerfrage angeschnitten wird und wir Deutschen deswegen verdammt werden, dann frage ich: Warum regt ihr Alliierten euch nicht über Rußland auf?

Niemals über Dinge sprechen, für die man nicht zuständig ist. Man muß sich alle Leute erst ansehen, bevor man antwortet. Sonst kann es zu leicht passieren, daß man infolge Harmlosigkeit auf den gerissensten Reporter stößt, der später in seinem Bericht alles ins Gegenteil umdreht.

Die gegenwärtige Regierung ist als Verwaltung, laut Auslassung Churchills, zu betrachten.

Wir dürfen uns nicht mit der militärischen Überwachungskommission überwerfen. Wir müssen immer daran denken, daß man nur darauf wartet, uns bei Widersetzlichkeit zu schikanieren und zu demütigen.

Wir stehen erst im Anfang einer quälenden Zeit von Monaten und Jahren. Das, was uns in der Zukunft erwartet, wird niederdrückender denn je sein.

Die Engländer lassen zur Zeit an einigen Stellen aus uns noch nicht bekannten Gründen die Zügel zwar etwas lockerer."

17.–22. Mai 1945

In diesen Tagen nimmt die Abwicklung der Kapitulation ihren mehr oder minder schnellen Fortgang. Die Folgen der totalen Niederlage werden von Tag zu Tag sichtbarer.

Die Lagebesprechungen finden jedoch auch noch weiter bis zum 20. Mai 1945 statt. Generaloberst Jodl hat dabei wiederholt Stellung genommen zu den wichtigsten militärischen und politischen Fragen des Tages sowie auch zu internen Angelegenheiten, welche der Dienstverkehr mit den Alliierten mit sich bringt.

Obwohl nach den Auslassungen Churchills die gegenwärtige Regierung als Verwaltung zu betrachten ist, liegt doch in dieser Qualifikation aus berufenem Munde zumindest eine Anerkennung einer deutschen Regierungsinstitution.

Am 18. Mai führt Jodl aus, daß die Abgabe des zur Zeit von den Amerikanern besetzten Gebietes ostwärts des Elbe-Trave-Kanals, d. h. also des westlichen Mecklenburg und der westlichen Mark Brandenburg, an die Russen in den nächsten Tagen erfolgen solle. Die Frage der Zugehörigkeit Lübecks ist bis zu diesem Tage noch ungeklärt.

Jodl in der Lagebesprechung: „Über das russische Verhalten besteht immer noch keine Klarheit. Es ist durchaus möglich, daß der Russe das von ihm besetzte Land bald besser geordnet haben wird, als es die Westmächte in ihren Besatzungszonen verwaltungstechnisch vermögen.

Der Russe wird versuchen – jetzt schon beginnend durch propagandistische Einwirkung –, möglichst viele deutsche Menschen auf sein Gebiet zu ziehen, bzw. sich geneigt zu machen. Wenn wir den Weg nach Osten beschreiten und zum Russen übergehen, dann kann und wird dies wahrscheinlich den Tod unseres Volkstums zur Folge haben. Denn das deutsche Volkstum wird dann nach Ausmerzung der Intelligenzschicht vom Slawentum aufgesogen werden.

Man muß immer wieder darauf hinweisen, daß diese Entwicklung so vor sich gehen kann. Es besteht kein Zweifel, daß von einem Ende des Krieges keine Rede sein kann, bevor sich die drei großen Mächte Amerika, Großbritannien und Rußland nicht einig geworden sind.

Die Frage lautet: Will der Russe diese Einigung? Er besitzt zur Zeit eine gewaltige Landmacht gegenüber den Alliierten. Dazu kommt unser gesamtes von ihm erbeutetes Material.

Die Westalliierten können ihm nur ihre Luftwaffe als überlegenes Instrument entgegensetzen.

Allen Leuten, die fragen, was weiter wird, kann man nur sagen: Abwarten! Aber das eine ist sicher, es geht in den Abgrund, wenn die Engländer und Amerikaner sich weiter so verhalten wie bisher."

Jodl macht nochmals darauf aufmerksam, daß dennoch unser Verhalten korrekt bleiben muß, daß keine Aufzeichnungen gemacht werden dürfen, die nicht eingesehen werden können.

Die jüngeren Offiziere und auch die Truppe zeigen teilweise eine Tendenz nach dem Osten, und zwar vermutlich aus zwei Gründen:

1. Wir wollen sofort an der richtigen Stelle sein, da der Russe doch siegen wird.
2. Wir leben auf russischer Seite besser.

Dies scheint eine Anklammerung an ein Phantom zu sein. Zur Zeit beruht diese Einstellung pro Rußland auf geschickter sowjetischer und ungeschickter alliierter Propaganda.

Wir müssen den Soldaten immer wieder sagen:

„Ihr seid, als der Krieg zu Ende ging, Hals über Kopf hinter die englischen und amerikanischen Linien zurückgekehrt, und jetzt wollt ihr nach dem Osten? Ihr fallt nur auf die russische Propaganda herein!

Man muß ihnen stets auseinandersetzen: Seid vorsichtig! Wenn wir uns dem Russen freiwillig in die Arme werfen, dann braucht er keinen Preis dafür zu bezahlen."

Die Parole muß lauten:

„Abwarten und beobachten, wie die Dinge sich entwickeln."

In den Lagebesprechungen am 19. und 20. Mai 1945 äußert Jodl folgende Ansichten:

„Man darf nicht sagen, daß man speziell östlich oder westlich orientiert sei, das ist politisch falsch. Man muß neutral sein.

Jedoch wird es für die Westalliierten wichtig sein zu wissen, wie stark die sowjetischen Kräfte sind, die an der sogenannten Demarkationslinie aufgezogen sind.

Nach unseren letzten Meldungen standen an der russischen Westfront, d. h. an der sowjetisch-alliierten Demarkationslinie, am Tage der Kapitulation russischerseits:

64 Armeen
3 rumänische Armeen
7 Panzer-Armeen

mit zusammen:

491 Schützendivisionen
21 rumänischen Divisionen
39 Panzerkorps

hinzu kamen noch

7 Kavalleriekorps
5 rumänische Kavalleriedivisionen
151 selbständige Panzerverbände
1 rumänische Panzerdivision.

Auf seiten der West-Alliierten standen:

Rund 120 motorisierte Infanterie- bzw. Panzer-Divisionen.

Das ist auch bei Zugrundelegung einer höheren Kampfkraft der alliierten Divisionen immerhin noch ein Verhältnis von etwa 4 : 1 zugunsten der Sowjets gegenüber den Westverbündeten.

Allgemeine Direktive Jodls:

„Absolute Neutralität, völlig gleiches Verhalten gegenüber den Russen und Westalliierten."

Es wird daher allen drei Kontrollkommissionen, der amerikanischen unter Leitung des Generalmajors Rooks, der britischen unter Führung des Brigadiers Foord und der sowjet-russischen unter Befehl des Generalmajors Truschkow das gleiche Material über alle militärischen, politischen und wirtschaftlichen Angelegenheiten übergeben.

Jodl sagt weiter:

„Es ist falsch, sich zu verkaufen. Wir sind als Volk der Mitte ein Faktor, mit dem man rechnen muß. Man darf sich nicht zu früh entscheiden, erst dann, wenn es unumgänglich notwendig ist. Jedoch in unserem Falle muß man auf die Seite treten, die das deutsche Volk erhält.

Nach diesem Kriege wird es kein bürgerliches Leben mehr geben. Dazu sind die zu lösenden Probleme zu stark und zwingend. Politisch denken, das muß allen Offizieren eingehämmert werden."

Bei Frage der Kriegsverbrechen ist der § 47 des Mil.-Strafgesetzbuches heranzuziehen.

„Kann ein Untergebener verantwortlich gemacht werden, ob er den Befehl eines Vorgesetzten befolgt hat oder nicht?

Es erhebt sich die Frage: Welches Gesetz steht moralisch höher, das Gesetz, im Kriege alles einzusetzen für den Sieg seines Volkes oder die Einhaltung der international geschlossenen Verträge über die Methoden der Kriegsführung?"

Eines steht nach Ansicht von Jodl fest:

DÄN.
Ostsee
N
Flensburg
Schleswig
Kiel
Stralsund
VORPOMMERN
Rostock
Lb.
Wismar
Schwerin
MECKLENBURG
Stettin
Vom Engländer geräumt
Hamburg
Lüneburg
Elbe
Bremen
Nach der Kapitulation vom Russen besetzt
NIEDERSACHSEN
Oder
BERLIN
Autobahn
Stendal
Potsdam
Frankfurt
Hannover
Braunschwg.
BRANDENBURG
Weser
Magdebg.
Dessau
Cottbus
SACHSEN-ANHALT
Göttingen
Bitterfeld
Elbe
Halle
SACHSEN
Leipzg.
Kassel
THÜRINGEN
Dresden
Eisenach
Erfurt
Gera
Chemnitz
HESSEN
Zwickau
Fulda
Plauen
Demarkationslinie am 9. Mai 1945 zwischen West u. Ost
Hof
Frankfurt
BAYERN
TSCHECHOSLOWAKEI
Vom Amerikaner geräumt
Pilsen
Nürnberg
0 50 100
km
Sch.
GRENZEN VON 1950

„Es ist nichts, was die internationalen Abmachungen verletzte, bei uns aus Machtlust geschehen, sondern weil Hitler es für notwendig für den Sieg gehalten hat.

Und ist in diesem Falle ein Soldat verpflichtet zu sagen: Diesen Befehl führe ich nicht aus?“

Damit schließen die persönlichen Tagebuchaufzeichnungen und Notizen der „letzten 30 Tage“, die dieser Schrift zugrunde liegen. Bis zum 23. Mai 1945 übte das OKW innerhalb der amtierenden Regierung des Großadmirals Dönitz seine Funktionen unter der Oberhoheit der alliierten und sowjet-russischen Überwachungskommission aus und bemühte sich, den ihm im Zwange der Ereignisse zugefallenen Beitrag bei Durchführung der Kapitulationsbedingungen und Schaffung geordneter Verhältnisse zu leisten.

Seine Aufgaben erloschen, ebenso wie die der Regierung Dönitz, als der Großadmiral mit seinen Mitarbeiterstäben am Morgen des 23. Mai 1945 von den Alliierten gefangengesetzt wurde.

Die letzten dreißig Tage

Dokumente

Auszüge aus dem Kriegstagebuch des Wehrmachtführungsstabes und Wehrmachtberichte
vom 29. April und 3. Mai 1945

Karten

Kapitulationsurkunden

Kriegstagebuch

29. April 1945

Lageentwicklung

Der Häuserkampf in dem Stadtkern von Berlin tobt Tag und Nacht.

0.30 Uhr Generaloberst Jodl fordert bei General Winter umgehende Meldung über Maßnahmen gegen Meuterer Erding an.

3.40 Uhr trifft Meldung von General Winter ein, wonach über Welle München Nachricht verbreitet wird, daß Führer gefallen sei.

5.10 Uhr an General Winter mitgeteilt, daß Nachricht falsch ist; Fernsprechverbindung mit Reichskanzlei besteht noch zu dieser Stunde. Generaloberst erwartet Durchführung befohlener Maßnahmen gegen Verrätergesindel in Erding.

7.35 Uhr Meldung von General Winter über Lage in München. Verhalten Ritter v. Epp ungeklärt; er wurde dem SD übergeben. Putschender Führer Dolmetscher-Komp. mit seinen Offizieren entkommen. Wirkung der Münchener Ereignisse auf Fronttruppe vereinzelt erkennbar. Schärfstes Durchgreifen sichergestellt.

11.00 Uhr Anruf Großadmiral, daß Feind bei Lauenburg Brückenkopf über die Elbe gebildet hat. Er ist der Ansicht, nichts mehr zu Heeresgr. Weichsel und AOK 12 zu ziehen, sondern gegen die Engländer an der Elbe. Er bittet um gemeinsame Zusammenarbeit.

12.35 Uhr letztes Gespräch mit Berlin (mit Kampfkommandant General Weidling), nicht mehr mit Reichskanzlei.

12.37 Uhr meldet Generaloberst Heinrici, daß er vorübergehend den General v. Manteuffel mit der Übernahme beauftragt habe. General v. Manteuffel meldet, daß er in dieser krisenhaften und entscheidenden Lage nicht die Führung aus der Hand geben könne.

Daraufhin wird von Generalfeldmarschall Keitel General d. Inf. v. Tippelskirch mit der sofortigen Übernahme der Führung der Heeresgr. beauftragt.

12.50 Uhr wird der Ballon für RV-Verbindung durch Luftangriff bei Fürstenberg abgeschossen.

15.30 Uhr Abfahrt von Försterei über Gefechtsstand 21. Armee: OB Tippelskirch, der zuerst Heeresgr. nicht übernehmen will. Chef

OKW hat ihn eindringlichst zu seiner Pflicht ermahnt; Tippelskirch hat die Lage begriffen, er versprach, sich restlos einzusetzen.

16.00 Uhr Funklagemeldung an Reichskanzlei:

Von 9. Armee keine Meldung, 12. Armee setzt Druck über Potsdam Richtung Berlin fort. Linker Flügel 12. Armee und rechter Flügel Heeresgr. Weichsel in erfolgreicher Verteidigung. Bei Heeresgr. Weichsel wird versucht, den Feinddurchbruch Linie Liebenwalde–Lychen–Neubrandenburg–Anklam–Usedom–Wollin zum Stehen zu bringen.

19.00 Uhr Abmarsch von Neuroofen auf Waldwegen nach Dobbin.

19.31 Uhr trifft Funkspruch von General Krebs und Reichsleiter Bormann an Feldmarschall Keitel ein. „Danach verbreitet Auslandspresse neuen Verrat. Der Führer erwartet von Ihnen, daß Sie blitzschnell und stahlhart ohne Unterschied durchgreifen." Von Wenck, Schörner und anderen erwartet der Führer, daß diese ihre Treue zu ihm durch schnellsten Entsatz unter Beweis stellen.

20.28 Uhr Fernschreiben an Heeresgr. Weichsel fernmündlich voraus: Aufgabe der Heeresgr. Weichsel ist es, unter Festhalten der Süd- und Ostfront den in Richtung Neubrandenburg durchgebrochenen Feind mit allen verfügbaren Kräften anzugreifen und zu schlagen. Meldung über Angriffsführung bis 21.00 Uhr.

AOK 21 ist am rechten Flügel der Heeresgr. einzusetzen.

23.00 Uhr erhält Generaloberst Jodl in Dobbin folgenden Funkspruch des Führers:

„Es ist mir sofort zu melden:

1. Wo sind die Spitzen von ‚Wenck'?
2. Wann greifen sie weiter an?
3. Wo ist die 9. Armee?
4. Wohin bricht die 9. Armee durch?
5. Wo sind die Spitzen von ‚Holste'?"

23.30 Uhr unterrichtet Ia AOK 12 über die Lage beim AOK 12 und XX. AK. Auf ganzer Front so in Abwehr gedrängt, daß Angriff auf Berlin nicht mehr möglich, zumal auch mit Unterstützung durch Kampfkraft 9. Armee nicht mehr gerechnet werden kann. Bedrohung der tiefen Flanke und des Rückens durch amerikanischen Vorstoß auf Coswig; Unmöglichkeit weiteren Angriffs nach Norden erheblich gewachsen. Antreten der Amerikaner an zahlreichen Stellen gegen Gesamtwestfront auf Grund heutigen Verhaltens wahrscheinlich. AOK erbittet sofortige Entscheidung für weitere Kampfführung.

Die Entscheidung wurde fernmündlich voraus durch Funkspruch wie folgt gefällt:

An AOK 12:

Wenn OB 12. Armee in voller Kenntnis seiner heutigen Lage bei XX. AK. eine Fortführung des Angriffs in Richtung Berlin trotz der hohen moralischen und geschichtlichen Verantwortung, die wir dafür tragen, für undurchführbar hält, sind Maßnahmen zum Durchbruch des XX. AK. über die untere Havel nach Norden vorzubereiten. Auffassung hierzu melden. Befehl zur Durchführung folgt daraufhin von hier unter Vorlage beim Führer. gez.: Keitel.

Befehl über Verlegung von Kräften aus Raum zwischen Ems und Elbe ostwärts Hamburg.

Brief des Generals Winter an Generaloberst Jodl mit der Bitte um vorausschauende Orientierung über die Nachfolge des Führers, falls dieser fallen sollte.

Wehrmachtbericht

29. April 1945

Tag und Nacht tobte der fanatische Häuserkampf um den Stadtkern von *Berlin*. Die tapfere Besatzung verteidigte sich in schwerem Ringen gegen die unaufhörlich angreifenden bolschewistischen Massen. Trotzdem konnte ein weiteres Vordringen des Feindes in einzelnen Stadtteilen nicht verhindert werden. Längs der Potsdamer Straße und am Belle-Alliance-Platz sind heftige Straßenkämpfe im Gange. Von Plötzensee aus zwängte sich der Gegner bis zur Spree durch.

Südlich Berlin führten die Sowjets neue Verbände gegen unsere im Angriff befindlichen Divisionen heran, mit denen wechselvolle Kämpfe im Gange sind. Beelitz wurde genommen und östlich Werder die Verbindung mit dem Verteidigungsbereich von Potsdam hergestellt. Angriffe gegen die Ostflanke dieses Vorstoßes wurden nordwestlich und südwestlich Treuenbrietzen blutig abgewiesen.

Im *mecklenburgisch-pommerschen Raume* wurde die sowjetische 5. Garde-Division neu herangeführt und drängte unsere Verbände auf Templin und die Seen-Kette zwischen Lychen–Neubrandenburg und Anklam zurück.

In *Nordwestdeutschland* kam es an der unteren Ems zu heftigen örtlichen Kämpfen, in deren Verlauf Leer verlorenging.

An der Elbe südöstlich Hamburg bildeten die Engländer unter starkem Artillerieschutz einen kleinen Brückenkopf auf dem Nordufer des Flusses bei Lauenburg. Reserven sind zum Gegenangriff angetreten.

In *Oberschwaben* drückt der Feind gegen die Linie Memmingen–Augsburg.

In *Italien* versucht der Gegner, sich den Absetzbewegungen unserer Divisionen durch starke Vorstöße aus dem Raume Parma nach Nordwesten und aus seinen Po-Brückenköpfen nach Norden vorzulegen. Bei Piacenza und Verona sind heftige Kämpfe mit vorgeworfenen feindlichen Abteilungen im Gange.

Auch gestern beschränkten sich die Bolschewisten im Südabschnitt der *Ostfront* auf örtliche Vorstöße. Aus dem Raume Brünn setzten sie

Das zerstörte Berlin im Mai 1945.

General Weidling, Kampfkommandant von Berlin, beim Verlassen seines Befehlsbunkers. Er kapitulierte am 2. Mai 1945 vor General Tschuikow.

Marschall Georgi Schukow, Oberbefehlshaber der 1. Weißrussischen Front und Rivale Konjews, 1945.

Marschall Wassili J. Tschuikow (neueres Foto).
Bei der Eroberung Berlins 1945 befehligte er als Generaloberst die 8. Gardearmee.

Marschall Iwan S. Konjew, Oberbefehlshaber der 1. Ukrainischen Front, im Jahre 1945 *(links im Bild).*

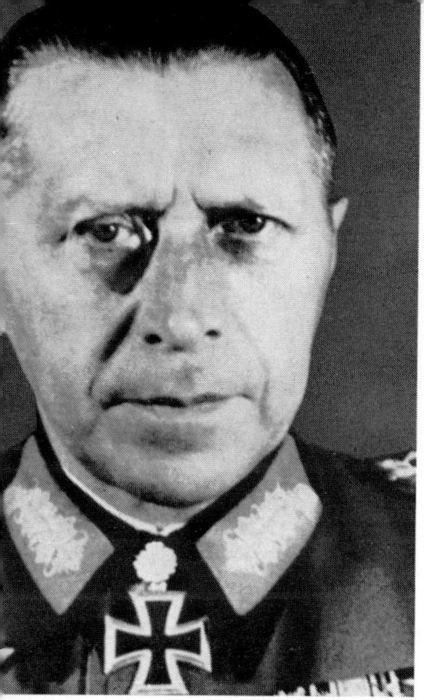

eneral Weidling, Kampfkom-
andant von Berlin.

General Busse, Oberbefehlshaber der zum Entsatz von Berlin eingesetzten 9. Armee.

eneral Wenck, Oberbefehls-
aber der zum Entsatz von Ber-
n eingesetzten 12. Armee.

Generalleutnant der Waffen-SS Steiner, Befehlshaber der zum Entsatz von Berlin eingesetzten Gruppe Steiner.

Generaloberst Gotthard Heinrici, Oberbefehlshaber der Heeresgruppe Weichsel.

General Krebs als Unterhändler vor dem Hauptquartier von Generaloberst Tschuikow.

ihre Durchbruchsversuche fort und traten westlich Mährisch-Ostrau zu dem erwarteten Angriff an. Austerlitz fiel in Feindeshand. Schwere Kämpfe mit eingebrochenen sowjetischen Angriffsgruppen sind entbrannt.

Die tapferen Verteidiger von Breslau schlugen starke Angriffe an ihrer Westfront unter Verlusten für den Gegner ab.

Im Kampfraum *Bautzen–Meißen* drang unser Angriff weiter nach Norden vor. Kamenz und Königsbrück wurden wieder genommen. Die Sowjets wurden unter hohen Verlusten zurückgeworfen.

Der Feind konnte gestern nach starker Artillerievorbereitung vom Festland her auf der Ostspitze der Frischen Nehrung Fuß fassen. In beiderseits verlustreichen Kämpfen mußten unsere Truppen dem Gegner geringfügig Raum geben.

Über dem gesamten Reichsgebiet herrschte gestern schwache feindliche Jagdfliegertätigkeit.

In Fortsetzung ihres Kampfes gegen den feindlichen Nachschubverkehr versenkten unsere Unterseeboote erneut acht vollbeladene Dampfer mit 45 000 BRT., drei Zerstörer und zwei Korvetten.

Kriegstagebuch

3. Mai 1945

Lage an den Fronten.

In der Reichshauptstadt setzen die Reste der tapferen Besatzung immer noch ihren heroischen Widerstand gegen die Bolschewisten fort.

In den frühen Nachmittagsstunden Verlegung des Stabes von Neustadt nach Mürwik.

Um *4.00 Uhr* Generalfeldmarschall Keitel und Generaloberst Jodl von Plön nach Flensburg-Mürwik gefahren.

Großadmiral Dönitz befiehlt, daß Kiel nicht verteidigt wird.

10.00 Uhr Besprechung bei Großadmiral in Mürwik.

11.20 Uhr Befehl an Kampfkommandant Schleswig, alle verfügbaren Kräfte sofort an den Kaiser-Wilhelm-Kanal hinzuführen, der zu verteidigen ist.

Bei Einholung von Stärkemeldungen und Kampfkraft der am und nördlich des Kaiser-Wilhelm-Kanals befindlichen Truppenteile wird festgestellt, daß im allgemeinen schwere Waffen und zum Teil auch Handwaffen und Panzerkampfmittel nicht in ausreichendem Maße vorhanden sind.

13.10 Uhr Befehl an Kampfkommandant Rendsburg, daß Stadt nicht aufgegeben werden darf. Brücken über den Kanal sind nicht zu sprengen, jedoch mit allen Mitteln zu verteidigen.

13.50 Uhr Anweisung an Kreisleiter Flensburg, verfügbare Bekleidungs- und Lebensmittel ordnungsgemäß an Zivilbevölkerung auszugeben.

Mittags Besprechung mit Gauleiter Terboven und OB Norwegen, General Böhme.

Das Ergebnis der Besprechung wird in einem Fernschreiben an AOK Norwegen abgesetzt. Danach ist OB Norwegen in seiner Eigenschaft als Wehrmachtsbefehlshaber berechtigt, sämtliche militärischen Anordnungen an alle Wehrmachtteile und sonstige Organisationen (außer Polizei) zu geben, die er in jetziger Lage für erforderlich hält.

Oberstlt. d. G. de Maizière fliegt nach Kurland und Ostpreußen, um dort über Zielsetzung des Großadmirals und Absicht über Abtransport mündlich zu unterrichten.

14.53 Uhr Funkspruch an Generalfeldmarschall Kesselring und General Winter. Feldmarschall Kesselring wird ermächtigt, für die Truppen der Westfront zwischen Böhmerwald und oberem Inn Waffenstillstand mit 6. amerik. Heeresgr. abzuschließen. Hierbei muß geklärt werden, wie weit Anglo-Amerikaner nach Osten vorzugehen beabsichtigen. Dadurch müssen die Voraussetzungen zu Verhandlungen über die Rettung der Heeresgruppen Löhr, Rendulic und Schörner geschaffen werden. 7. Armee ist Schörner zu unterstellen.

19.30 Uhr Funkspruch an Armee „Ostpreußen" und Heeresgr. „Kurland". Die veränderte militärische Lage im Reich erfordert den beschleunigten Abtransport zahlreicher Truppenteile aus den ost- und westpreußischen Räumen sowie aus Kurland.

Die Kampfführung der Armee „Ostpreußen" und der Heeresgr. „Kurland" hat sich dieser Forderung anzupassen.

Von den zurückzuführenden Truppenteilen ist das Personal mit leichten Infanterie-Waffen zu verladen. Alles übrige Material einschließlich Pferden ist zurückzulassen und zu vernichten. Heeresgr. „Kurland" erhält Operationsfreiheit zur Zurücknahme der HKL in vorgesehene Brückenköpfe um die Häfen Libau und Windau.

Kriegsmarine wird nach Ostpreußen und Kurland allen verfügbaren Transportraum zuführen.

Die Verbindungsaufnahme des Generaladmirals v. Friedeburg mit Marschall Montgomery hat am 3. 5. 45 begonnen.

Wehrmachtbericht

3. Mai 1945

In der *Reichshauptstadt* setzen Reste der tapferen Besatzung in einzelnen Häuserblocks und im Regierungsviertel ihren heroischen Widerstand gegen die Bolschewisten immer noch fort.

Bei heftigen örtlichen Kämpfen blieb die Lage in Nordwestdeutschland zwischen Ems und unterer Weser im allgemeinen unverändert. Beiderseits des Elbe-Trave-Kanals stießen die Engländer aus dem Raum Mölln auf *Lübeck* vor und nahmen die Stadt. Vorgeworfene feindliche Abteilungen erreichten *Bad Segeberg* und den Raum nordwestlich *Plön*. Die von Schwerin nach Norden und Nordwesten angreifenden Amerikaner drangen bis zur Küste bei *Wismar* und in den Raum *Gadebusch* vor.

In Mecklenburg haben unsere Truppen die Linie vom Plauer See bis Rostock gegen starke Angriffe der Bolschewisten im wesentlichen gehalten.

In Bayern wurden unsere zusammengeschmolzenen Kräfte von den Amerikanern auf den Inn zurückgedrängt. Die Verteidiger von *München* sind der feindlichen Übermacht erlegen. Beiderseits des Würmsees erzielte der Gegner tiefe Einbrüche und bildete südlich Rosenheim einen Brückenkopf auf dem Ostufer des Inns.

Am Bodensee sind Straßenkämpfe in *Bregenz* im Gange.

Von der *Westalpen*-Front kämpften sich unsere Truppen unter schwierigsten Bedingungen weiter nach Nordosten zurück. Am Nordteil des Garda-Sees hält der feindliche Druck an. Die gegen die Voralpen angreifenden feindlichen Kräfte drangen im Castelfranco und in Bassano ein. In Istrien behauptet sich die Besatzung von Fiume gegen konzentrische Angriffe des Gegners. Auch an der kroatischen Ostfront hielten unsere Truppen ihre Stellungen trotz zahlreicher Angriffe starker Bandenkräfte.

An der Ostfront setzten die Bolschewisten ihre Durchbruchsversuche im Abschnitt Nikolsburg fort. Sie blieben bis auf örtliche Einbrüche erfolglos. Nordöstlich Brünn konnte der Feind seinen Einbruchsraum erweitern und nach harten Kämpfen Wischau nehmen. Südwestlich Mährisch-Ostrau wurden die Sowjets nach einigen Kilometern Bodengewinn durch sofort angesetzte Gegenstöße aufgefangen.

Auf der Frischen Nehrung halten die schweren Abwehrkämpfe an. Aus Kurland wird nur örtliche Kampftätigkeit gemeldet.

Die feindliche Luftwaffe führte vor allem im norddeutschen Raum zahlreiche Tiefangriffe und setzte den Terror gegen die Zivilbevölkerung fort.

Das Oberkommando der Wehrmacht gibt ferner bekannt: Das Oberkommando der Wehrmacht hat die Marinestützpunkte *Kiel* und *Flensburg* zu offenen Städten erklärt und angeordnet, daß sie nicht zu verteidigen sind.

Ergänzend zum Wehrmachtbericht erfahren wir von militärischer Seite:

In der *Reichshauptstadt* brachten die Sowjets am Mittwoch noch einmal die ganze Fülle ihres Kriegsmaterials zur Anwendung, um den Widerstand der fanatisch kämpfenden Besatzung zu zerbrechen. Fortgesetzt rollten die Salven der Geschütze und Werfer; ununterbrochen gingen Bomben nieder, und pausenlos ratterten die Maschinengewehre. Durch die zusammenstürzenden Häuser der Altstadt schoben sich die feindlichen Panzer und Sturmbataillone schrittweise vorwärts. Hochgehende Sprengungen zerrissen Bunker und Untergrundbahnschächte. Ihre Trümmer begruben Verteidiger und Angreifer. Im Regierungsviertel erfüllen die Helden von Berlin mit letzter Kraft das Vermächtnis des Führers. Die zahlreichen, auf sich selbst gestellten Widerstandsnester machen dem Feind immer noch schwer zu schaffen.

Südwestlich und westlich Berlin kämpfen sich unsere Truppen nach Aufnahme der aus der feindlichen Umklammerung ausgebrochenen 9. Armee nach Nordwesten zurück. Sie schlugen schwere Flankenangriffe ab und hielten den Verbindungskorridor durch zähen Widerstand bei Brandenburg und Rathenow offen.

Das Schwergewicht der bolschewistischen Angriffe lag in *Mecklenburg*. Hier drängt der Feind zwischen dem Plauer-See und der Mecklenburger Bucht mit mehreren starken Stoßkeilen nach Westen. Seine Angriffe brachen im wesentlichen zusammen. Den in breiter Front anstürmenden Sowjets stoßen aus dem Raum Mölln-Lübeck starke britische Kräfte entgegen. Vorgeworfene Panzergruppen nahmen bei Grabow und Wismar die Fühlung mit den Bolschewisten auf. Ein zweiter, im oberen Trave-Gebiet nach Norden vorstoßender britischer Keil erreichte die Linie Bad Segeberg–Plön und schob sich im Laufe des Donnerstags durch das unverteidigte Gebiet von Kiel mit Spitzen bis in die Gegend von Eckernförde vor. Unsere Flieger sicherten die eigenen Absetzbewegungen gegen fortgesetzte britische Tieffliegerangriffe. Zwischen Hamburg und Leer führten die Briten nur örtliche Angriffe bei Stade, Oldenburg und dem Mündungsgebiet der Ems; ins Gewicht fallende Fortschritte blieben ihnen versagt.

Im südlichen Widerstandsraum zwischen München und Brünn, Dresden und St. Pölten drängte der Gegner unsere zusammengeschmolzenen Kräfte im Alpenvorland und Niederbayern weiter zurück. Im Bodenseegebiet sind bei Bregenz harte Kämpfe mit dem in Richtung auf die Schweizer Grenze und gegen den Arlberg-Paß drängenden Feind entbrannt. Versuche der Anglo-Amerikaner, von Füssen und Partenkirchen aus die Wasserscheide zwischen Isar und Inn zu überschreiten, scheiterten, während östlich München feindliche Panzerspitzen bei Rosenheim einen Brückenkopf bildeten. Die nach schweren Straßenkämpfen in München nunmehr freigewordenen Teile der 7. amerikanischen Armee haben sich ebenfalls den Angriffen gegen die Inn-Linie angeschlossen. Im Raum von Passau sind jedoch immer noch starke feindliche Kräfte gefesselt, so daß nur Teilkräfte im Donau-Tal abwärts vorfühlen konnten.

Im Böhmerwald, in der Lausitz, längs den Sudeten und bei Brünn kam es nur zu räumlich begrenzten Kämpfen. In der Lausitz vertieften unsere Truppen am Vortage erzielte Einbrüche im feindlichen Hauptkampffeld. Die Besatzung von Breslau wies abermals stärkere sowjetische Angriffe ab. In Mährisch-Ostrau und beiderseits Brünn vereitelten unsere Verbände die Durchbruchsversuche der bei Wittkowitz, Wischau, Brünn, Nikolsburg mit erheblichen Kräften angreifenden Bolschewisten.

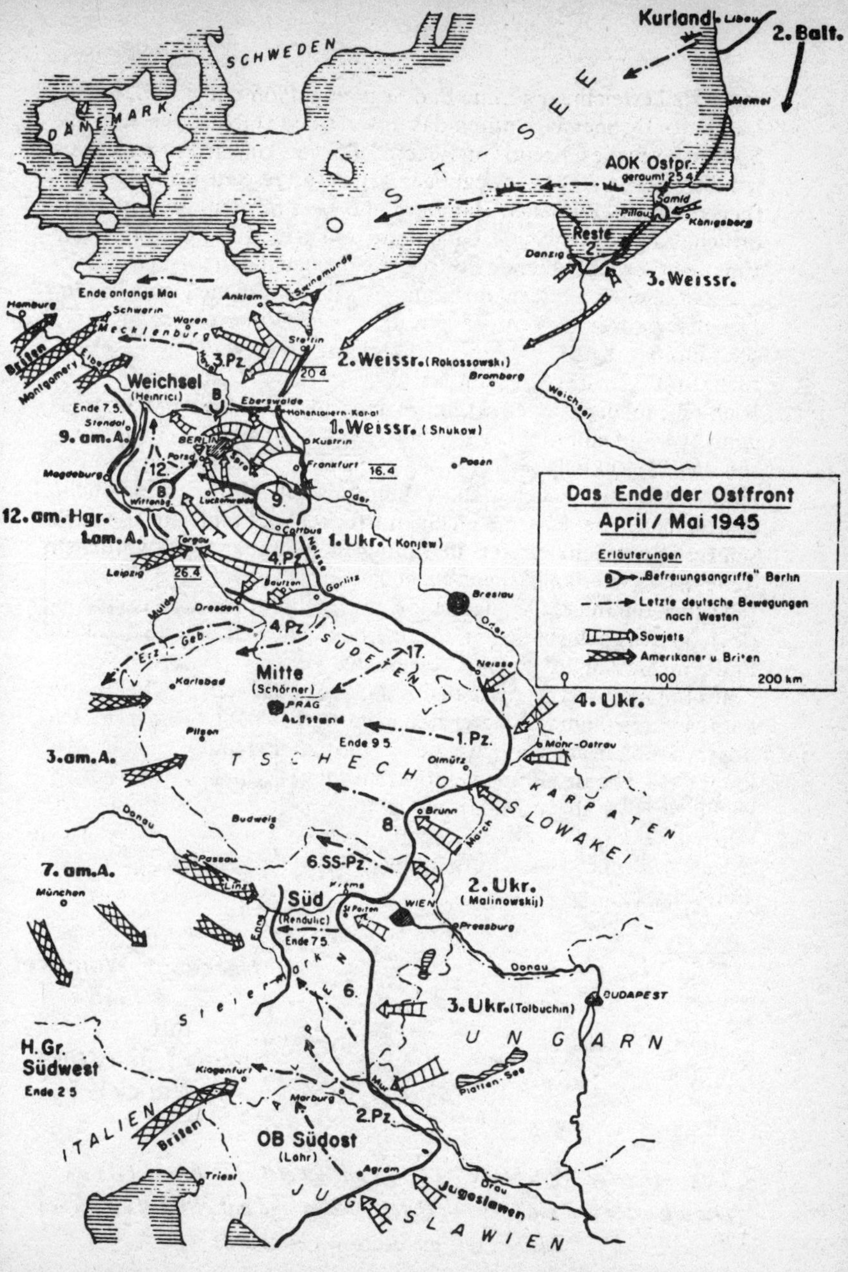

Das Ende der Ostfront April/Mai 1945

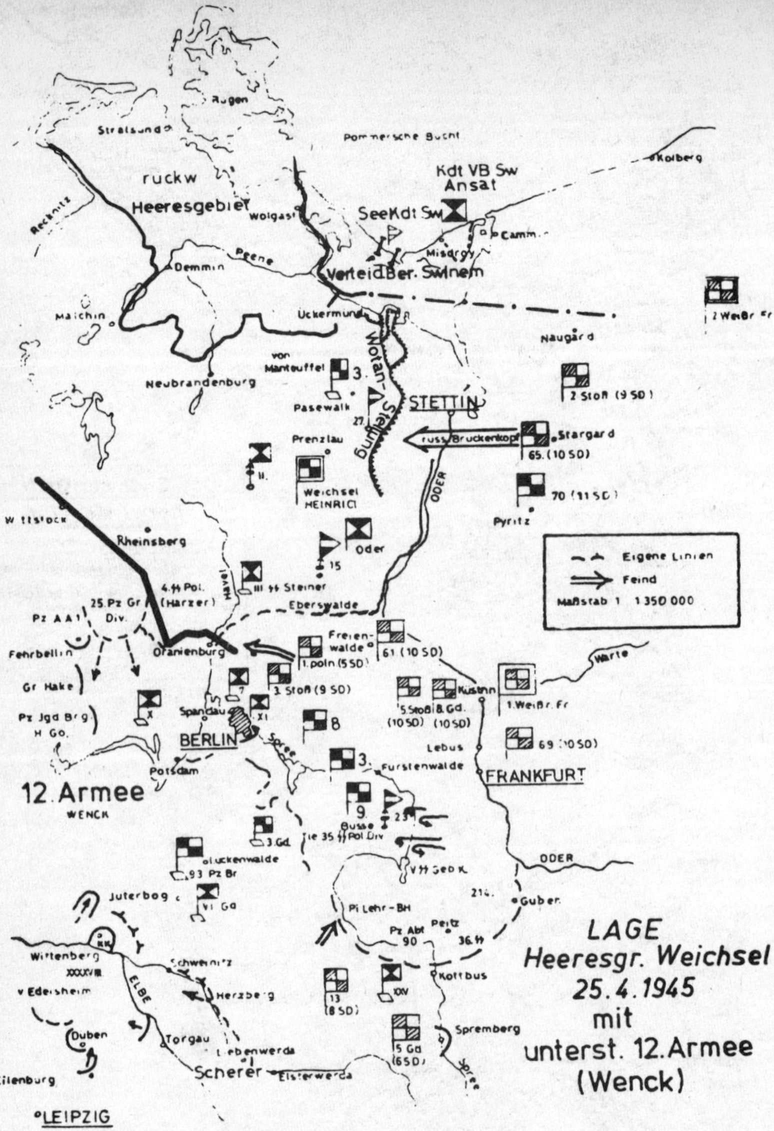

Lage Heeresgr. Weichsel 25.4.1945 mit unterst. 12. Armee (Wenck)
(Die alliierten und sowjetischen Befehlsstellen sind mit gleichen taktischen Zeichen wie die deutschen versehen.)

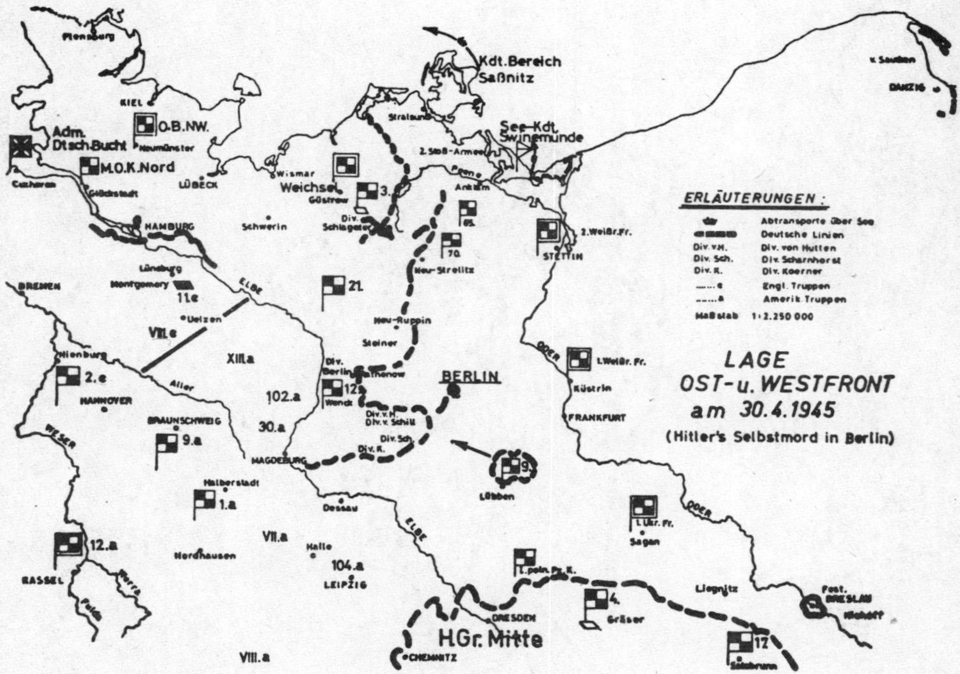

Lage Ost- und Westfront am 30.4.1945 (Hitlers Selbstmord in Berlin)

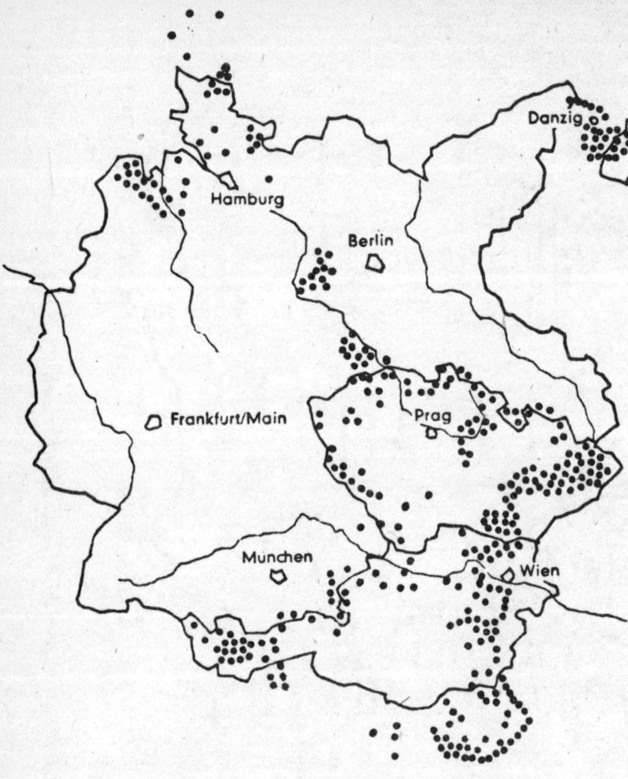

Die deutschen Divisionen zur Zeit der Kapitulation von Reims (7.5.45). Jeder Punkt bedeutet eine Division oder Divisionsgruppe. Kurland, Holland und Norwegen fehlen. Aus den OKW-Akten

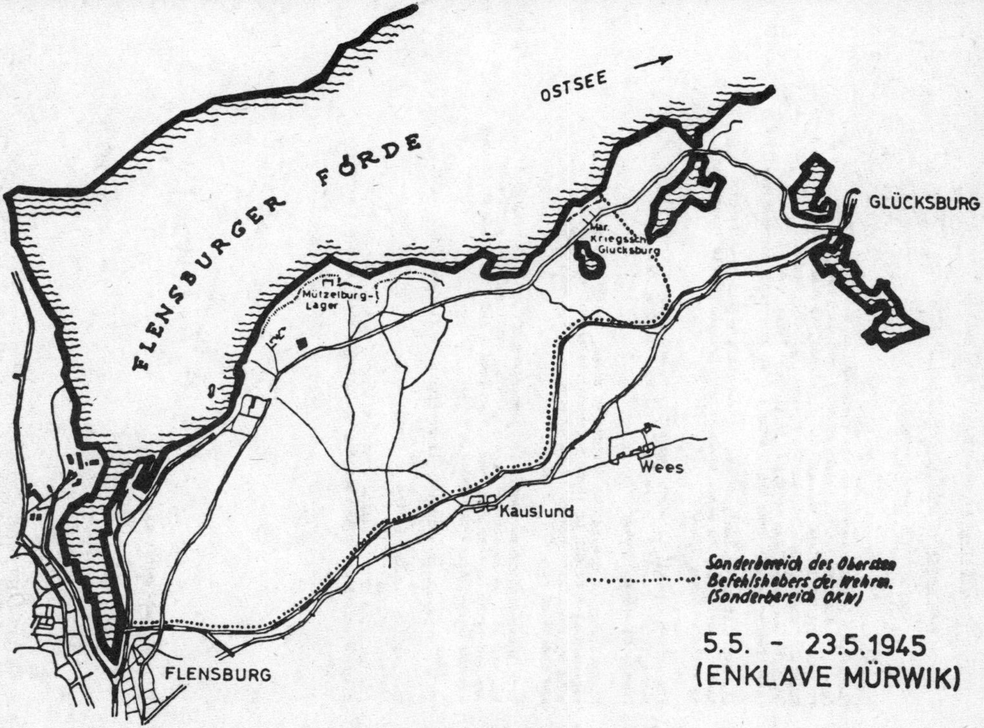

5.5.–23.5.1945 (Enklave Mürwik)

Instrument of Surrender

of

All German armed forces in HOLLAND, in

northwest Germany including all islands,

and in DENMARK.

1. The German Command agrees to the surrender of all German armed forces in HOLLAND, in northwest GERMANY including the FRISIAN ISLANDS and HELIGOLAND and all other islands, in SCHLESWIG-HOLSTEIN, and in DENMARK, to the C.-in-C. 21 Army Group. This to include all naval ships in these areas. These forces to lay down their arms and to surrender unconditionally.

2. All hostilities on land, on sea, or in the air by German forces in the above areas to cease at 0800 hrs. British Double Summer Time on Saturday 5 May 1945.

3. The German command to carry out at once, and without argument or comment, all further orders that will be issued by the Allied Powers on any subject.

4. Disobedience of orders, or failure to comply with them, will be regarded as a breach of these surrender terms and will be dealt with by the Allied Powers in accordance with the accepted laws and usages of war.

5. This instrument of surrender is independent of, without prejudice to, and will be superseded by any general instrument of surrender imposed by or on behalf of the Allied Powers and applicable to Germany and the German armed forces as a whole.

6. This instrument of surrender is written in English and in German.

   The English version is the authentic text.

7. The decision of the Allied Powers will be final if any doubt or dispute arises as to the meaning or interpretation of the surrender terms.

v. Friedeburg.

Kinzel.

G. Wagner.

Poleck

Friedel

B. L. Montgomery
Field-Marshal

4 May 1945
1830 hrs.

Kapitulations-Urkunde

der gesamten deutschen Streitkräfte in Holland, in Nordwestdeutschland einschließlich aller Inseln und in Dänemark.

1. Das Oberkommando der Deutschen Wehrmacht erklärt sich einverstanden mit der Übergabe sämtlicher deutscher Streitkräfte in Holland, in Nordwest-Deutschland einschl. der Fries. Inseln und Helgoland und allen anderen Inseln, in Schleswig-Holstein und in Dänemark an den Oberbefehlshaber der 21. Heeresgruppe. Dieses schließt alle Schiffe in diesen Zonen ein. Diese Streitkräfte haben die Waffen zu strecken und sich bedingungslos zu ergeben.
2. Alle Kampfhandlungen auf dem Lande, zur See und in der Luft durch deutsche Streitkräfte in den vorgenannten Gebieten sind um 08.00 Uhr vormittags doppelte britische Sommerzeit am Sonnabend, den 5. Mai 1945, einzustellen.
3. Die betreffenden deutschen Befehlsstellen haben sofort und ohne Widerrede oder Kommentar alle weiteren Befehle auszuführen, welche durch die alliierten Mächte in jedweder Sache erteilt werden.
4. Ungehorsam in bezug auf Befehle oder Ermangelungen in deren Ausführung werden als Bruch dieser Übergabebedingungen angesehen und werden von den alliierten Mächten laut den anerkannten Rechten und Kriegsgebräuchen behandelt.
5. Diese Übergabebedingungen sind unabhängig von, ohne Vorbehalt auf und werden überholt durch irgendwelche allgem. Übergabebedingungen, welche durch oder im Auftrage der alliierten Mächte gestellt werden in bezug auf Deutschland und den deutschen Streitkräften im ganzen.
6. Der Wortlaut dieser Kapitulationsurkunde ist engl. und in deutscher Sprache aufgestellt. Der engl. Text ist der maßgebende.

7. Sollten sich irgendwelche Zweifel oder Dispute bezüglich der Auslegung oder Deutung der Übergabebedingungen ergeben, so ist die Entscheidung der alliierten Mächte die endgültige.

B. L. Montgomery	v. Friedeburg
Feldmarschall	Kinzel
	G. Wagner
4. Mai 1945	Poleck
18.30 Uhr	Friedel

Text gem. abschriftlicher Fassung des Originals, wie sie den deutschen Kommandobehörden übermittelt wurde. (Seekriegsleitung B Nr. 1. Skl. 1059/45 GKdos. Militärgeschichtliches Forschungsamt, Freiburg.)

Hauptquartier, den 6. Mai 1945.

Ich bevollmächtige Generaloberst J o d l ,

Chef des Wehrmachtführungsstabes im Oberkommando

der Wehrmacht, zum Abschluss eines Waffenstill-

standsabkommens mit dem Hauptquartier des Generals

E i s e n h o w e r .

Dönitz

Großadmiral.

Only this text in English is authoritative

ACT OF MILITARY SURRENDER

1. We the undersigned, acting by authority of the German High Command, hereby surrender unconditionally to the Supreme Commander, Allied Expeditionary Force and simultaneously to the Soviet High Command all forces on land, sea, and in the air who are at this date under German control.

2. The German High Command will at once issue orders to all German military, naval and air authorities and to all forces under German control to cease active operations at 2301 hours Central European time on 8 May and to remain in the positions occupied at that time. No ship, vessel, or aircraft is to be scuttled, or any damage done to their hull, machinery or equipment.

3. The German High Command will at once issue to the appropriate commanders, and ensure the carrying out of any further orders issued by the Supreme Commander, Allied Expeditionary Force and by the Soviet High Command.

4. This act of military surrender is without prejudice to, and will be superseded by any general instrument of surrender imposed by, or on behalf of the United Nations and applicable to GERMANY and the German armed forces as a whole.

5. In the event of the German High Command or any of the forces under their control failing to act in accordance with this Act of Surrender, the Supreme Commander, Allied Expeditionary Force and the Soviet High Command will take such punitive or other action as they deem appropriate.

Signed at Rheims at 0241 on the 7th day of May, 1945.
France

On behalf of the German High Command.

IN THE PRESENCE OF

On behalf of the Supreme Commander, Allied Expeditionary Force.

On behalf of the Soviet High Command.

Major General, French Army
(Witness)

Urkunde über die militärische Kapitulation (Reims 7. Mai 1945)

1. Der Unterzeichnete, handelnd im Namen des deutschen Oberkommandos, erklärt hiermit die bedingungslose Kapitulation aller Streitkräfte zu Lande, zu Wasser und in der Luft, welche sich in diesem Augenblick unter deutscher Kontrolle befinden, gegenüber dem Obersten Befehlshaber der Alliierten Expeditionsstreitkräfte und gleichzeitig gegenüber dem Oberkommando der Sowjettruppen.
2. Das deutsche Oberkommando wird sofort an alle deutschen Kommandostellen der Land-, See- und Luftstreitkräfte und an alle unter deutscher Kontrolle stehenden Streitkräfte Befehle erteilen, Kampfhandlungen um 23 Uhr 1 mitteleuropäischer Zeit am 8. Mai einzustellen und in den zu dieser Zeit besetzten Stellungen zu verbleiben. Kein Schiff, kein Flugzeug oder Luftschiff darf unbrauchbar gemacht, noch darf dem Schiff- oder Flugkörper, dem maschinellen Teil oder der Ausrüstung irgendeine Beschädigung zugefügt werden.
3. Das deutsche Oberkommando wird sich sofort mit den in Betracht kommenden Befehlshabern in Verbindung setzen und die Ausführung irgendwelcher weiterer Anordnungen sicherstellen, die von dem Obersten Befehlshaber der Alliierten Expeditionsstreitkräfte und von dem Oberkommando der Sowjettruppen erlassen werden.
4. Die Urkunde militärischer Übergabe präjudiziert nicht ihre Ersetzung durch ein allgemeines Kapitulationsinstrument, das von und im Namen der Vereinten Nationen Deutschland und den deutschen Streitkräften in ihrer Gesamtheit auferlegt wird.
5. Falls das deutsche Oberkommando oder irgendwelche unter seiner Kontrolle stehenden Streitkräfte nicht entsprechend dieser Kapitulationsurkunde handeln, werden der Oberste Befehlshaber der Alliierten Expeditionsstreitkräfte und das Oberkommando der Sowjettruppen die ihnen geeignet erscheinenden Strafmaßnahmen ergreifen oder in anderer Weise vorgehen.

Gezeichnet zu Reims um 2 Uhr 41 am 7. Tage des Mai 1945.
Frankreich.

Im Namen des deutschen Oberkommandos
Jodl

In Gegenwart von:
Im Namen d. Obersten Befehlshabers d. Alliierten
Expeditionsstreitkräfte
W. B. Smith

Im Namen des Oberkommandos der Sowjettruppen
Sousloparov

F. Sevez
Generalmajor der französischen Armee
(Zeuge)

A b s c h r i f t.

Der Oberste Befehlshaber
der Wehrmacht

Hauptquartier, den 7.5.45.

/Bitte in der Antwort vorstehendes
Geschäftszeichen, das Datum und
kurzen Inhalt anzugeben./

ICH BEVOLLMÄCHTIGE

GENERALFELDMARSCHALL K E I T E L

ALS CHEF DES OBERKOMMANDOS DER
WEHRMACHT UND ZUGLEICH ALS OBER-
BEFEHLSHABER DES HEERES,

GENERALADMIRAL VON FRIEDEBURG

ALS OBERBEFEHLSHABER DER KRIEGSMARINE,

GENERALOBERST S T R U M P F

ALS VERTRETER DES OBERBEFEHLSHABERS
DER LUFTWAFFE

ZUR RATIFIZIERUNG DER BEDINGUNGSLOSEN
KAPITULATION DER DEUTSCHEN STREITKRÄFTE GEGEN-
ÜBER DEM OBERBEFEHLSHABER DER ALLIIERTEN
EXPEDITIONSSTREITKRÄFTE UND DEM SOWYET-OBER-
KOMMANDO.

DÖNITZ

GROßADMIRAL.

Siegel.

Верно: [signature] (Сосновский)

ACT OF MILITARY SURRENDER

1. We the undersigned, acting by authority of the German High Command, hereby surrender unconditionally to the Supreme Commander, Allied Expeditionary Force and simultaneously to the Supreme High Command of the Red Army all forces on land, at sea, and in the air who are at this date under German control.

2. The German High Command will at once issue orders to all German military, naval and air authorities and to all forces under German control to cease active operations at 2301 hours Central European time on 8th May 1945, to remain in the positions occupied at that time and to disarm completely, handing over their weapons and equipment to the local allied commanders or officers designated by Representatives of the Allied Supreme Commands. No ship, vessel, or aircraft is to be scuttled, or any damage done to their hull, machinery or equipment, and also to machines of all kinds, armament, apparatus, and all the technical means of prosecution of war in general.

3. The German High Command will at once issue to the appropriate commanders, and ensure the carrying out of any further orders issued by the Supreme Commander, Allied Expeditionary Force and by the Supreme High Command of the Red Army.

4. This act of military surrender is without prejudice to, and will be superseded by any general instrument of surrender imposed by, or on behalf of the United Nations and applicable to GERMANY and the German armed forces as a whole.

5. In the event of the German High Command or any of the forces under their control failing to act in accordance with this Act of Surrender, the Supreme Commander, Allied Expeditionary Force and the Supreme High Command of the Red Army will take such punitive or other action as they deem appropriate.

- 2 -

6. This Act is drawn up in the English, Russian and German languages. The English and Russian are the only authentic texts.

Signed at Berlin on the 8. day of May, 1945

On behalf of the German High Command

- -

<u>IN THE PRESENCE OF:</u>

On behalf of the
Supreme Commander
Allied Expeditionary Force

On behalf of the
Supreme High Command of the
Red Army

At the signing also were present as witnesses:

General Commanding in Chief
First French Army

General, Commanding
United States Strategic Air Forces

АКТ О ВОЕННОЙ КАПИТУЛЯЦИИ.

1. Мы, нижеподписавшиеся, действуя от имени Германского Верховного Командования, соглашаемся на безоговорочную капитуляцию всех наших вооруженных сил на суше, на море и в воздухе, а также всех сил, находящихся в настоящее время под немецким командованием, - Верховному Главнокомандованию Красной Армии и одновременно Верховному Командованию Союзных Экспедиционных сил.

2. Германское Верховное командование немедленно издает приказы всем немецким командующим сухопутными, морскими и воздушными силами и всем силам, находящимся под германским командованием, прекратить военные действия в 23-01 час по Центрально-Европейскому времени 8 мая 1945 года, остаться на своих местах, где они находятся в это время, и полностью разоружиться, передав все их оружие и военное имущество местным союзным командующим или офицерам, выделенным представителями Союзных Верховных Командований, не разрушать и не причинять никаких повреждений пароходам, судам и самолетам, их двигателям, корпусам и оборудованию, а также машинам, вооружению, аппаратам и всем вообще военно-техническим средствам ведения войны.

3. Германское Верховное Командование немедленно выделит соответствующих командиров и обеспечит выполнение всех дальнейших приказов, изданных Верховным Главнокомандованием Красной Армии и Верховным Командованием Союзных Экспедиционных сил.

4. Этот акт не будет являться препятствием к замене его другим генеральным документом о капитуляции, заключенным Об'единенными Нациями или от их имени, применимым к Германии и германским вооруженным силам в целом.

5. В случае, если немецкое Верховное Командование или какие-либо вооруженные силы, находящиеся под его командованием, не будут действовать в соответствии с этим актом о капитуляции, Верховное Командование Красной Армии, а также Верховное Командование Союзных Экспедиционных сил, предпримут такие карательные меры, или другие действия, которые они сочтут необходимыми.

6. Этот акт составлен на английском, русском и немецком языках. Только английский и русский тексты являются аутентичными.

Подписано 8 мая 1945 года в гор. БЕРЛИНЕ.

От имени Германского Верховного Командования:

В присутствии:

По уполномочию Верховного Командующего Экспедиционными силами Союзников
ГЛАВНОГО МАРШАЛА АВИАЦИИ
ТЕДДЕРА

По уполномочию Верховного Главнокомандования Красной Армии
МАРШАЛА СОВЕТСКОГО СОЮЗА
Г.ЖУКОВА

При подписании также присутствовали в качестве свидетелей:

Командующий Стратегическими Воздушными силами США
ГЕНЕРАЛ
СПААТС

Главнокомандующий Французской Армией
ГЕНЕРАЛ ДЕЛАТР
де ТАССИНЬИ

KAPITULATIONSERKLAERUNG.

1. Wir, die hier Unterzeichneten, handelnd in Vollmacht fuer und im Namen des Oberkommandos der Deutschen Wehrmacht, erklaeren hiermit die bedingungslose Kapitulation aller am gegenwaertigen Zeitpunkt unter deutschem Befehl stehenden oder von Deutschland beherrschten Streitkraefte auf dem Lande, auf der See und in der Luft gleichzeitig gegenueber dem Obersten Befehlshaber der Alliierten Expeditions Streitkraefte und dem Oberkommando der Roten Armee.

2. Das Oberkommando der Deutschen Wehrmacht wird unverzueglich allen Behoerden der deutschen Land-,See- und Luftstreitkraefte und allen von Deutschland beherrschten Streitkraeften den Befehl geben, die Kampfhandlungen um 23ol Uhr Mitteleuropaeischer Zeit am 8 Mai einzustellen und in den Stellungen zu verbleiben, die sie an diesem Zeitpunkt innehaben und sich vollstaendig zu entwaffnen, indem sie Waffen und Geraete an die oertlichen Alliierten Befehlshaber beziehungsweise an die von den Alliierten Vertretern zu bestimmenden Offiziere abliefern. Kein Schiff, Boot oder Flugzeug irgendeiner Art darf versenkt werden, noch duerfen Schiffsruempfe, maschinelle Einrichtungen, Ausruestungsgegenstaende, Maschinen irgendwelcher Art, Waffen, Apparaturen, technische Gegenstaende, die Kriegszwecken im Allgemeinen dienlich sein koennen, beschaedigt werden.

3. Das Oberkommando der Deutschen Wehrmacht wird unverzueglich den zustaendigen Befehlshabern alle von dem Obersten Befehlshaber der Alliierten Expeditions Streitkraefte und dem Oberkommando der Roten Armee erlassenen zusaetzlichen Befehle weitergeben und deren Durchfuehrung sicherstellen.

4. Diese Kapitulationserklaerung ist ohne Praejudiz fuer irgendwelche an ihre Stelle tretenden allgemeinen Kapitulationsbestimmungen, die durch die Vereinten Nationen und in deren Namen Deutschland und der Deutschen Wehrmacht auferlegt werden moegen.

5. Falls das Oberkommando der Deutschen Wehrmacht oder irgendwelche ihm unterstehende oder von ihm beherrschte Streitkraefte es versaeumen sollten, sich gemaess den Bestimmungen dieser Kapitulations-Erklaerung zu verhalten,

werden der Oberste Befehlshaber der Alliierten Expeditions Streitkraefte und das Oberkommando der Roten Armee alle diejenigen Straf- und anderen Massnahmen ergreifen, die sie als zweckmaessig erachten.

6. Diese Erklaerung ist in englischer, russischer und deutscher Sprache abgefasst. Allein massgebend sind die englische und die russische Fassung.

Unterzeichnet zu Berlin am 8 Mai 1945

Fuer das Oberkommando der Deutschen Wehrmacht.

In Gegenwart von:

Fuer den Obersten Befehlshaber der Alliierten Expeditions-Streitkraefte.

Fuer das Oberkommando der Roten Armee

Bei der Unterzeichnung waren als Zeugen auch zugegen:

General, Oberstkommandierender der Ersten Franzoesischen Armee

Kommandierender General der Strategischen Luftstreitkraefte der Vereinigten Staaten

2. Teil

Die Schlacht um Berlin

Der Aufmarsch an der Oder

Mitte April des Jahres 1945 waren die Sowjets an Neiße- und Oderfront aufmarschiert mit der 1. Ukrainischen Front[1] unter Marschall Konjew, der 1. Weißrussischen Front, Oberbefehl Marschall Rokossowski.

Die sowjetischen Heeresgruppen waren in folgenden Aufmarschräumen versammelt: Zwischen Görlitz und Guben an der Neiße die Masse der 1. Ukrainischen Front; daran anschließend mit Hauptkräften zwischen Fürstenberg und Schwedt an der Oder die 1. Weißrussische Front mit drei Panzerarmeen und acht bis zehn Infanterie-Armeen. Ihr ausgesprochener Schwerpunkt lag bei Küstrin; von Schwedt bis an die Ostseeküste die 2. Weißrussische Front, die über eine Panzerarmee und vier bis fünf Infanterie-Armeen verfügte.

Auf deutscher Seite standen ihnen gegenüber die Heeresgruppe Mitte, unter Befehl von Generalfeldmarschall Schörner, von den Sudeten bis zur unteren Neiße; und entlang der Oder bis zur Ostsee bei Swinemünde die Heeresgruppe Weichsel, Oberbefehlshaber Generaloberst Heinrici.

Es waren eingesetzt, vom rechten Flügel der Heeresgruppe Weichsel beginnend: 9. Armee, Führung General der Infanterie Busse mit V. (SS) Geb. Korps, XI. (SS) Korps und CI. Korps, daran schloß sich an die 3. Panzerarmee, Oberbefehlshaber General von Manteuffel, mit XXXXVI. Panzerkorps, Oder (SS) Korps, XXXII. Korps und ostwärts Swinemünde 3. Marinedivision.

Die bei Heeresgruppe Weichsel vorhandenen Reserven standen mit Masse hinter Mitte und linkem Flügel 9. Armee, sowie rechtem Flügel 3. Panzerarmee. Es gehörten dazu im einzelnen: LVI. Panzerkorps mit 20. Panzerdivision und 9. Fallschirmjägerdivision, sowie Panzerdivision Müncheberg und 25. Panzergrenadierdivision, sodann 18. Panzergrenadierdivision, Panzergrenadierdivision Nordland (SS) und Panzergrenadierdivision Nederland (SS).

Die deutschen Kräfte waren den ostwärts der Oder tief gestaffelt stehenden sowjetischen Angriffsverbänden personell und materiell, besonders an Panzern und Artillerie, weit unterlegen. Bereits am 31. Januar 1945 waren schwache motorisierte Kräfte der Sowjets bis

[1] Front = Heeresgruppe.

über Wriezen, nordwärts von Berlin, vorgedrungen. In Berlin wurde damals erstmalig Panzeralarm gegeben. Die vorgeprellten russischen Teile konnten zurückgeschlagen werden.

Bis Anfang April 1945 hatte sich die Front, die dem Lauf der Oder folgte, bei den Deutschen konsolidiert, nachdem die 9. Armee Ende März in mehreren vergeblichen Angriffen versucht hatte, den sowjetischen Brückenkopf über die Oder bei Küstrin zu beseitigen. Er sollte den Sowjets als Sprungbrett für ihre künftigen Operationen dienen.

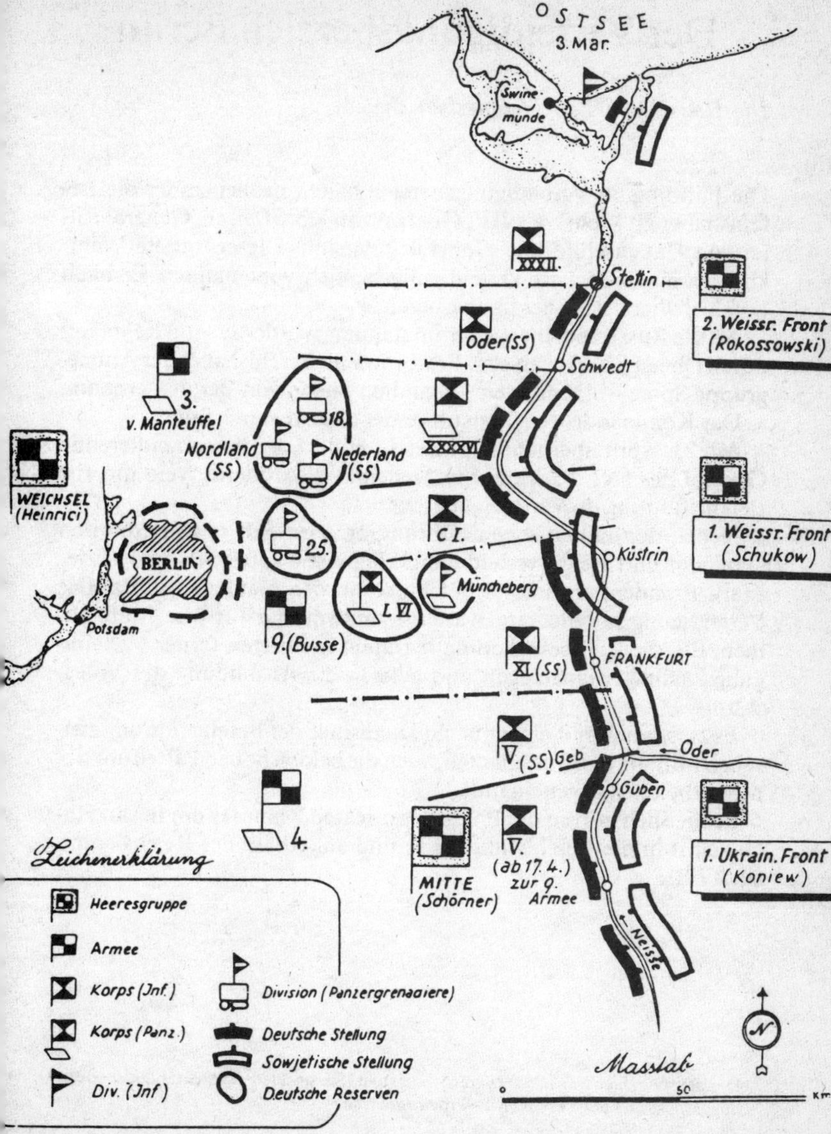
OSTSEE
3. Mar.
Swinemünde
XXXII.
Stettin
2. Weissr. Front
(Rokossowski)
Oder (SS)
Schwedt
3.
v. Manteuffel
18.
Nordland
(SS)
Nederland
(SS)
XXXXVI
WEICHSEL
(Heinrici)
1. Weissr. Front
(Schukow)
C I.
BERLIN
25.
Küstrin
Müncheberg
L VI
Potsdam
9. (Busse)
XI (SS)
FRANKFURT
Oder
V. (SS) Geb
Guben
4.
V.
(ab 17. 4.)
zur 9. Armee
MITTE
(Schörner)
1. Ukrain. Front
(Koniew)
Neisse
Zeichenerklärung
Heeresgruppe
Armee
Korps (Jnf.)
Korps (Panz.)
Div. (Jnf)
Division (Panzergrenadiere)
Deutsche Stellung
Sowjetische Stellung
Deutsche Reserven
Masstab
0
50
Km
N

Der Verteidigungsbereich Berlin

Die Führung im Verteidigungsbereich

Die Führung im Verteidigungsbereich hatten nacheinander die Befehlshaber im Wehrkreis III[1], General von Kortzfleisch, General Ritter von Hauenschild und General Reymann. Dieser trennte Wehrkreis-Kommando und Verteidigungsbereich voneinander. Er blieb Befehlshaber des Verteidigungsbereichs.

Als die Russen bereits vor Berlin standen, wurde General Reymann durch Oberst Kaether ersetzt. Er wurde zum Befehlshaber der Armeegruppe Spree – einem Sperrverband im Süden von Berlin – ernannt.

Das Kommando des Oberst Kaether dauerte nur 2 Tage.

Am 23. April übernahm auf Befehl Hitlers der Kommandierende General des LVI. Panzerkorps, General der Artillerie Weidling, die Befehlsführung im Verteidigungsbereich.

Neben den militärischen Führungsorganen gab es in Berlin den Gauleiter und Reichsverteidigungskommissar Goebbels und in der Mark Brandenburg in gleicher Funktion den Gauleiter Stürtz. Die Verteidigungskommissare waren verantwortlich für alle Maßnahmen, die die Zivilbevölkerung betrafen. Sie hatten ferner Verteidigungsstellungen anzulegen und leiteten die Ausbildung des Volkssturms.

Es entstand somit nicht nur ein Dualismus der Befehlsführung zwischen Militärs und Parteileuten, auch die beiden hohen Parteifunktionäre arbeiteten gegeneinander.

Schließlich griff in der Phase des direkten Kampfes um Berlin Hitler selbst in die Befehlsführung in und außerhalb der Reichshauptstadt ein.

[1] Das Reichsgebiet war in Wehrkreise eingeteilt. Sie deckten etwa die Länder- beziehungsweise im Lande Preußen die Provinzgrenzen.

Aus Mangel an Kräften konnten die Möglichkeiten des Geländes – Wald, Seen, Flüsse und Kanäle – im Vorfeld von Berlin nicht für die Verteidigung ausgenutzt werden. Man mußte sich darauf beschränken, in etwa 30 km Entfernung von Berlin, vordringlich im Süden und Nordosten der Stadt, Sperren anzulegen und ostwärts von Berlin, im Abschnitt Erkner-Tiefensee, eine vorgeschobene Stellung herzurichten. Sie hatte später bei der Schnelligkeit des Feinddurchbruchs nicht mehr rechtzeitig besetzt werden können.

Der Verteidigungsbereich Berlin wurde eingeteilt in acht Abschnitte, bezeichnet mit den Buchstaben A bis H. Jeder Abschnitt unterstand einem Abschnittskommandeur mit den Befugnissen eines Divisionskommandeurs. Die in den Abschnitten eingesetzten Offiziere hatten in der Mehrzahl wenig Fronterfahrung, da sie meist aus Ersatz- und Heimatdienststellen stammten.

Entlang der Peripherie der Stadt verlief die 1. Verteidigungsstellung. Im Osten und Westen der Stadt wurde sie durch eine dahinterliegende zweite Stellung ergänzt. Im Innern der Stadt wurde zunächst die sich über eine Länge von zirka 35 km erstreckende Ringbahn in das Verteidigungssystem einbezogen. Sodann wurde der „Innere Kampfring", der vom Landwehrkanal und Spree begrenzt war, als Verteidigungszone hergerichtet.

Dabei erhielt der Abschnitt Wilhelmstraße – Reichskanzlei die Bezeichnung „Zitadelle".

Als Bollwerke der Verteidigung konnten die Flaktürme „Zoo", „Humboldthain" und „Friedrichshain" angesprochen werden. Sie hielten bis zuletzt – obwohl völlig eingeschlossen – dem feindlichen Ansturm stand.

Sie dienten sowohl als Flakstellungen wie als Großraumbunker für die Bevölkerung. Außer der Turmbesatzung konnten sie noch bis zu 40000 schutzsuchende Menschen aufnehmen. Sie verfügten über eine eigene Strom- und Wasserversorgung sowie über ausreichende Munitions- und Nahrungsmittelvorräte. Während der Kämpfe waren sie weit über ihre Fassungsnorm hinaus mit Verwundeten und Zivilisten belegt.

Die Flakartillerie dieser Türme griff laufend in die Erdkämpfe ein.

Neben dem Ausbau der Stellungen waren – soweit die Kräfte dazu ausreichten – Maßnahmen für einen regelrechten Ortskampf getroffen worden.

Die Tunnel der Untergrundbahn konnten von Feind und Freund für Bewegungen unter der Erde ausgenutzt werden, wie es auch im Verlauf der Kämpfe geschah. Während der Schlacht um Berlin wurden im Zentrum der Stadt verschiedene U-Bahn-Tunnel gesprengt. Große unterirdische Überflutungen waren die Folge. Obwohl nahezu alle Brücken und Überführungen zur Zerstörung vorgesehen waren, wurde eine beträchtliche Anzahl vor der Vernichtung gerettet. Die Statistik gibt an, daß nach Abschluß der Kampfhandlungen von insgesamt 229 Brücken noch völlig unversehrt waren 59 Brücken. Bei lebensnotwendigen Versorgungsbetrieben wurde teilweise eine „Lähmung" durchgeführt. Der Aufbau eines für die Verteidigung unumgänglich notwendigen Draht- und Funknetzes war aus Mangel an Nachrichteneinheiten und jeglichem beweglichem Material nicht möglich. Für die Kampfführung war man auf das örtliche Fernsprechnetz angewiesen. Der Aufbau der Verteidigung mußte auf allen Gebieten ein Provisorium bleiben. Infolge Mangels an Kräften, Mitteln und Material war es unmöglich, eine Millionenstadt wie Berlin innerhalb weniger Wochen in eine Festung zu verwandeln.

Die Stärke und Gliederung der örtlichen Verteidigungskräfte

Es waren im Verteidigungsbereich eingesetzt: neben der bodenständigen Artillerie und Flak, Alarmeinheiten, Ersatzeinheiten, Schulen des Heeres, Landesschützen, Werkschutz, Postschutz, Panzer-Vernichtungseinheiten, Waffen-SS, Einheiten der allgemeinen SS sowie schließlich Volkssturm und Hitlerjugend.

Die bodenständige Artillerie bestand aus leichten und schweren Batterien. Sie waren zu schwachen Regimentern zusammengefaßt. Dabei war im allgemeinen mindestens 1 Regiment je Verteidigungsabschnitt eingesetzt. Die Geschütze waren fast alle ausländischer Herkunft. Die Munitionierung war dementsprechend gering; 20–30 Schuß pro Geschütz bildeten die Norm. Die Masse der Artillerie war unbeweglich: Je Regiment stand nicht einmal in jedem Fall *eine* Zugmaschine zur Verfügung. Batterieführer und Bedienungspersonal setzten sich in der Mehrzahl aus Nicht-Artilleristen zusammen. Draht- und Funkmittel waren nur in Ausnahmefällen organisch bei den Einheiten vorhanden. Dort, wo Erdartillerie-Stellungen der Flakartillerie benachbart waren, konnte mit deren Hilfe eine behelfsmäßige Befehlsübermittlung auf dem Fernsprech- und Funkwege unter Einsatz von Meldern sichergestellt werden.

An Flak war die 1. Flakdivision, Kommandeur Generalmajor Sydow, eingesetzt. Sein Gefechtsstand befand sich in dem kleineren der beiden Zoo-Flaktürme, dem sogenannten Flakleitstand. Zur Division gehörten vier Flakartillerie-Regimenter mit einer Flak vom Kaliber 2 bis 12,8 cm. Jedes Regiment hatte zirka 4 Abteilungen.

Das Kernstück der Flakabwehr bildeten die bereits erwähnten Flaktürme „Zoo“, „Friedrichshain“ und „Humboldthain“. Ihre Armierung war unterschiedlich. Beispielsweise hatte der Zoo-Bunker vier Zwillingsflak zu 12,8 cm Kaliber und 12 Geschütze zu 2 cm Kaliber. Die Munitionierung war ausreichend.

In Sperrfeuerbatterien wurden ältere deutsche und ausländische Flakgeschütze verwendet. Weitere ortsfeste Flakbatterien sollten die äußeren Verteidigungsstellungen verstärken.

Der Begriff „Alarmeinheit“ war erstmalig im Winter 1941/1942 in Rußland geprägt worden. Versprengte, Genesene, Personal aus Stäben, Dienststellen und rückwärtigen Einrichtungen und Einheiten wurden damals wie jetzt in nicht organisch gewachsenen Zügen, Kompanien und Bataillonen eingesetzt. Ihr Kampfwert und Kampfwille waren gering.

Auch die wenigen noch in Berlin verfügbaren Ersatzeinheiten hatten kaum Kampferfahrung.

Die mit ihren Lehrgangsteilnehmern geschlossen eingesetzten Heeres-, Feuerwerker- und Waffenmeister-Schulen besaßen einen gewissen Kampfwert.

Demgegenüber konnten die mit Beutegewehren ausgestatteten Landesschützeneinheiten – aus älteren nicht feldverwendungsfähigen Soldaten bestehend –, nur für den Schutz von Objekten und Lagern verwendet werden.

Von bedingtem Kampfwert war der aus Angehörigen großer Betriebe bestehende Werkschutz; desgleichen der Postschutz.

Eine Panzer-Zerstörabteilung war für die spezielle Aufgabe der Panzervernichtung vorgesehen.

Eine Sonderstellung nahm die Waffen-SS ein. Sie war in Brigadestärke unter Führung des Brigadeführers Mohnke, der die Befehlsgewalt im Stadtkern ausübte, zum Schutz der Reichskanzlei (Zitadelle) eingesetzt. Die SS-Truppe war gut ausgerüstet und bewaffnet. Sie zeichnete sich durch eine hohe Kampfmoral und entsprechenden Kampfwert aus.

Aus der Allgemeinen SS waren kleine Einheiten auf verschiedene Verteidigungsabschnitte verteilt worden.

Volkssturm[1] und Hitlerjugend stellten die Masse der örtlichen Verteidiger. Als Kampftruppe konnten sie nicht angesprochen werden.

Der Volkssturm dürfte zirka 60000 Mann in etwa 90 Bataillonen unterschiedlicher Stärke umfaßt haben.

Er war mit einer Art Heim- oder Ortswehr zu vergleichen. In den Volkssturm-Einheiten waren vom Jugendlichen bis zum 60jährigen Mann alle Altersschichtungen – meist jedoch höhere Altersstufen – vertreten. Die Partei setzte die Einheitsführer ein. Diese waren entweder Soldaten oder Parteifunktionäre. Die Versuche einer Ausbildung in Abendkursen und Wochenend-Lehrgängen mußte völlig ungenügend bleiben, da oftmals Waffen, Ausrüstung und Munition fehlten.

Soweit Waffen vorhanden waren, bestanden diese meist aus Beutegewehren. Panzerfäuste gab es zwar, doch wurden sie oft, da die Ausbildung fehlte, nicht benutzt.

Obwohl kaum von einem Kampfwert des Volkssturms gesprochen werden konnte, leisteten dennoch einige festgefügte Kompanien und Bataillone tapferen Widerstand.

Auch die Hitlerjugend wurde von einem Kampfeinsatz nicht verschont. Hitlerjungen taten Dienst im Volkssturm, bei der Flak als Flakhelfer und sogar in selbständigen Hitlerjugend-Bataillonen. Einige dieser Bataillone, aus 15- und 16jährigen Jungen bestehend, bildeten die „Brigade Axmann“,[2] die mit ihren Panzerfäusten ostwärts Berlin in der Gegend Bad Freienwalde sowjetische Panzer jagen sollte. Auf Vorstellungen des Kommandierenden Generals des LVI. Panzerkorps, General der Artillerie Weidling, ließ Axmann sich von der Sinnlosigkeit einer Verwendung dieser kaum ausgebildeten Jungen gegen einen übermächtigen und erbarmungslosen Feind überzeugen und zog den Einsatzbefehl zurück. Leider fielen dennoch bis zur

[1] Der Volkssturm war eine Schöpfung der Nationalsozialistischen Partei. Er wurde im Spätherbst 1944 aufgerufen und war kein organischer Bestandteil der Wehrmacht.

[2] Axmann war Jugendführer des Deutschen Reiches.

Durchgabe des Gegenbefehls zahlreiche Angehörige der Hitlerjugend durch Tod, Verwundung und Gefangenschaft aus.

Namhafte Teile der Hitlerjugend waren im Westen von Berlin im Abschnitt Pichelsdorf und am Funkturm eingesetzt. Sie hielten dort bis zuletzt in tapferem Einsatz einen Brückenkopf.

Militärische und zivile Versorgung; Zivilbevölkerung

Auf dem militärischen Sektor war die Versorgung mit Munition so unzureichend, daß die Verteidiger an ständigem Munitionsmangel litten. Die vorhandenen drei großen Munitionslager mit deutscher Munition, die in den Außenbezirken der Stadt lagen, waren kurz nach dem Hineinziehen des LVI. Panzerkorps in die Hauptstadt in Feindeshand gefallen. Die Verbände des Panzerkorps, die mit deutschen Waffen ausgerüstet waren, hätten dringend der Munition bedurft. Zwar wurde noch ein kleines Lager im Innern der Stadt festgestellt. Dieses enthielt jedoch in der Masse russische 7,6-cm-Munition. Auf deutscher Seite waren nur 4 Beutegeschütze dieses Kalibers eingesetzt. Für die in der Mehrzahl mit ausländischen Waffen ausgerüsteten örtlichen Verteidigungskräfte war ebenfalls kaum Munition vorhanden. Trotz einer von dem Propagandaminister Goebbels groß angekündigten Luftversorgung mit Munition, Verpflegung, Medikamenten und dergleichen, konnten zwischen 26.–30. April aus Abwurfbehältern lediglich 8 Schuß Munition für die leichte Feldhaubitze geborgen werden.

Auch die Betriebsstoffmengen waren unzureichend. Pferdebespannte Fahrzeuge mußten für Munitionstransporte und sonstige Transporte eingesetzt werden. Bewegungen und Verschiebungen von motorisierten Teilen waren äußerst erschwert; sie bedurften besonderer Genehmigung. Sogar für Fahrten einzelner Fahrzeuge mußte eine ausdrückliche Erlaubnis eingeholt werden.

Die Bevorratung der Truppe mit Nahrungsmitteln war im allgemeinen – von örtlichen Verknappungen abgesehen – ausreichend.

Jedoch standen – ebenso wie bei der Munitionsbevorratung – nur einige Großlager zur Verfügung, die teilweise bei drohendem Feindangriff nicht rechtzeitig geräumt werden konnten. Obwohl für die Zivilbevölkerung aufgefüllte Verpflegungslager in allen Teilen der Stadt vorhanden waren, traten im Laufe der Kämpfe örtliche Verknappungen ein. Insgesamt gesehen dürfte die Bevorratung mit Nahrungsmitteln trotz Ausfall der Außenlager ausreichend gewesen sein.

Nach statistischen Angaben betrug der Einwohnerbestand Groß-berlins bei Beginn des Krieges rund 4,3 Millionen. Nach dem Zusammenbruch zählte die Stadt rund 2,5 Millionen Einwohner. Die Verringerung auf diese Zahl ist den Evakuierungen aus Gründen des Bombenkrieges zuzuschreiben. Bei der Schnelligkeit der Operationen konnte die Masse der noch in Berlin verbliebenen Bevölkerung nicht mehr fliehen. Sie setzte sich zusammen aus Einheimischen und Flüchtlingen aus dem Osten Deutschlands. Ihre Haltung während der Kämpfe und der Zeit der sowjetischen Besatzung war, trotz das Maß des Tragbaren schier überschreitender Belastungen, beispielhaft.

Auch die Wasserversorgung konnte trotz weitgehender Zerstörung der Wasserwerke und Wasserleitungen aus Brunnen, Löschteichen und Gewässern für Truppe und Bevölkerung gesichert werden.

Luftwaffe und Luftversorgung

Nur geringe Teile der Luftwaffe griffen in die Kämpfe um Berlin ein.

Reserven – meist Marinesoldaten – und Versorgungsgüter, durch die die Kampfkraft der Verteidiger erhöht werden sollte, konnten wegen des schnellen Ausfalls der Flugplätze Gatow und Kladow nur in unwesentlichem Umfang eingeflogen werden. Sporadische Abwürfe von Versorgungsgütern waren keinesfalls als nennenswerte Verstärkung anzusehen.

Die Schwierigkeiten bei Benutzung des provisorischen Rollfeldes, das inmitten Berlins auf der Ost-West-Achse angelegt worden war, wurden deutlich, als es der bekannten Fliegerin Hanna Reitsch gelungen war, mit dem Generaloberst Ritter von Greim, dem Nachfolger Görings als Oberbefehlshaber der Luftwaffe, am 26. April dort trotz Feindbeschuß mit einem „Fieseler Storch" zu landen. Greim wurde dabei verwundet. Der Start zum Rückflug am 28. April glückte auf der mit Trichtern übersäten Startbahn, obwohl die Sowjets versuchten, die Maschine durch Flakfeuer herunterzuholen.

Die sowjetische Offensive vom 16.–21. April 1945

Nachdem die Russen zwischen dem 12. und 15. April 1945 vorbereitende Angriffe zur Erweiterung ihres Brückenkopfes bei Küstrin geführt hatten – die deutscherseits bereits den Einsatz der bisher in Reserve befindlichen Panzerdivision Müncheberg erforderten –, begann in den Morgenstunden des 16. April 1945 mit stärkster Artillerie- und Luftunterstützung die sowjetische Großoffensive an der mittleren Oder und unteren Neiße.

Allein an der Oderfront eröffneten die Sowjets aus zirka 22000 Rohren ein Vorbereitungsfeuer von bis dahin noch nicht erlebter Wucht. Sie traten hier mit der 1. Weißrussischen Front zum Angriff an. Der Hauptstoß Marschall Schukows erfolgte aus dem Brückenkopf Küstrin.

Zu gleicher Zeit unterstützte wiederum eine weit überlegene Artillerie mit ihrem Feuer den Angriff der 1. Ukrainischen Front an der Neiße zwischen Forst und Guben.

Die Stellungen der 4. Panzerarmee an der unteren Neiße wurden von den Truppen Marschall Konjews schon am 16. April im Raum südlich Guben durchbrochen, während die Oderfront zwischen Frankfurt und Schwedt noch hielt. Dabei hatten die Divisionen der 9. Armee die Hauptwucht des sowjetischen Angriffs zu tragen. Trotz ihrer Unterlegenheit an Zahl und Material konnten sie sich im Abschnitt Frankfurt halten und hinderten zunächst die Sowjets am Überschreiten der Oder südostwärts Eberswalde.

Westlich von Küstrin gelang es den sowjetischen Sturmtruppen, begleitet von zahlreichen Panzern, weder am 16. noch am 17. April, das entscheidend wichtige Höhengelände bei Seelow am Westrand der Oderniederung in Besitz zu nehmen. Erst am 18. April frühmorgens war der russische Angriff erfolgreich.

Von dem ostwärts Berlin in Reserve befindlichen LVI. Panzerkorps des Generals der Artillerie Weidling hatten Teile eingesetzt werden müssen. Dabei wurde die 20. Panzerdivision stark angeschlagen.

In der Nacht vom 16. auf 17. April erzielten die Sowjets auf der Naht zwischen XI. (SS) Korps und dem nunmehr in Front befindlichen LVI. Panzerkorps einen tiefen Einbruch. Die Verbindung zum

XI. (SS) Korps ging verloren und konnte nicht wiederhergestellt werden. Doch entscheidende Bedeutung gewann ein weiterer Einbruch im Norden des LVI. Panzerkorps auf der Naht zum CI. Korps, der aus Gegend Wriezen zum Durchbruch bis auf Tiefensee führte.

Die deutsche Front westlich Küstrin begann nunmehr vollends zu zerbröckeln. Zwei Tage nach Beginn der Offensive stürzte auch die Front am nördlichen Flügel der 9. Armee ein. Sofort angesetzte Gegenangriffe blieben erfolglos. Die schwachen deutschen Kräfte waren der feindlichen Übermacht nicht gewachsen. Von den im Abschnitt der 9. Armee befindlichen Reserven hatte bereits am 16. April die 25. Pz.Gren.Div. in den Kampf eingegriffen.

Bis zum 20. April mußten weitere Reserven, und zwar die 18. Pz.Gren.Div., die Pz.Gren.Div. Nordland (SS) und Teile der Pz.Gren.Div. Nederland (SS) in die Schlacht geworfen werden. Auch die letzten, bisher noch in Reserve befindlichen Teile des LVI. Panzerkorps wurden nunmehr in die Schlacht hineingezogen. Im Verband des Korps kämpften: 20.Pz.Div. (nahezu aufgerieben); Pz.Div. Müncheberg (Neuaufstellung); 9. Fallschirmjäger-Div. (geringer Kampfwert); 18. Pz.Gren.Div. (unterstellt ab 17.4.); Pz.Gren.Div. Nordland (SS), Teile Pz.Gren.Div. Nederland (SS) und Volksartilleriekorps 408 (6 Abteilungen, darunter 2 Mörserabteilungen und 2 Abteilungen russischer Beutegeschütze von 15,2 cm Kaliber).

Das Korps war nicht in der Lage, die russische Offensive aufzuhalten, sondern wurde gezwungen, kämpfend zurückzugehen. Dabei gelang es nur mit Mühe, die weichende 9. Fallschirmjäger-Division zum Stehen zu bringen.

Der tiefe Einbruch bei der 4. Panzerarmee an der Neißefront hatte sich inzwischen zum Durchbruch erweitert. Da das am linken Flügel der 4. Panzerarmee eingesetzte V. Korps wegen des Feinddurchbruchs von der Heeresgruppe Mitte nicht mehr geführt werden konnte, wurde es aus Gründen einheitlicher Befehlsführung ab 17. April der Heeresgruppe Weichsel unterstellt. Es trat zur 9. Armee.

Mit den geringen deutschen Reserven konnte die bei der 4. Panzerarmee zerschlagene Front nicht wieder geschlossen werden. Die schwachen Reserveeinheiten wurden von 4. Panzerarmee und 9. Armee dringend zum Schutz ihrer Flanken benötigt. Der Befehl Hitlers, die Einbruchslücke durch Angriffe der 4. Panzerarmee vom Süden her im Zusammenwirken mit der 9. Armee, die an der Oder stehen bleiben sollte, zu schließen, war undurchführbar.

Nahezu ungehindert rollten die 2. und 4. sowjetische Panzerarmee mit ihren zahlreichen Panzern und motorisierten Kräften in Richtung West und Nordwest. Hitlers Vermutung, das sowjetische operative Ziel werde auf Dresden und Prag gerichtet sein, hatte sich also nicht bestätigt.

Vielmehr war die Reichshauptstadt durch die weit ausholende Umfassungsoperation der Armeen Konjews unmittelbar gefährdet.

Die Heeresgruppe Weichsel, der Berlin zu diesem Zeitpunkt noch unterstand, befahl, alle verfügbaren Kräfte aus Berlin herauszuziehen.

Angesichts der Bedrohung der Stadt von Süden her wurde im Rahmen der sogenannten Armeegruppe Spree die noch in der Aufstellung befindliche Division Jahn – im wesentlichen zusammengesetzt aus jungen Arbeitsdienstmännern – auf etwa 40 km Frontbreite beiderseits Baruth mit Front nach Süden eingesetzt.

Doch schon am 20. April durchbrachen die Russen diese schwache Verteidigungslinie in der Nähe von Baruth. Feindliche Panzerspitzen gewannen die Gegend um Jüterbog und Wünsdorf. Die 9. Armee war im Süden in Flanke und Rücken umfaßt. Auf dem Nordflügel der Armee waren die Sowjets durchgebrochen. Die von der Heeresgruppe Weichsel beantragte Zurücknahme der Mitte und des rechten Flügels der 9. Armee wurde abgelehnt. Dies hatte zur Folge, daß die Armee nach wenigen Tagen eingekesselt war.

Inzwischen bemühte man sich, im Osten von Berlin in der Linie Fürstenwalde – Straußberg – Bernau, den feindlichen Ansturm aufzuhalten. Ein Versuch des LVI. Panzerkorps, durch Gegenangriff der 18. Pz.Gren.Div. und der Pz.Gren.Div. Nordland (SS) das Vordringen der stark gepanzerten sowjetischen Kräfte westlich Buckow in der Märkischen Schweiz zum Stehen zu bringen, scheiterte nach anfänglichen Erfolgen im starken Feuer der feindlichen Übermacht.

Zum Schutz der durch den Feindangriff über Bernau nach Westen hinweg gefährdeten tiefen rechten Flanke der noch nicht in Front angegriffenen 3. Panzerarmee waren im Norden von Berlin von der Heeresgruppe Weichsel vorsorglich Sicherungsbesatzungen am Hohenzollern-Kanal, bei Oranienburg und am Finow-Kanal eingesetzt worden. Sie unterstanden von Oranienburg (einschließlich) bis Eberswalde (ausschließlich) dem SS-Obergruppenführer Steiner. Es handelte sich hierbei fast ausschließlich um zusammengewürfelte Kräfte, wie Alarmeinheiten, Volkssturm, abgesplitterte Teile der 9. Armee und improvisierte Einheiten, meist aus Luftwaffenangehörigen bestehend. Als kampfkräftige Verbände konnten lediglich die später zu dieser, als „Armeegruppe Steiner“ bezeichneten, Kräftegruppe tretende 25. Panzergrenadierdivision und 7. Panzerdivision angesehen werden.

Während die Heeresgruppe Weichsel sich bemühte, durch Aufbau einer Abwehrfront die Gefahr einer Umfassung von Süden für die 3. Panzerarmee abzuwenden, trat auch die bisher an der unteren Oder stehengebliebene 2. Weißrussische Front Marschall Rokossowskis am 21. April zum Angriff an. In den ersten Tagen konnte die 3. Panzerarmee ihre Stellungen zwischen Schwedt und Stettin halten.

Am selben Tage zeigte sich jedoch, daß alle Verteidigungsstellungen der Deutschen im Vorfeld von Berlin durchbrochen waren. Bereits in den ersten Tagen der Offensive hatten die Truppen des Generals Perchorowitsch und die Panzerverbände des Generals Bogdanow Berlin von Norden umgangen. Von Osten her griffen die Truppen der Generale Kusnezow, Bersarin und Tschuikow an.

Die Beurteilung der Lage ergab, daß die Hauptstoßrichtung auf Berlin zielte. Der über die Neiße in den sächsischen Raum hinein erfolgte Vorstoß und die im Abschnitt südlich Stettin vorgetragenen Angriffe sollten dabei lediglich der Bindung starker deutscher Kräfte dienen mit den Ziel, nach Erzwingung weiterer tiefer Durchbrüche so weit wie möglich nach Westen Raum zu gewinnen.

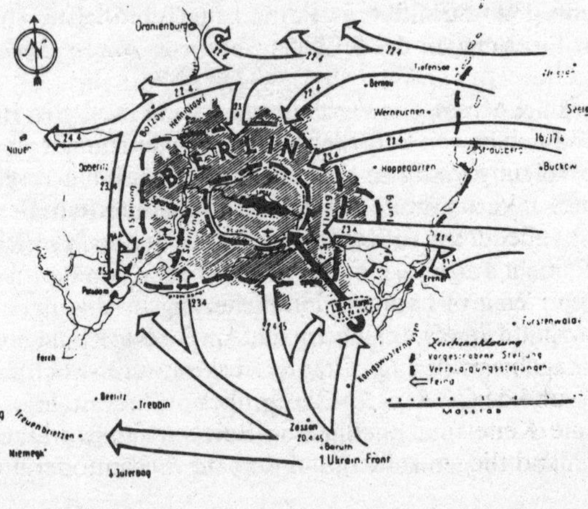

Die deutsche oberste Führung und die Heeresgruppe Weichsel vor und während der Operationen, die zur Einschließung Berlins führten

Vergeblich hatte die Heeresgruppe Weichsel versucht, Berlin den grausamen und aussichtslosen Kampf zu ersparen. Die Absicht der Heeresgruppe bestand darin, im Falle eines sowjetischen Durchbruchs sich in west-nordwestlicher Richtung zurückzukämpfen. Dabei sollte die südostwärts und ostwärts von Berlin stehende 9. Armee beiderseits der Hauptstadt nach Nordwesten zurückgehen. Man war sich der Schwierigkeiten dieser Operationen durchaus bewußt, zumal man den Schwerpunkt der Sowjetangriffe – wie durch die Ereignisse bestätigt – am linken Flügel der 9. Armee erwartete. Die Masse der Reserven wurde daher dort konzentriert, um unter Halten des linken Flügels mit rechtem Flügel und Mitte ein kämpfendes Absetzen nach Nordwesten zu ermöglichen. Der Zusammenhang der Heeresgruppe wäre dabei gewahrt geblieben. Auch das Herausziehen der Verteidigungskräfte aus Berlin während der kurzen Zeit, da die Stadt der unmittelbaren Befehlsführung der Heeresgruppe unterstand, bezweckte die Entblößung der dortigen örtlichen Verteidigungsstellungen, um die Bevölkerung vor der Sinnlosigkeit eines blutigen Kampfes zu bewahren.

Doch die Masse der Verteidigungskräfte mußte in Berlin verbleiben. Das Fehlen von Beförderungsmitteln und die für eine bewegliche Kampfführung völlig unzureichende Ausstattung und Kampfkraft der meisten Verbände ließen einen Einsatz außerhalb Berlins nicht zu. Eine Umgliederung in Kampfeinheiten war aus Mangel an Zeit und Mitteln nicht möglich.

Im übrigen griff nunmehr Hitler ein.

Zwar hatte er, als er sich am 22. April, in der bekannten dramatischen Lagebesprechung in der Reichskanzlei, entschloß, in Berlin zu bleiben und den Kampf dort persönlich zu führen, befohlen, daß die Generale Keitel und Jodl sowie Reichsleiter Bormann nach Süddeutschland fliegen sollten, um dort die Gesamtoperationen weiterzuführen. Doch die Ausführung dieses Befehls wurde von diesen drei Persönlichkeiten abgelehnt.

Hitler ließ sich umstimmen. Er nahm den Vorschlag von Generaloberst Jodl an, die an der Front gegen die Westalliierten stehenden deutschen Verbände umzudrehen, sie in den Kampf um Berlin zu werfen und diese Operation durch das OKW selbst führen zu lassen.

Hierzu wurden OKW und WFSt. am 22. April zu einem Gesamtstab OKW zusammengefaßt. Am 25. April wurde der Generalstab des Heeres ebenfalls in diesen Gesamtstab eingegliedert.

General Krebs, der nach Entlassung von Generaloberst Guderian seit 29. März 1945 mit der Wahrnehmung der Geschäfte des Chefs des Generalstabes des Heeres beauftragt worden war, blieb als erster militärischer Berater Hitlers bei diesem in der Reichskanzlei. Auch Bormann teilte sein Schicksal.

Keitel und Jodl hingegen unterzogen sich der Aufgabe, die Operationen zum Entsatz der Reichshauptstadt zu führen.

Inzwischen war auf Hitlers Befehl über den Kopf der Heeresgruppe Weichsel und der 9. Armee hinweg das LVI. Panzerkorps zur Verstärkung der Verteidigung nach Berlin hineinbefohlen worden.

Die 9. Armee hatte schärfste Haltebefehle bekommen. Nicht nur der Plan der Heeresgruppe zur Erhaltung der 9. Armee war damit vereitelt worden, sondern die gesamte Konzeption der Heeresgruppe wurde durch Hitler und sein Oberkommando illusorisch gemacht. Hitler befahl, die nunmehr nahezu eingeschlossene Reichshauptstadt durch Gegenangriffe zu entsetzen. Hierzu sollten angreifen: die 9. Armee von Süden, die 12. Armee von Westen und die Armeegruppe Steiner von Norden.

Die 9. Armee wurde vor eine unlösbare Aufgabe gestellt. Sie war mit ihren schwachen Kräften in verzweifeltem Kampf gegen einen übermächtigen Feind gebunden. Sie war außerstande, ihre Operationsfreiheit für ein so schwieriges Unternehmen wiederzugewinnen, wie es der Entsatz der in ihrem Rücken liegenden und vom Feind eingeschlossenen Reichshauptstadt darstellte.

Auch die 12. Armee sah sich schon zu Beginn ihres Einsatzes einer Doppelaufgabe gegenüber. Einerseits hatte sie, mit Front nach Westen kämpfend, das Vordringen der Amerikaner über die Elbe und Mulde im Raume Magdeburg – bis südlich Dessau zu verhindern. Andererseits sprach die Weisung des WFSt. vom 20. April von einer Zurücknahme des linken Flügels der 12. Armee für den Fall eines weiteren Vordringens sowjetischer Kräfte auf die Elbe gegen die Linie Jüterbog – Torgau. Daher wurde vorsorglich die Versammlung einer starken Reserve hinter dem linken Flügel in Gegend Jüterbog angeordnet. Die 12. Armee blieb zunächst dem OKW/WFSt. unmittelbar unterstellt.

Der von Norden geforderte Entlastungsangriff widersprach ebenso wie der Einsatz der 9. Armee zu Entsatzaufgaben der Planung der Heeresgruppe Weichsel.

Nach ihrer Auffassung kam es darauf an, nicht nur die durch den sowjetischen Angriff über die Oder tief aufgerissene Südflanke der 3. Panzerarmee zu schützen, sondern auch eine durch den Feindvorstoß über die Havel sich abzeichnende Bedrohung des Rückens der Heeresgruppe zu verhindern.

Die Kämpfe und Entsatzversuche vom 22. April bis zum 2. Mai 1945

Die Entwicklung der Lage um Berlin vom 22. bis 25. April

Bereits am 22. April standen die über Zossen angreifenden Kräfte am Südrand von Berlin, Teile der Division Jahn wichen auf Potsdam aus. Ostwärts der Stadt hatte sich der Feind bis nach Erkner und Hoppegarten herangeschoben. Das hinhaltenden Widerstand leistende LVI. Panzerkorps mußte auf die Linie Köpenick – Bliesdorf zurückgenommen werden, da der Feind bereits, nördlich über Hoppegarten ausholend, in das Weichbild Berlins eingedrungen war. Er brach am 22. April in Weißensee und Pankow in die Randgebiete der Stadt ein. Südlich drohte ebenfalls eine Umfassung. Die Verbindung zur 9. Armee war verlorengegangen.

Die für die Nacht vom 21. auf 22. April befohlene Absetzbewegung des Korps mußte mit vier motorisierten Divisionen und einem Volksartilleriekorps auf einer Straße durchgeführt werden. Nur dem energischen Eingreifen der mit der Verkehrsregelung betrauten Organe, die den ausdrücklichen Befehl hatten, gegebenenfalls mit der Waffe in der Hand ein Überholen zu verhindern und die Marschdisziplin zu gewährleisten, war es zuzuschreiben, daß das Abfließen der Kolonnen gelang. Der mit der Leitung dieser Aktion beauftragte Artilleriekommandeur des LVI. Panzerkorps, Oberst Wöhlermann, berichtete:

„Am Hauptverstopfungspunkt erzwang ich in mühevoller persönlicher mehrstündiger Kleinarbeit, bei völliger Dunkelheit mit Taschenlampe und Pistole mich alle Augenblicke als zur Verkehrsregelung befohlener Oberst und Artilleriekommandeur des Korps zu erkennen gebend, nach und nach den zügigen Abfluß der zu vieren und teilweise zu fünfen nebeneinander festgefahrenen Kolonnen."

Im Norden gewannen die russischen Angriffsspitzen, von Werneuchen über Bernau nach Westen vorgehend, bereits am 22. April den Havelabschnitt zwischen Spandau und Oranienburg.

Die zur Besetzung dieses Abschnittes aus Döberitz in Marsch gesetzte Brigade Müller bestand aus einigen schwachen Bataillonen. Es war nicht festzustellen, ob sie den Abschnitt noch rechtzeitig besetzen konnten. Jedenfalls überschritten noch am selben Tage sowjetische Panzerkräfte die Havel bei Henningsdorf nördlich Spandau. Sie zerschlugen dabei die schwachen deutschen Sicherungskräfte. Ihr Ziel war, Berlin von Westen her einzuschließen. Bei Oranienburg konnte ein feindlicher Versuch, den Oder-Havel-Kanal zu überqueren, durch die beiden vorderen Bataillone einer gerade im Antransport befindlichen Marine-Division vereitelt werden.

Die Heeresgruppe Weichsel wurde nach einer knapp vier Tage dauernden Befehlsbefugnis über den Verteidigungsbereich nunmehr von der Befehlsgebung ausgeschlossen. Berlin wurde Hitlers unmittelbarem Befehl unterstellt.

Inzwischen war der Entscheid für Einsatz der 12. Armee (Armee Wenck) zum Entsatzangriff auf Berlin gefallen. Sie sollte starke Kräfte zum Stoß in nordostwärtiger Richtung auf Berlin bereitstellen und durch späteren Angriff auf Berlin in Richtung Potsdam die Vereinigung mit der 9. Armee herbeiführen.

Dabei ergab sich aber bereits die Notwendigkeit, den Bereitstellungsraum gegen die Sowjets zu sichern, die dabei waren, in breiter Front auf die Linie Wittenberg (Elbe) und Brandenburg (Havel) vorzudringen.

An der bisherigen – nach Westen gerichteten – Front verblieben schwache Sicherheitsbesatzungen. Dabei wurde angenommen, daß die Amerikaner in ihren derzeitigen Stellungen – wie auch geschehen – stehen bleiben würden. Die Masse der 12. Armee wurde also nunmehr zum Angriff gegen den Ostfeind versammelt. Sicherung und Aufklärung wurden unverzüglich in Richtung auf die vermuteten sowjetischen Verbände angesetzt.

Besondere Bedeutung gewann der Flankenschutz der Armee. General Wenck bemühte sich, seine Südflanke gegen feindlichen Druck zwischen Wittenberg und Niemegk abzustützen und seine Nordflanke südostwärts Brandenburg (Havel) zu sichern.

Er erhielt vom OKW am 23. April 3.05 Uhr folgenden Befehl: „Der Feind hat mit Panzer- und Aufklärungsstreitkräften Drewitz und Großbeeren erreicht. Mit Angriffen stärkerer Feindkräfte bei Potsdam ist zu rechnen. Gegen beiderseits der Straße Treuenbrietzen-Beelitz vorstoßenden Feind sind Teile der Division Jahn nördlich Beelitz eingesetzt. 12. Armee wird unter Belassung schwacher Sicherungen an der Elbe am 23. 4. Feind im Raum Jüterbog-Treuenbrietzen von Westen her angreifen und nimmt Verbindung zum Abschnitt des Kampfkommandanten Potsdam an der Autobahn drei Kilometer südlich Ferch auf. Kampfkommandant Potsdam, dem Chef der Führungsgruppe des Generalstabes des Heeres unmittelbar unterstellt, verteidigt die Havelseen im Abschnitt Autobahndreieck Caputh-Potsdam, Front nach Osten zur Sicherung des Krampnitzsees nach Norden. Hierzu wird ihm die Wachkompanie OKH Chef d. Gen.St. d. Heeres unterstellt. Die Havelbrücken zwischen Potsdam und Glienikke sind zu sprengen."

Die Absicht war, durch Angriff der 12. Armee nach Osten in die linke Flanke der sowjetischen 3. Panzerarmee zu stoßen und Berlin zu entsetzen. Den Amerikanern sollte dadurch gezeigt werden, daß der Kampf in erster Linie gegen die Sowjets ginge.

Die 9. Armee sollte kehrtmachen und sich mit der 12. Armee vereinigen.

Obwohl die 12. Armee sich in einer noch nicht abgeschlossenen Neuaufstellung befand, hatte sie mit ihren jungen Soldaten schon in den Gefechten gegen die Amerikaner einen vortrefflichen Kampfgeist gezeigt. Das XX. Korps, geführt von General Köhler, war mit drei Divisionen der kampfkräftigste Verband der Armee. Der Verteidigungsbereich Berlin wurde inzwischen von den Sowjets weiter heftig angegriffen. Sie führten ihre Hauptangriffe im Südosten am und über den Teltow-Kanal und drangen im Süden, Osten und Norden in den äußeren Verteidigungsring der Stadt ein.

Dabei gelangten sie im Süden bis Zehlendorf, im Osten bis an den inneren Verteidigungsring und wurden erst in Gegend Flakturm Friedrichshain zum Stehen gebracht, während sie im Norden bei Tegel einen tiefen Einbruch erzielten. Gleichzeitig stießen die Sowjets in Ausnutzung des erfolgreichen Havelüberganges vom Vortage auf Döberitz vor. Weiter nach Süden angreifende Teile hatten am Abend des 24. April Berlin endgültig vom Westen her eingeschlossen. Es folgte die Einschließung von Potsdam.

Südlich Nauen vereinigten sich die Panzerspitzen Schukows und Konjews.

Die Befürchtungen der Heeresgruppe Weichsel vor einem russischen Stoß in die tiefe Südflanke der 3. Panzerarmee und in den Rükken der Heeresgruppe wurden bestätigt, als es den Sowjets gelang, mit namhaften Kräften ihrer am 23. April bis Döberitz vorgestoßenen Verbände bis zum 25. April die Gegend um Rathenow zu gewinnen.

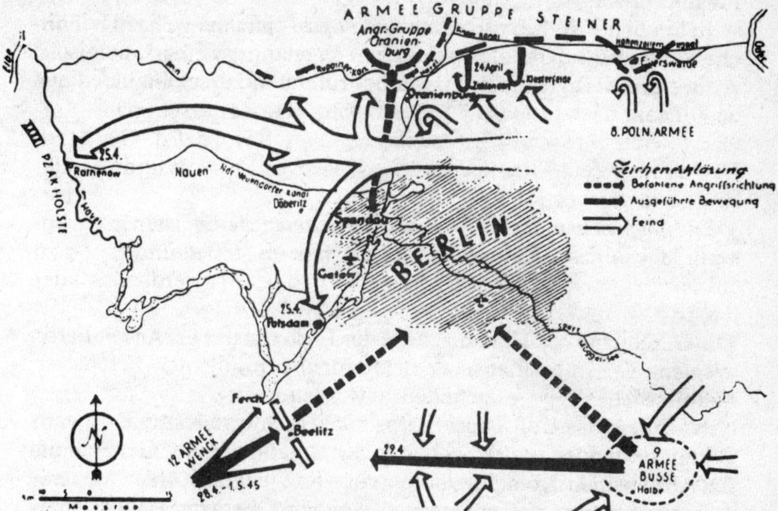

Deutsche Entsatzangriffe vom 24.4.–1.5.1945

Gegen die von Süden vordringenden Russen konnte unter Einbeziehung des XXXXI. Panzer-Korps (General Holste), das von der 12. Armee aus der Elbefront herausgelöst worden war, und mit Teilen von Steiner ein schwacher Abwehrriegel im Anschluß an die nordwestlich Oranienburg stehenden Kräfte gebildet werden. Die Führung zwischen der unteren Havel und der Gegend südlich Neuruppin übernahm General der Infanterie von Tippelskirch mit dem Armeestab der 21. Armee.

Im Norden von Berlin hatte am 23. April SS-Obergruppenführer Steiner von der Heeresgruppe Weichsel den Befehl erhalten, einen Entlastungsangriff nach Süden zu führen. Hierfür standen ihm etwa sieben Bataillone von ungleichem Kampfwert zur Verfügung. Der Angriff begann in der Frühe des 24. April. Er wurde gegen einen schwachen und überraschten Feind bis in die Linie Zehlendorf (Kreis

Niederbarnim) – Klosterfelde (etwa 10 km südlich des Finow-Kanals) vorgetragen. Vor dem sodann einsetzenden Druck überlegener Feindkräfte wichen die deutschen Verbände auf ihre Ausgangsstellungen zurück.

In ähnlicher Weise, wie durch den Angriff Steiner, wurden feindliche Kräfte bei Eberswalde gebunden. Tagelang griff die 8. polnische Armee den dortigen deutschen Brückenkopf an, ohne ihn beseitigen zu können.

Das Hineinziehen des LVI. Panzerkorps nach Berlin vom 23. auf den 24. April und die Kämpfe in der Stadt

Die Geschichte des Hineinziehens des LVI. Panzerkorps nach Berlin verdient als symptomatischer Beleg für die turbulenten Befehlsverhältnisse jener Tage festgehalten zu werden.

Nachdem das LVI. Panzerkorps bereits schwere Kämpfe ostwärts Berlin bestanden hatte, gab der Kommandierende General am 22. April seinen Kommandeuren vom Regiments-Kommandeur an aufwärts bekannt, daß er einerseits von dem Oberbefehlshaber der 9. Armee Befehl erhalten habe, Anschluß an dessen Armee zu nehmen, und anderseits habe ihm Hitler befohlen, mit seinem Korps nach Berlin zu gehen. Da der Kommandierende General und seine Kommandeure sich bei Lage der Dinge darüber klar waren, daß ein Hineinziehen des Panzerkorps in das zertrümmerte Berlin den sicheren Untergang des Korps bedeuten würde, entschloß sich der Kommandierende General zum sofortigen Übergang über die Spree, um bei Königswusterhausen Anschluß an die 9. Armee zu suchen. Doch am Abend des 23. April erhielt General Weidling den kategorischen Befehl Hitlers, nunmehr unverzüglich in die Reichskanzlei zu kommen. In diesem Befehl wurde Weidling mit dem Tode bedroht, falls er nicht erschiene. Man war allgemein der Ansicht, daß der General erschossen werden solle, weil sein Korps von den Russen zurückgeworfen war. Jedoch es kam anders. Weidling machte auf Hitler einen so hervorragenden Eindruck, daß er ihn zum Befehlshaber des Verteidigungsbereichs Berlin unter gleichzeitiger Belassung als Kommandierenden General des LVI. Panzerkorps machte. Als General Weidling sich bei

Hitler gemeldet hatte, sagte er zu ihm: „Die Lage muß sich bessern. Die 9. Armee (Busse) wird nach Berlin vorstoßen und dem Gegner zusammen mit der 12. Armee (Wenck) einen Schlag versetzen, der gegen die Südfront der Russen erfolgen wird. Von Norden werden die Truppen Steiners angreifen und zum Schlag gegen den nördlichen Flügel ausholen."

Nach seiner Ernennung zum Befehlshaber des Verteidigungsbereichs Berlin zog General Weidling sein LVI. Panzerkorps vom 23. auf 24. April nach Berlin hinein.

Nunmehr wurden die örtlichen Besatzungen, die sich kaum mehr der feindlichen Angriffe erwehren konnten, durch kampferprobte Fronteinheiten verstärkt. Besonders im Osten der Stadt hatte sich die Lage bedrohlich entwickelt.

General Weidling hatte zunächst angeordnet, daß je 2 der insgesamt 8 vorhandenen Berliner Verteidigungsabschnitte jeweils unter den Befehl eines der 4 Divisionskommandeure des Panzerkorps treten sollten. Die Abschnittseinteilung lief von Nordosten beginnend mit Abschnitt A im Sinne des Uhrzeigers bis zum Abschnitt H. So reichte beispielsweise der Abschnitt D von Zehlendorf (einschließlich) bis Neukölln (einschließlich).

Diese Regelung war vermutlich in der Absicht getroffen worden, einmal eine – wie angenommen wurde – gut eingespielte Befehlsorganisation zu übernehmen und zum anderen frontbewährte und -erfahrene Kommandeure maßgebend in die Verteidigung einzuschalten. Diese Maßnahmen des Kommandierenden Generals und neuen Befehlshabers im Verteidigungsbereich brachte – obwohl im Prinzip unter den gegebenen Verhältnissen richtig – Reibungen mit sich, wenn zwei starke Persönlichkeiten aufeinanderstießen. Dieser Fall trat im Abschnitt A ein, in welchem der aggressive Oberstleutnant Bärenfänger führte. Es kam zwischen ihm und dem neuen Abschnittskommandeur, Generalmajor Mummert, Kommandeur der Panzerdivision Müncheberg, zu ernsten Auseinandersetzungen.

Die Verbände des LVI. Panzerkorps wurden je nach Gefährdung und Wichtigkeit der Verteidigungsabschnitte eingesetzt wie folgt: 20. Panzerdivision mit ihren Resten um Wannsee, im Südwesten der Stadt. Panzerdivision Müncheberg im Süden und Südosten. Sie besaß noch etwa 15–20 Panzer. Panzergrenadierdivision Nordland, die aus skandinavischen Freiwilligen sowie einem französischen Sturmbataillon bestand, und Restteile der Panzergrenadierdivision Nederland im Ostabschnitt. 18. Panzergrenadierdivision im Norden und Süden des Abschnitts „Zoo".

Reste anderer Frontverbände, wie z. B. Trümmer der 9. Fallschirmjägerdivision, wurden aufgeteilt.

Die Stärke, Kampfkraft und Kampfwert der Verbände waren unterschiedlich. Die Division Müncheberg und die 18. Pz.Gren.Div. waren mit halber Gefechtsstärke, obwohl abgekämpft, doch noch als kampffähig anzusprechen. Ähnlich, vielleicht im Kampfwert etwas schwächer, war die Division Nordland zu bewerten.

Die 20. Panzerdivision und Restteile der Division Nederland waren so stark angeschlagen, daß sie nur geringen Kampfwert besaßen; desgleichen der Rest der aufgeriebenen Einheiten und Splittergruppen.

Das zum LVI. Panzerkorps gehörige Volksartilleriekorps 408 hatte mit mehr als zwei Dritteln seiner Geschütze Berlin erreichen können. Es besaß jedoch fast keine Munition mehr.

Insgesamt waren jetzt an Artillerie im Verteidigungsbereich Berlin eingesetzt:

die schwache bodenständige Artillerie mit Geschützen ausländischer Herkunft, das Volksartilleriekorps 408 und die Artillerie der Divisionen des LVI. Panzerkorps.

Die Schwierigkeit lag darin, für die nach Berlin hineingeführte Artillerie Stellungen zu finden. Als Stellungsräume boten sich im Innern der schon durch den Bombenkrieg weitgehend zerstörten Stadt nur an: der Tiergarten, einige größere Plätze, wie Lützowplatz, Belle-Alliance-Platz, Lustgarten, Alexanderplatz usw. sowie das Eisenbahngelände am Potsdamer und Anhalter Bahnhof.

Der nunmehr vom LVI. Panzerkorps gestellte Artilleriekommandeur des Verteidigungsbereichs arbeitete eng mit der 1. Flakdivision zusammen. Beider Gefechtsstände lagen im Flakleitstand „Zoo". Im Zusammenwirken mit den schweren Zwillingsflakgeschützen der Flakbunker wurden Schwerpunkte artilleristischer Abwehr gebildet.

Die außer den zirka 60000 Volkssturmleuten im eingeschlossenen Berlin stehenden Verbände dürften etwa einer Personalstärke von 4–5 Divisionen, dabei höchstfalls 40–50 Panzer, entsprochen haben. Mit Ausnahme der wenigen intakten Verbände, insbesondere des LVI. Panzerkorps und der SS-Brigade Mohnke, handelte es sich nicht um organisch zusammengewachsene Truppenteile, sondern – wie schon dargelegt – um bunt zusammengewürfelte Splittergruppen und ein

Gemisch von Einheiten, die nicht in den Rahmen einer festen Gliederung eingespannt waren. Bei unterschiedlicher Ausbildung, Bewaffnung und Ausrüstung war ihr Kampfwert entsprechend niedrig.

Die Angriffe zum Entsatz von Berlin vom 24. bis 28. April

Während sich die Kämpfe in Berlin zu immer größerer Erbitterung steigerten, wurde das Angriffsunternehmen des XX. Armeekorps (Köhler) der 12. Armee aus dem Raum Niemegk in Richtung Trebbin vorbereitet.

Am Abend des 24. April erhielt die 12. Armee den OKW-Befehl für den Angriff zum Freikämpfen von Berlin. Durch das Vordringen der Truppen des Marschalls Konjew im Süden von Berlin war die 12. Armee ab 25. April 1945 gezwungen, den Feind in beweglicher Kampfführung zu stellen, um sein weiteres Vorgehen zu verzögern. Der Aufbau einer zusammenhängenden Front gelang in dem weiträumigen Operationsgebiet der 12. Armee nicht mehr. Dem Feind wurden durch Einzelunternehmen erhebliche Verluste zugefügt.

Das an dem Nordflügel der Armee stehende schwache XXXXI. Panzerkorps (General Holste) sollte auf Nauen angreifen. Unter den besonderen Schwierigkeiten der Beweglichmachung bestand wenig Aussicht auf Erfolg.

Die drei Divisionen des zum Angriff bereitgestellten XX. Korps hatten volle Personalstärke, aber waren schwach motorisiert, besaßen zu wenige Sturmgeschütze, waren unzureichend bewaffnet und hatten unzulängliche Führungsmittel. Doch trotz dieser Mängel hatte laut General Wenck die Truppe einen hervorragenden Kampfwillen; ihr Führercorps war ausgesucht gut.

Schon seit dem 23. April 1945 hatte General Busse versucht, seine 9. Armee aus drohender Einkesselung südostwärts von Berlin herauszubringen, um sie vor der Vernichtung zu retten, obwohl General Krebs, Chef des Gen.Stabes des Heeres, aus der Reichskanzlei die Genehmigung, nach Westen zurückzugehen, nicht geben wollte. Schließlich – nach vielem Hin und Her – unter Einschaltung des Oberbefehlshabers der Heeresgruppe Weichsel, Generaloberst Heinrici, gelang es, die Entscheidung Hitlers herbeizuführen. Sie lautete: „Der

Führer ist einverstanden mit der Zurücknahme des äußersten Nordostpunktes der 9. Armee in eine bestimmte Linie." – Diese allgemeine Formulierung wurde von der Heeresgruppe Weichsel in den klaren Befehl umgesetzt: „Durchbruch nach Westen. Rechte Schulter an Autobahn Südring zur Vereinigung mit Wenck. Bindungen Ostfront entfallen."

Während sich in den Befehlen an die 12. und 9. Armee die Hoffnung auf Vereinigung beider Armeen und ein gemeinsames Freikämpfen Berlins ausdrückte, fand am selben Tage die Vereinigung zwischen Sowjets und Amerikanern bei Torgau an der Elbe statt. Die Sowjets meldeten hierüber: „Die Truppen der 1. Ukrainischen Front und die mit uns verbündeten englisch-amerikanischen Truppen haben durch einen Vorstoß von Osten und von Westen die Front der deutschen Truppen aufgespalten und sich am 25. April um 13.30 Uhr im Zentrum Deutschlands, im Raum der Stadt Torgau, vereinigt. Damit sind die deutschen Truppen in den südlichen Gebieten Deutschlands abgeschnitten . . ."

Hitler bekundete an diesem Tage eine besondere Anteilnahme an einem beschleunigten Eingreifen der Armeegruppe Steiner von Norden her in die Schlacht von Berlin. Steiner sollte dazu aus dem Raum nordwestlich Oranienburg mit 25. Pz.Gren.Div. und unterstellter Kampfgruppe 7. Panzerdivision gegen die tiefe Flanke des auf Nauen nach Westen vorstoßenden Russen angreifen.

Inzwischen hatte jedoch der Russe im Großangriff südlich Stettin am 25. April die Front der 3. Panzer-Armee durchbrochen. In einem Fernschreiben Hitlers an Generaloberst Jodl (OKW) und 12. Armee, das am 26. April, 0.25 Uhr, beim OKW eintraf, wurde gefordert, daß die Verbreiterung des bereits ausgedehnten sowjetischen Brückenkopfes zu verhindern sei. An diesem 26. April 1945 befahl Hitler, daß die 9. und 12. Armee nach ihrer Vereinigung nach Norden eindrehen sollten, um den Feind im südlichen Teil Berlins zu vernichten und eine Verbindung zur Reichshauptstadt herzustellen.

Hitler hielt auch weiter an dem Entlastungsangriff von Norden her fest.

Der Antrag des Oberbefehlshabers Heeresgruppe Weichsel auf Einstellung des Angriffs wurde abgelehnt, obwohl inzwischen die Ausweitung des russischen Brückenkopfes südlich Stettin operative Bedeutung gewonnen hatte. Die Führung der in Linie Fürstenberg–Neustrelitz–Neubrandenburg einzusetzenden Eingreifreserven übernimmt das Armee-Oberkommando 21 unter General der Infanterie von Tippelskirch.

Nach Angriffen überlegener Feindkräfte am 26. April gegen den von der 25. Pz.Gren.Div. gebildeten Brückenkopf südlich des Ruppiner Kanals schwanden die deutschen Angriffsaussichten noch mehr als zuvor. Mit „Führerbefehl" vom 27. April forderte Hitler, die Angriffsgruppe Oranienburg (verstärkte 25. Pz.Gren.Div.) dem XXXXI. Panzerkorps (General Holste) zu unterstellen. SS-Obergruppenführer Steiner sollte ausgeschaltet werden. Im Laufe des 27. April wandelte sich die Lage weiter zuungunsten der Deutschen.

Um 15.00 Uhr wurde klar, daß der Feind die 3. Panzerarmee bei Prenzlau durchbrochen hatte. Reserven standen nicht mehr zur Verfügung. Die verstärkte 25. Pz.Gren.Div. mußte unter Entbindung von ihrer bisherigen Angriffsaufgabe nunmehr zum Stoß in die Südflanke des durchgebrochenen Gegners angesetzt werden. Aber immer noch klammerte sich das OKW daran, später den Angriff bei Oranienburg fortzusetzen. Es befahl, den dortigen Brückenkopf besetzt zu halten.

Der Heeresgruppe Weichsel wurden am 27. April neu unterstellt: 12. Armee und Infanteriedivision Schlageter.

In einem am 28. April um 3.00 Uhr zwischen Feldmarschall Keitel und dem bei Hitler in der Reichskanzlei befindlichen Chef des Generalstabs des Heeres, General der Infanterie Krebs, geführten Ferngespräch wurde dieser über das drohende Fehlschlagen des Angriffs aus Norden orientiert. Seine Bitte gipfelte in der Aussage, daß sich Hitler nur noch höchstens 48 Stunden in der Reichskanzlei halten könne. Wenn bis dahin keine Hilfe komme, sei es zu spät! Die Fernsprechverbindung mit der Reichskanzlei riß ab 5.00 Uhr endgültig ab. Nichts konnte die Entwicklung der Lage bis zum 28. April besser kennzeichnen als dieser Hilferuf aus der Reichskanzlei.

Die Verschärfung der Lage in Berlin, die Kämpfe im Stadtinnern

Am 24. April 1945 hatte nach überaus heftiger Artillerievorbereitung, unterstützt durch Luftbombardements, die eigentliche Schlacht um Berlin begonnen. Sie führte in den folgenden Tagen zu einer ständig sich verschärfenden Lage. Die Verteidiger wurden in schweren Straßenkämpfen gegen die aus allen Stadtteilen angreifenden Truppen der Roten Armee auf die Ringbahn zurückgeworfen.

Nach planmäßiger Feuervorbereitung drang der Feind, unterstützt durch Panzer, schwere Waffen, Pioniere und Flammenwerfer, von Haus zu Haus und Straße zu Straße vor. In allen Listen des Ortskampfes erfahren, unter Aufsparung und Umgehung starker deutscher Widerstandsnester, infanteristisch stark, mit Reserven reichlich versorgt, brach er die deutschen Stellungen auf, deren Verteidiger sich in ständiger Abwehr erschöpften. Ihre Kampfstärke sank von Tag zu Tag, und nicht gering war die Zahl derer, die physisch und psychisch den unablässigen Belastungen nicht mehr gewachsen waren.

Zwei Augenzeugenberichte mögen das Ausmaß und die Härte der Schlacht bezeugen. Ein Ordonnanzoffizier der Division Müncheberg, die unter dem Befehl des Generals Mummert stand, berichtete:[1]

„25. April: 5.30 Uhr. Angriff neuer massierter Panzerkräfte. Zum Rückzug gezwungen. Befehl aus der Reichskanzlei: Division „Müncheberg“ zur sofortigen Entlastung zum Alexanderplatz. 9 Uhr: Befehl widerrufen, als Abmarsch schon im Gange. Russen dringen gegen 10 Uhr unaufhaltsam auf Flughafen Tempelhof vor. Neue Hauptkampflinie Rathaus Schöneberg – Hallesches Tor – Belle-Alliance-Platz. Schwere Straßenkämpfe. Viele gefallene Zivilisten. Sterbende Tiere. Frauen auf der Flucht von Keller zu Keller . . . Neuer Befehl: Zum Alexanderplatz . . .

26. April: Brandrote Nacht. Schweres Artilleriefeuer . . . Gegen 5.30 Uhr von neuem furchtbares Trommelfeuer . . . Rückzug zum Anhalter Bahnhof . . .

Neuer Gefechtsstand Anhalter Bahnhof. Bahnsteige und Schalterräume gleichen einem Heerlager . . . Die Einschläge erschüttern die Tunneldecke. Betonstücke brechen herab. Pulvergeruch und Rauchschwaden in den Schächten. Lazarettzüge der S-Bahn, die langsam weiterrollen. Plötzlich eine Überraschung. Wasser spritzt in unseren Gefechtsstand. Schreie, Weinen, Flüche, Menschen, welche um die Leitern kämpfen, die durch die Luftschächte an die Oberfläche führen. Die Massen stürzen über die Schwellen. Lassen Kinder und Verwundete zurück . . . Das Wasser steigt einen Meter und mehr, bis es sich langsam verläuft. Noch stundenlang entsetzliche Angst und Pa-

[1] Auszugsweise Wiedergabe aus Jürgen Thorwald „Die große Flucht“, Droemer Knaur München 1979

nik. Viele Ertrunkene. Ursache: Pioniere haben auf irgendwessen Befehl die Schottenkammer des Landwehrkanals zwischen Schöneberger und Möckern-Brücke gesprengt, um die Schächte gegen das unterirdische Vordringen des Feindes zu überfluten ... Am Spätnachmittag zum Potsdamer Platz. Gefechtsstand in der 1. Etage, da untere Schächte noch hoch unter Wasser. Einschläge durch die Fahrdecke. Schwere Verluste unter Verwundeten und Zivilisten. Qualm dringt durch die Einschlagslöcher ... Nach einem schweren Einschlag unterhalb des ersten Treppenabsatzes beim Bahnhofseingang beim Pschorrbräu grauenhafter Anblick: Männer, Soldaten, Frauen, Kinder kleben buchstäblich an den Wänden ...

27. April: In der Nacht anhaltende Angriffe. Russen versuchen Durchbruch zur Leipziger Straße. Prinz-Albrecht-Straße wird zurückgenommen ... Zunehmende Auflösungserscheinungen ... Aber man darf nicht im letzten Augenblick kapitulieren und hinterher ein Leben lang bereuen, nicht durchgehalten zu haben. Die körperliche Verfassung ist unbeschreiblich. Weder Ablösung noch Ruhe. Keine regelmäßige Verpflegung. Kaum noch Brot. Nervenzusammenbrüche unter dem dauernden Artilleriefeuer. Wasser wird aus den Schächten und aus der Spree gepumpt und filtriert ...

Fliegende Gerichte tauchen heute bei uns besonders häufig auf. Meistens ganz junge SS-Führer. Kaum eine Auszeichnung. Blind und fanatisch. Die Hoffnung auf Entsatz und gleichzeitig die Furcht vor den Gerichten rappelt die Männer wieder auf.

General Mummert verbittet sich jedes weitere Auftauchen eines Feldgerichts in seinem Verteidigungsabschnitt. Eine Division, die die meisten Ritterkreuz- und Eichenlaubträger besitzt, verdient es nicht, von so jungen Kerlen verfolgt zu werden. Mummert ist entschlossen, ein Feldgericht, das bei ihm eingreift, persönlich niederzuschießen.

Der Potsdamer Platz ist ein Trümmerfeld. Die Menge der zerschlagenen Fahrzeuge ist nicht zu übersehen. Die Verwundeten liegen noch in den zusammengeschossenen Sankas. Tote überall. Zum großen Teil von Panzern überfahren und gräßlich verstümmelt.

Abends Versuch, zum Propagandaministerium durchzukommen, um in den Regierungsgebäuden irgendeine Nachricht über Wenck ... zu erhalten. Gerüchte, daß auch die 9. Armee unterwegs nach Berlin ist. Im Westen ist ein allgemeiner Friedensschluß im Gange. Bei Einbruch der Nacht das schwerste Feuer auf die Innenstadt. Gleichzeitig Angriffe gegen unsere Stellung. Wir können uns am Potsdamer Platz nicht mehr halten und verlegen gegen 4 Uhr morgens unterirdisch zum Nollendorf-Platz. Auf der Gegenfahrbahn marschiert der Russe durch den Schacht zum Potsdamer Platz."

So kämpften die Verteidiger Berlins in der Hoffnung, doch noch entsetzt zu werden, einen verzweifelten Kampf.

Als weiterer Augenzeuge schilderte der Artilleriekommandeur des LVI. Panzerkorps, Oberst Wöhlermann, die Lage: „Brennpunkte der Abwehr waren am Friedrichshain; der Alexanderplatz mit dem Polizeipräsidium; das Luftfahrtministerium und der Leipziger Platz. Während in Steglitz der ‚Birkbuschriegel' hielt, stand der Russe in Zehlendorf ‚Unter den Eichen' und in Dahlem am ‚Wilden Eber'. Bis in die letzten Apriltage waren noch frei: die Stößensee-Brücke, das Gelände am Funkturm und der Weg über Ruhleben nach Spandau. Nach Charlottenburg drangen die Sowjets über Bahnhof Jungfernheide und Gartenfeld ein. Sie gewannen in schnellem Anlauf das Salzufer gegenüber der Technischen Hochschule. Weit überlegene Feindkräfte griffen durch den kleinen Tiergarten und am Kriminalgericht vorbei bis zur Spree an und erzwangen gegen erbitterte Abwehr den Übergang über die ungenügend gesprengte Moltkebrücke und nahmen den Ruinenblock des Reichstages in Besitz." Hierüber meldeten die Sowjets: „Am 30. April hißten die Sergeanten Kantarija und Jegorow, Soldaten des Bataillons unter dem Befehl von Hauptmann Neustrojew, das Siegesbanner der Roten Armee über dem Reichstagsgebäude."

Hart gekämpft wurde an der Corneliusbrücke und am Savarin, Ekke Budapester und Nürnberger-Straße, um das Eden-Hotel und die alte Heereskleiderkasse. Einige Sowjetpanzer, die in den Zoologischen Garten eingedrungen waren, beschossen die Fensterblenden der Flaktürme am Zoo. Die Plattform der Flaktürme und ihre Umgebung lagen von nun ab ständig unter Feuer.

Nach der Aussage von Oberst Wöhlermann „hatte man von der Plattform des Flakgeschützturmes mit seiner gewaltigen Höhe einen umfassenden Überblick auf die brennende, schwelende und rauchende Riesenstadt, der einen immer wieder auf das tiefste erschütterte".

Um die Reichskanzlei, in der sich Hitler und seine Gefolgschaft befanden, war der Verteidigungsbereich „Zitadelle" entstanden. Er war dem SS-Brigadeführer Mohnke unterstellt. Er befehligte etwa 1 000 Soldaten, darunter Balten, viele Franzosen, Belgier, Flamen, Holländer, Skandinavier, Schweizer, Engländer und Spanier. Alle waren freiwillig der SS beigetreten. Sie kämpften erbittert gegen den Ansturm der Sowjets auf das Zentrum der Stadt. Das SS-Sturmbataillon Charlemagne vernichtete in 8 Tagen über 60 Feindpanzer. Es erlitt hohe Verluste. Von 300 Soldaten, die noch am 24. April in die Stadt verlegt worden waren, erlebten nur 30 den 2. Mai 1945, nachdem sie bis zuletzt gekämpft hatten.

In all diesem Chaos waren die Einwohner Berlins den Schrecken des Krieges und insbesondere die weibliche Bevölkerung der Gier der Eroberer preisgegeben. Zu gleicher Zeit wurden Durchhalteparolen verkündet, und Exekutionskommandos, meist aus Parteifunktionären zusammengestellt, versuchten in blinder Abhängigkeit von Goebbelscher Propaganda jeglichen „Defaitismus" und „Verrat" mit Tod und Todesdrohung auszumerzen.

Das Fehlschlagen der Entsatzangriffe auf Berlin

Im Südwesten Berlins hatte die 12. Armee mit dem XX. Korps am 28. April einen begrenzten Angriffserfolg erringen können. Es war ihr gelungen, bis zur Linie Beelitz – Ferch – Petzow vorzudringen. Die Verbindung mit der unter Führung des Generals Reymann stehenden Besatzung von Potsdam wurde hergestellt. Sie entzog sich dem feindlichen Zugriff auf dem Wasserwege und wurde bei Ferch an der Südwestspitze des Schwielow-Sees von der 12. Armee aufgenommen.

Von der in Gegend Halbe eingekesselten 9. Armee traf in den frühen Morgenstunden des 28. April die Meldung ein, daß der Durchbruchsversuch mißglückt sei. Die 9. Armee steckte im Kessel von Märkisch Buchholz. Sie war, zusammengepfercht mit der Zivilbevölkerung, in einer verzweifelten Lage. Die Luftversorgung der Armee mißglückte, die Funkverbindung brach am 29. April ab. Man wußte bei den höheren Kommandobehörden nicht, wo die Armee stand und was mit ihr geschehen war, obwohl die Entfernung nach Beelitz, wo sie sich mit der 12. Armee (Wenck) vereinigen sollte, nur etwa 70 km betrug.

Am 28. und 29. April mußte sich die 12. Armee überall heftiger Feindangriffe, die einen Entsatzangriff auf Berlin unmöglich machten, erwehren. Das OKW mußte dies notgedrungen einsehen. Auch das Korps Holste konnte seinen Auftrag, auf Berlin anzugreifen, wegen starker feindlicher Angriffe nicht durchführen.

Inzwischen hatte Generaloberst Heinrici, der verantwortungsbewußte Oberbefehlshaber der Heeresgruppe Weichsel, in Erkenntnis der immer unhaltbarer werdenden Lage seiner Verbände seinen rechten Flügel hinter den Havel-Voss-Kanal-Verlauf der Havel zurückgezogen, um nicht nutzlos seine Truppen zu opfern. Ein Angriff aus nördlicher Richtung auf Berlin war sinnlos und unmöglich geworden. Generaloberst Heinrici wurde seines Postens enthoben, weil man der Fiktion huldigte, daß Berlin durch seine Armeen freigekämpft werden könnte, obwohl dies völlig unmöglich war. Er lehnte es ab, in dieser Situation der unabwendbaren drohenden Niederlage noch sinnlos Menschenleben zu opfern. Unter größten Verlusten war es bis zum 1. Mai frühmorgens den Resten der 9. Armee gelungen, aus der Einkesselung zu entkommen und sich mit der 12. Armee bei Beelitz zu vereinen. Die Armee des Generals Busse konnte nicht mehr kämpfen. In dem Waldgebiet von Märkisch Buchholz, Halbe und Teupitz blieben Zehntausende an Soldaten und Flüchtlingen zurück. Nur wenige überlebten. Dies wäre nicht eingetreten, wenn dem General rechtzeitig erlaubt worden wäre, sich zurückzuziehen. Der Soldatenfriedhof von Halbe birgt etwa zwanzigtausend meist unbekannte Gefallene.

Auf die verzweifelte Anfrage Hitlers nach Entsatz wurde vom OKW am 30. April 1945 frühmorgens durch Funk die Aussichtslosigkeit, Berlin noch entsetzen zu können, bestätigt.

Der 12. Armee und nur etwa 30000 Mann der 9. Armee, die zur 12. Armee durchbrechen konnten, gelang das Absetzen nach Westen. Sie ergaben sich den Amerikanern, während die Masse der Heeresgruppe Weichsel auf die britisch-amerikanischen Linien zurückging.

Der Endkampf und die Kapitulation von Berlin

Auch die Kämpfe in Berlin näherten sich ihrem Ende. Die Reste der Verteidiger konzentrierten sich in der sogenannten „Festung Zitadelle“ um die Reichskanzlei; um die „Festung Bendlerblock“ und „Festung Zoobunker“. Vom Zoo führte ein schmaler Schlauch nach Westen. Das Reichssportfeld, die Spree (südostwärts Spandau) und das

Westufer der Havel zwischen Spandau und Wannsee wurden noch gehalten. Befehle und Gegenbefehle zum Ausbruch aus Berlin oder Fortsetzung des Kampfes in der Stadt erregten die Gemüter. Sie richteten große Verwirrungen an.

Ebenfalls war der Tod Hitlers, der am 30. April Selbstmord begangen hatte, bekannt geworden.

General Weidling hatte am 30. April um 13.45 Uhr ein mit Hitlers Unterschrift versehenes Schriftstück, datiert: „Reichskanzlei, den 30. April 1945, 13.30 Uhr" erhalten. Darin war den Verteidigern zwar freigestellt, aus Berlin auszubrechen, jedoch verboten, zu kapitulieren. Als Weidling bereits die Erlaubnis zu selbständigen Ausbruchsversuchen gegeben hatte, verbot Goebbels, dem durch Hitlers Testament das Amt des Reichskanzlers übertragen worden war, den Ausbruch. Gleichzeitig teilte er mit, daß er mit den Russen verhandeln wolle. Weidling zog daraufhin seine Genehmigung zurück.

Die im Auftrage Goebbels' durch General Krebs mit General Tschuikow geführten Kapitulationsgespräche verliefen ergebnislos. Kurz darauf beging Goebbels Selbstmord.

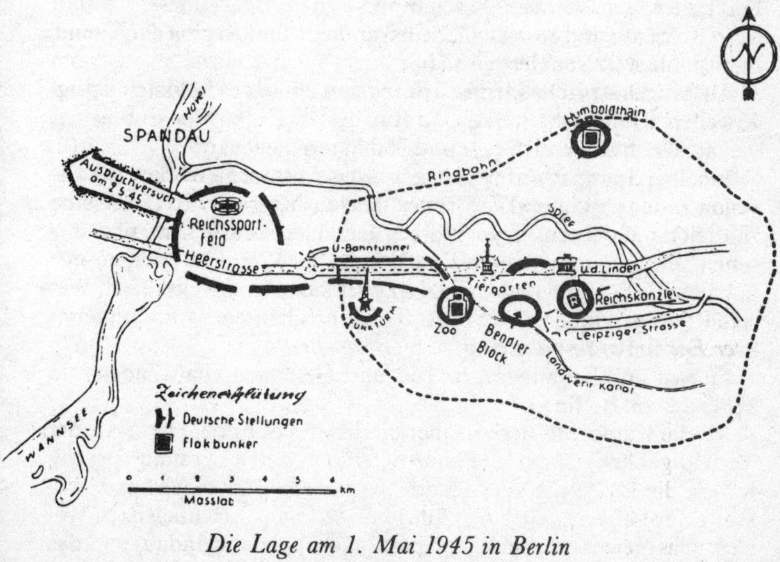

Die Lage am 1. Mai 1945 in Berlin

Auch ein Kapitulationsangebot des Staatssekretärs Hans Fritzsche, das er in Unkenntnis der Goebbelsschen Aktion machte, wurde von den Sowjets nicht angenommen.

Nunmehr griff General Weidling ein und faßte den Entschluß zur Kapitulation. Die Russen forderten die bedingungslose Übergabe. Eine Fortsetzung des Kampfes war sinnlos geworden. Die Kapitulation trat am 2. Mai 1945 in Kraft.

In dem Bericht des Informationsbüros der Sowjetunion hieß es: „Die die Stadt verteidigende Berliner Besatzung stellte um 15.00 Uhr des 2. Mai mit dem Befehlshaber der Verteidigung von Berlin, General der Artillerie Weidling und seinem Stab an der Spitze, den Widerstand ein, streckte die Waffen und gab sich gefangen."

Die Kapitulation wurde von den im Zentrum stehenden Truppen Weidlings befolgt. Doch in anderen Bezirken der Stadt kämpfende Einheiten hatten lediglich den vorhergehenden Ausbruchsbefehl und keinen Widerruf oder gar keinen Befehl erhalten. Sie wollten sich ebensowenig ergeben wie die das Regierungsviertel verteidigende SS. Noch tagelang wurde weitergekämpft. In der hektischen Untergangsstimmung, die die Stadt befallen hatte, wurden Soldaten, die kapituliert hatten, als „Verräter" beschimpft.

In Halensee und an verschiedenen anderen Stellen ging der Kampf buchstäblich bis zum letzten Mann.

Ausbruchsversuche kleiner Trupps und einzelner Soldaten waren zuweilen erfolgreich. Stärkere Kräfte, die bei Pankow auszubrechen versuchten, blieben im Feuer und Nahkampf liegen.

Ein über Spandau auf Nauen angesetzter Massenausbruch der Division Müncheberg und von Teilen der 18. Pz.Gren.Div., denen sich zahlreiche Zivilisten angeschlossen hatten, gelangte trotz unwahrscheinlich hoher Ausfälle bis nach Staaken. Von dort konnten nur noch kleine Gruppen oder Einzelgänger kämpfend weiter nach Westen Raum gewinnen. Die Masse der Ausbrechenden wurde aufgerieben oder fiel in Feindeshand.

In Not und Trümmern, in Tod und Gefangenschaft endete die Schlacht von Berlin.

Zerschossener deutscher Spähwagen im Innenhof der umkämpften Reichskanzlei.

Der Eingang zum Führerbunker in der Reichskanzlei.

Treffer von Granatsplittern und kyrillische Schriftzeichen auf der Bronzeplatte der Reichskanzlei nach der Einnahme von Berlin.

Das Ende der Schlacht um Berlin.

Schlacht um Berlin. Alte und junge Soldaten mit Panzerfaust.

Der Kommandant eines im Kampf um Berlin in Brand geschossenen Sowjetpanzers, der noch aus dem Wrack aussteigen konnte, brüllt seine Kameraden vor Erregung an, den Kampf fortzusetzen.

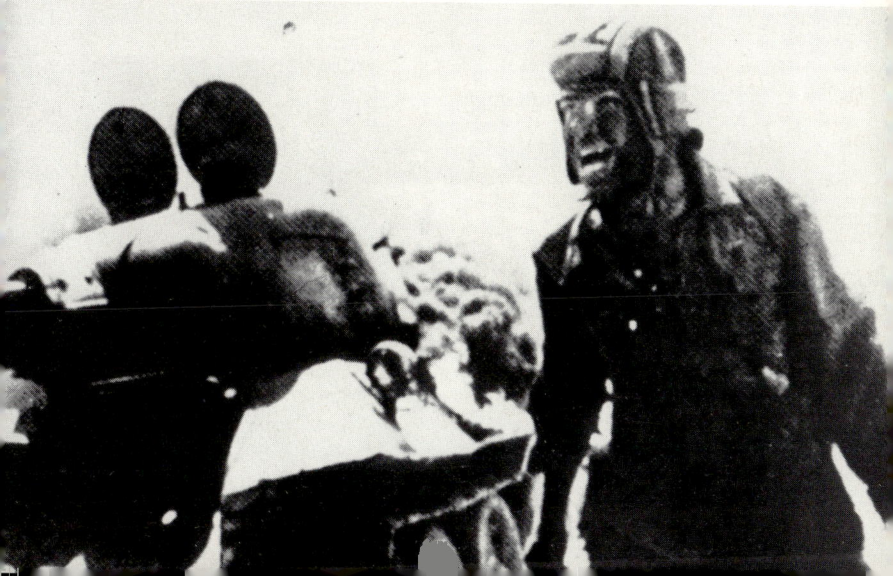

Russische Infanterie stürmt durch das brennende Tiergartenviertel auf die Reichskanzlei zu.

Das Ende in Berlin, Mai 1945. Nach dem Straßenkampf.

3. Teil

Rückblende auf das Geschehen 1945

Joachim Schultz-Naumann, der Schreiber des Kriegstagebuches des Oberkommandos der Wehrmacht, und Wolfgang Paul, Verfasser der Weltkriegstrilogie „Entscheidung im September“, „Der erfrorene Sieg“, „Der Endkampf um Deutschland“ haben die Endphase des Krieges aus damaliger und heutiger Sicht wiedererstehen lassen. Schultz-Naumann hat sich bemüht, die 35 Jahre zurückliegenden Geschehnisse aufgrund persönlicher Erinnerungen und stichwortartiger Notizen wiederzugeben.

Paul: Sie sind einer der wenigen Offiziere der Front, die in den letzten Wochen des Krieges in die Wehrmachtführung aufgenommen wurden. Sie hatten die Flucht aus Westpreußen als Beinamputierter überlebt, waren in Deutsch-Krone bei einem Festungskommandanten Ia und gerieten dann nach Zossen in den Wehrmachtführungsstab Lager „Zeppelin“. Kamen Sie in dieses Lager „Zeppelin“ Anfang März 1945 mit einem Fatalismus oder glaubten Sie, daß von dieser höchsten Stelle noch wichtige Entscheidungen ausgehen konnten?

Schultz-Naumann: Mit einem Fatalismus bin ich nicht in dieses Lager gekommen. Ich bin dorthin ganz nüchtern gegangen. Ich hatte mir zur Aufgabe gestellt, meinen Dienst so gut wie möglich zu tun. So hatte ich das den ganzen Krieg über getan. Natürlich wußte ich, in welcher schwierigen Lage wir uns befanden und daß wahrscheinlich in den nächsten Wochen der Krieg für Deutschland unglücklich enden würde. Ich habe auch nicht den Eindruck mitnehmen können, daß große Planungen oder Entscheidungen getroffen werden konnten. Das ließen die Umstände nicht zu.

Paul: Wie sah es denn im Lager „Zeppelin“ aus und wie wurde dort gearbeitet? Soviel ich weiß, mußten dort die Unterlagen für die „Führerlage“ bei Hitler vorbereitet werden.

Schultz-Naumann: Das Lager „Zeppelin“ bei Zossen war weiträumig. Es war unterteilt in Sperrkreise, d. h. für: Oberkommando der Wehrmacht (OKW), Wehrmachtführungsstab (WFSt.), Oberkommando des Heeres (OKH) und andere. Nur mit besonderen Ausweisen und nach zahlreichen Kontrollen kam man hinein. In der Operationsabteilung Heer West, der ich angehörte, herrschte besonders am Vormittag Hochbetrieb, da die Meldungen von der Front ausgewertet und auf der Lagekarte eingetragen werden muß-

ten. Sie mußten zur nachmittäglichen Lagebesprechung gegen 15.00 Uhr bei Hitler vorliegen. Vorher mußte der Wehrmachtbericht durch Wilhelm Ritter von Schramm (nicht identisch mit Professor Percy Schramm) fertiggestellt werden. Generaloberst Jodl, Chef WFSt., mußte seine Einwilligung für die Veröffentlichung geben.
Es war ein Arbeiten unter enormem Zeitdruck. Vor der Lagebesprechung bei Hitler, bei der die Chefs der Operationsabteilungen Heer, Luftwaffe und Marine sowie fallweise einige Abteilungsleiter zugegen sein mußten, fand im WFSt. täglich gegen 11 Uhr eine allgemeine Lagebesprechung unter Vorsitz des Stellvertretenden Chefs des WFSt., Generalleutnant Winter, statt.
Der Arbeitsablauf wurde durch eine schwerfällige und unzweckmäßige Organisation behindert. Hitler saß in der Reichskanzlei, meistens im Bunker. Jodl und Keitel wohnten getrennt in Villen in Dahlem mit einem kleinen Stab. Die Arbeitsstäbe für OKW und WFSt. befanden sich im Lager „Zeppelin". Der Weg für Entscheidungen z. B. über die Westfront ging von der zuständigen Operationsabteilung Heer West, Major d. G. Friedel, zum Chef der Operationsabteilung Heer, Oberst des Generalstabes Meyer-Detring, sodann zum Stv. Chef WFSt., Generalleutnant Winter, von dort zum Chef WFSt., Generaloberst Jodl, und schließlich zum Oberbefehlshaber der Wehrmacht, Hitler.
Um den Ablauf zu beschleunigen, schaltete sich der Chef der Operationsabteilung Heer meistens aus und ließ Major d. G. Friedel direkt an den stellv. Chef des WFSt. berichten.
Der Dienstweg war auch wegen der räumlichen Trennung derart lang, daß kaum schnelle Entscheidungen gefällt werden konnten. Hauptsächlich entstanden Zeitverluste, weil Hitler fast nie rechtzeitig entschied. Er sagte oft etwas gegen die empfohlenen Vorschläge, er verlor sich in Einzelheiten, ging nicht immer auf vernünftige Hinweise ein, hatte zuweilen absurde Einfälle, die sich wiederholt als undurchführbar erwiesen. Auch kam es häufig vor, daß Hitler zu den gemachten Vorschlägen einfach schwieg. Wahrscheinlich konnte sich der Oberste Befehlshaber der Wehrmacht nicht entscheiden oder ihm waren die Vorschläge nicht genehm. Da jedoch die Lage zumeist einen Entscheid kurzfristig erforderte, entschieden die militärischen Führer oftmals selbständig oder die Entscheidung wurde auf die nächste Lagebesprechung, d. h. die sogenannte

„Nachtlage" vertagt. Kostbare Zeit ging verloren, und Entscheidungen kamen oft zu spät, da sich die Situation – wie es im Kriege üblich ist – bereits geändert hatte. Eine straffe Führung fehlte. Bei Mißlingen von Operationen sah er nicht den Fehler bei sich, sondern bei anderen. Daher der hohe Verschleiß an militärischen Führern, die er kaltstellte.

Paul: War es etwas ganz Neues für Sie, in diesem hohen Stab zu arbeiten?

Schultz-Naumann: Daß ich in einen so hohen Stab kam, war für mich neu. Ich war bisher immer an der Front gewesen als Bataillonsadjutant, Kompaniechef, Bataillonsführer und hatte Dienst in Frontgeneralstäben getan. Ich war also über Division und Armeekorps, zumeist Division, nie herausgekommen. Daher habe ich auch die Atmosphäre in einem so hohen Stabe, wie es der Wehrmachtführungsstab war, nicht gekannt. Es war für mich neu und etwas unwirklich. Die Aufnahme war kameradschaftlich und hilfsbereit, zumal ich noch auf Krücken gehen mußte.

Paul: Das Unwirkliche, das man ja auch erleben konnte, wenn man als – ich habe das ja selbst erlebt – Kompanieführer in Rußland gewesen war und dann nach einigen Jahren an der Front in einen Divisionsführungsstab hineingeriet, diese spannende Unwirklichkeit gegenüber dem realen Leben, das man da bisher geführt hatte, das war in meinem Fall zwar nicht so stark und so groß; aber hier ist es doch die Stelle, die das Schicksal des Reiches in seiner letzten großdeutschen Phase mit zu bestimmen hatte. Hatten Sie den Eindruck, daß der Lebensstil und auch die Kameradschaft in dieser Führungsgruppe, zu der Sie dann gehörten, den Vorstellungen entsprach, die man sich bei der Truppe machte?

Schultz-Naumann: Der Lebensstil war einfach. Jeder tat seine Pflicht. Es war bei Unterbringung in einem einfachen Barackenlager alles recht bescheiden. Gearbeitet wurde in festen Häusern. Gegen Fliegerangriffe schützten zwei Stock tiefe Bunker. Wir mußten sie zuweilen aufsuchen. Die Kameradschaft, die ich dort erlebt habe – ich war meistens mit Offizieren meines Alters und etwa meines Jahrganges zusammen, also Major, Oberstleutnant des Generalstabes –, war eng. Es war ein schlichter Stil, wie man ihn in Friedenszeiten gekannt hatte. Es waren eine Reihe von Offizieren da, die mehrere Jahre an der Front verbracht hatten. Sie waren an Entbehrungen und Bescheidenheit gewöhnt.

Paul: Waren Ihnen die Herren, die Sie dort trafen, bekannt?

Schultz-Naumann: Ja, einige kannte ich aus den Kämpfen in Rußland und von der Invasionsfront in Frankreich. Mit dem Major des Generalstabes Friedel war ich aus Friedenszeiten befreundet. Wir waren als Regimentskameraden im Infanterie-Regiment 96 in Deutsch-Krone, Grenzmark Posen – Westpreußen, zusammen gewesen. Er ist leider bei Ende des Krieges durch einen Autounfall ums Leben gekommen, nachdem er noch vorher als Mitglied der deutschen Abordnung unter Generaladmiral von Friedeburg an den Kapitulationsverhandlungen gegenüber Feldmarschall Montgomery teilgenommen hatte.

Paul: Ich meine nicht nur persönliche Bekanntschaft, sondern auch die allgemeine Bekanntschaft, daß also die Divisionen wußten, wer da oben die einzelnen Dinge bearbeitete?

Schultz-Naumann: Ja, doch. Ich wußte natürlich, welche Funktionen Feldmarschall Keitel als Chef des Oberkommandos der Wehrmacht und Generaloberst Jodl als Chef des Wehrmachtführungsstabes hatten. Das war auch in der Truppe bekannt.

Paul: Aber wußte man z. B., daß der Oberst des Generalstabes Poleck, der die Quartiermeisterfragen behandelte, verantwortlich war für die Logistik, wie man das heute nennt?

Schultz-Naumann: Nein, diese Einzelheiten wußte man nicht; höchstens dann, wenn ein Frontkommandeur oder Frontgeneralstabsoffizier eine persönliche Bindung nach dort oben hin hatte. Ich kannte Oberst Poleck in seiner Eigenschaft als Oberquartiermeister im Wehrmachtführungsstab. Er mußte in dieser überaus kritischen Phase des Krieges die schwierigen Versorgungsaufgaben lösen.

Paul: Es gab neben der Wehrmachtführung damals auch noch besonders im Raum Berlin die Partei, die NSDAP. Haben Sie in Zossen mit der NSDAP oder einer ihrer Gliederungen irgendwie zusammengearbeitet? Haben Sie festgestellt, daß da irgendwelche Kontakte vorhanden waren? Oder war es eine feldgraue Angelegenheit?

Schultz-Naumann: Eine enge Zusammenarbeit, mit Ausnahme später in Berlin, wo Goebbels in seiner Eigenschaft als Reichsverteidigungskommissar mitreden wollte, gab es nicht. Jedoch wurde den Spitzen des WFSt. vom Reichsleiter Bormann, Chef der Reichskanzlei und Vertrauter Hitlers, Einblick in die sogenannten „Gauleiter-Briefe“ gewährt. Sie enthielten Durchhalteparolen und berichteten von Maßnahmen gegen den „Defaitismus". Sie enthielten häufig Beschimpfungen der Wehrmacht und gegenseitige Anwürfe der Parteigenossen. Es waren unwürdige Pamphlete. Sonst wurde kaum von der Partei gesprochen, denn wir hatten so viel mit den militärischen Aufgaben zu tun, daß dafür gar keine Zeit blieb.

Paul: Ist diese Arbeit hinderlich gewesen, daß man nicht Zeit hatte nachzudenken, oder gab es bei dieser Arbeit bei Ihren Kameraden eine über den Dingen stehende Sicherheit, daß sie das, was sie machten, noch zu einem erträglichen Ende führen könnten.

Schultz-Naumann: Nein, diese Sicherheit gab es nicht. Die Arbeit konnte unter dem Zwang Hitlers, möglichst viele Einzelheiten wissen zu wollen, sich nicht auf größere Planungen oder Entschlüsse konzentrieren. Dazu fehlte einfach die Zeit. Man tat seine Pflicht, obwohl man wußte, daß das Ende für Deutschland negativ ausgehen mußte. Man versuchte, noch das Beste aus allem zu machen. Ich hatte anfangs gesagt, es sei mir manchmal etwas unwirklich vorgekommen. Das möchte ich begründen. Es wurde oftmals die Fiktion aufrechterhalten, daß man doch noch Schlachten oder Angriffe an der West-, Ost- oder Südfront zum Guten wenden könne. Aber das war ein Wunschdenken, das besonders von Hitler gefördert wurde und seine engste Umgebung beeinflußte und dann auch auf uns übertragen werden sollte. Dies gelang nicht.

Paul: War es die Hitlersche Vorstellung, daß man sich zwischen West und Ost, zwischen der Oder und der Elbe, behaupten müsse, behaupten könne? Das war doch wohl die Grundeinstellung, die man damals noch haben konnte?

Schultz-Naumann: Diese Grundeinstellung, sich zwischen Oder und Elbe oder vielleicht Weser zu behaupten, wurde begünstigt durch ein Wunschdenken nach dem Tode Roosevelts. Natürlich hatte man schon früher diesen Gedanken gehabt. Man dachte auch daran vor dem letzten sowjetischen Großangriff, der am 16. April an der Oderfront begann.

Paul: Sie haben das Zurückfallen der Westfront ja erlebt. Sie haben auch die große Zäsur, wenn es damals eine große Zäsur bei der dortigen Heeresgruppe gegeben hat, auch miterlebt. Vielleicht haben Sie daran noch eine Erinnerung, als der Ruhrkessel kapitulierte unter Feldmarschall Model. Das war doch wohl das letzte Zeichen, daß es im Westen zu Ende ging?

Schultz-Naumann: Es gab zwei Zeichen: Es war einmal der Angriff über den Rhein durch Eroberung der Brücke bei Remagen und später die Kapitulation der Heeresgruppe B mit 21 deutschen Divisionen im Ruhrkessel. Hierbei hat Generalfeldmarschall Model, der trotz seiner Hitlergefolgschaft im Grunde ein nüchterner Mann war, gesehen, daß die Sache für Deutschland verloren war und hat sich das Leben genommen. Der Zusammenbruch der Westfront und die Aufsplitterung der deutschen Verbände in Süddeutschland waren nicht aufzuhalten. Es griffen an und drangen über den Rhein vor im Norden und Nordwesten die 12. Britisch-Kanadische Heeresgruppe, Führung Feldmarschall Montgomery, in der Mitte die 12. U.S. Armeegruppe, Führung General Bradley, und im Süden die 6. U.S. Armeegruppe mit 1. französischer Armee, Führung General Devers.

Paul: Wissen Sie etwas von der Bedeutung des alliierten Dokuments „Operation Eclipse"?

Schultz-Naumann: Ja, wir erfuhren im März 1945 anläßlich einer Lagebesprechung von diesem Geheimdokument mit dem Decknamen „Eclipse". Man nannte es auch „Unternehmen Sonnenfinsternis". Es enthielt, wie später aus den Jalta-Abmachungen hervorging, die Aufteilung Deutschlands in Besatzungszonen und die Behandlung der Deutschen nach einer bedingungslosen Kapitulation. Daraus ging hervor, daß die Sowjets bis an und über die Elbe kommen würden und daß sie Mecklenburg, die Provinz Sachsen, Anhalt, Sachsen und Thüringen als Besatzungsgebiet erhalten würden. Übrigens standen die englisch/amerikanischen Kräfte am Tage der Kapitulation noch im westlichen Mecklenburg, im größten Teil der Provinz Sachsen, in Anhalt, im westlichen Sachsen, und ganz Thüringen war ebenfalls in ihrer Hand. Stalin gewann durch eine politisch vorbereitete Ausdehnung der sowjetrussischen Macht bis in das grüne Herz Deutschlands, d. h. Thüringen, eine überaus günstige strategische Ausgangsposition, die ihm die westlichen Alliierten in der „Eclipse" zugestanden hatten.

Paul: Ich glaube, Sie meinen die Erbeutung des Eclipsedokuments etwa am 11./12. April 1945 in der Gegend von Emden, als im OKW bekannt wurde, was geplant ist.

Schultz-Naumann: Nein, wir haben von dem Eclipsedokument vor dem 18. März 1945 Kenntnis bekommen.

Paul: In der bisherigen Geschichtsschreibung ist etwa der 12. April 1945 angegeben.

Schultz-Naumann: Vielleicht hat man dann noch einmal ein Dokument gefunden. Das Dokument, von dem ich spreche, wurde uns Mitte März von Generaloberst Jodl in der Vormittagslagebesprechung, die immer der Vorbereitung der „Führerlage" diente, bekanntgegeben. Am nächsten Tag jedoch befahl er uns, nicht darüber zu sprechen, da Hitler es verboten habe. Soweit ich mich erinnere, war der Anlaß, das Thema „Eclipse" zu erwähnen, die Tatsache, daß Mitte März 1945 die U.S.-Streitkräfte im Vordringen über den Rhein nach Westen waren und die Zielsetzung ihrer Operationen bis zu einer Linie bekannt wurde, die mit der aus „Eclipse" bekannten Abgrenzung zwischen Amerikanern und Russen übereinstimmte. Damit war kein Zweifel mehr an der Echtheit dieses Dokuments.

Paul: Erschien das glaubwürdig oder hat man darüber Zweifel gehabt, daß die „Eclipse" echt war?

Schultz-Naumann: Was meine Person anbelangt, ich habe gar keinen Zweifel gehabt. Lange genug hatte ich gegen die Sowjets gekämpft. Ich war der jüngste von der Ostfront gekommene Offizier in diesem Stabe. Doch traute ich mir zu, die Lage in ihrer schlimmstmöglichen Auswirkung zu beurteilen. Mir ist die Sache deswegen gegenwärtig, weil ich am Sonntag, dem 18. März 1945, in Varchentin im östlichen Mecklenburg war, um meiner Frau zu sagen, sie müsse innerhalb von 8 Tagen mit dem Treck ins Hannoversche weiterziehen. Der Auslöser war die Kenntnis von „Eclipse".

Paul: Sie hielten also „Eclipse" für ein sehr wichtiges Grundsatzdokument?

Schultz-Naumann: Ja, die Tatsache seines Vorhandenseins hat mich auch später sehr bewegt. Es bildet den Schlüssel für das Vorgehen der West- und Ostgegner und besonders für das Verhalten Hitlers und der obersten Führung in den letzten Wochen des Krieges, da die kriegerischen Ereignisse seine Richtigkeit bestätigten. Obwohl der „Eclipse-Plan" von den Engländern ausgegangen war – das Dokument wurde bereits Ende Januar – also vor Jalta – bei einem englischen Stabe erbeutet –, hatten die Amerikaner und auch die Engländer später ein ungutes Gefühl hinsichtlich der Reichshauptstadt Berlin. Von Roosevelt stammte die „Eclipse" nicht. Das hat Cornelius Ryan in seinem Buch „Der letzte Kampf" anhand von Quellen belegt. Sowohl Engländer als auch Amerikaner wollten ursprünglich vor den sowjetischen Truppen in Berlin sein, um sich später gegebenenfalls zurückzuziehen. Es bestanden feste Planungen durch Montgomery im Landangriff und durch die Amerikaner mit Luftlandetruppen für die Einnahme von Berlin. Dazu kam es jedoch nicht, da General Eisenhower seinen Schwerpunkt nach Mitteldeutschland zur Vereinigung mit den sowjetischen Verbänden in die Linie Erfurt–Leipzig–Dresden verlegte. Dies teilte er in seiner Eigenschaft als alliierter Oberbefehlshaber, der weitgehende Befugnisse hatte, direkt Stalin mit, ohne Einschaltung politischer Stellen. Stalin stimmte dieser Zielsetzung mit Befriedigung zu, da sie ihm die Möglichkeit bot, Berlin zu erobern, wie es dann tatsächlich geschah. Eisenhower scheute auch hohe eigene Verluste bei der Eroberung Berlins, die er als Troupier – nicht als politischer General – eher den sowjetischen Verbündeten überlassen wollte. Aus seiner Sicht war daher Berlin nicht entscheidend. Eine Weisung der alliierten politischen Führung zur Einnahme von Berlin fehlte, obwohl Churchill und Montgomery darauf drangen, nachdem sie erfahren hatten, daß Berlin schon von Eisenhower an Stalin abgetreten war.

Paul: Wir kommen jetzt zu der Teilung in die Führungsstäbe Nord und Süd. Sie sind am 20. April aufgeteilt worden.

Schultz-Naumann: Ja. Die Führungsstäbe wurden an diesem Tage geteilt. Die Teile des Wehrmachtführungsstabes, die nicht unbedingt notwendig waren für die Führung der Kämpfe um Berlin, wurden nach Süddeutschland geschickt. Darunter war auch der Kriegstagebuchschreiber des Oberkommandos der Wehrmacht, Professor Percy Schramm, Major der Reserve. Es wurde auch ein Verbindungsoffizier vom Wehrmachtführungsstab zum Großadmiral Dönitz gesucht, und ich habe mich gemeldet.

Paul: Sie sind direkt nach Plön gefahren?

Schultz-Naumann: Nein, wir mußten am 20. 4. von Zossen ausweichen, da Marschall Konjew im Anrücken war. Der Stab bezog dann in der Reichsluftschutzschule Wannsee Quartier. Ich kam noch am 22. 4. aus Berlin heraus, denn ab 24. 4. 1945 war Berlin eingeschlossen.

Einige Tage nach meiner Meldung in Plön stellte man fest, daß seit dem 20. April 1945 beim OKW kein Kriegstagebuch mehr geschrieben worden war, da Professor Schramm nach Süddeutschland geschickt worden war. Die entscheidenden Ereignisse spielten sich jedoch im Norden Deutschlands und besonders in Berlin ab.

Paul: Da war aber dann schon die Führungsgruppe mit Keitel und Jodl in Flensburg-Mürwik eingetroffen?

Schultz-Naumann: Ja, in Mürwik waren der Wehrmachtführungsstab und auch mein Chef in der Operationsabteilung Heer West, Oberst des Generalstabes Meyer-Detring. Dieser hat mir dann den Auftrag gegeben, das Kriegstagebuch rückwirkend ab 20. April 1945 zu schreiben.

Paul: Nun braucht man zu einem Kriegstagebuch Anlagen. Es ist ja ein Rohmaterial. Weiß man, daß Generaloberst Jodl darauf Wert legte, daß, als das OKW aus Berlin wegging, auch der kleinste Zettel, der kleinste Befehl mitgenommen wurde, um später, wie er es auch in Mürwik sagte, für die Geschichtsschreibung zur Verfügung zu stehen? Das hat sich ja dann gezeigt, daß dieser – nennen wir es einmal etwas grob – letzte Papierkrieg des Wehrmachtführungsstabes ziemlich vollständig nach Mürwik gelangt ist und dann dort, wie es sich später ergab, an die Briten übergeben wurde. Sie mußten also jetzt Einblick nehmen in alle Schriftstücke, die die Ereignisse seit dem 20. April betrafen. Wie geschah das?

Schultz-Naumann: Ich bekam die Erlaubnis, mir diesen Einblick zu verschaffen, indem ich bei den einzelnen Abteilungen herumging und mir die Unterlagen zusammenholte, d. h. Originaldokumente, Weisungen, Befehle, Meldungen. Alle diese Unterlagen habe ich gesammelt. Ich wertete sie aus und stellte daraus ab 20. April 1945 das Kriegstagebuch zusammen. Ich arbeitete ungestört in einer Baracke. Für die schriftliche Niederlegung hatte man mir eine Sekretärin zur Verfügung gestellt. Mein „Panzerschrank“ für das Kriegstagebuch mit Anlagen war meine Offizierskiste, in der ich mein Gepäck und sonstige Utensilien hatte.

Paul: Ahnten Sie da, was Sie eigentlich machten? Daß Sie für die Geschichtsschreibung der erste Zeitgeschichtler, Historiker, wie sich ja auch Major Percy Schramm verstand, gewesen sind, oder war es für Sie eine interessante und wichtige Aufgabe, die zum Dienst gehörte?

Schultz-Naumann: Es war anfangs für mich eine interessante, wichtige Aufgabe, die zum Dienst gehörte. Da ich aber historisch interessiert war, hat mir diese Sache auch Freude gemacht, soweit man das überhaupt unter den damaligen Umständen sagen konnte. Über die wirkliche zeitgeschichtliche Bedeutung dieser Dokumentation bin ich mir zuerst nicht so klar gewesen wie am Schluß nach der Kapitulation. Das, was ich bei den Lagebesprechungen, die auch nach dem 8. Mai weiterhin in der bisherigen Form stattfanden, gehört habe, was sich alles abgespielt hatte und welche Probleme sich jetzt ergaben, ließ mich in etwa die zeitgeschichtliche Bedeutung meiner Niederschrift erkennen.

Paul: Wer war dabei? Für Percy Schramm waren es General Warlimont und dann General Winter (beide aufeinanderfolgend Chefs des WFSt.), die ihm immer mitteilten, was bei den Lagebesprechungen geschehen war. Wer war bei Ihnen die Ansprechstelle?

Schultz-Naumann: Bei mir war es so, daß ich bis Anfang Mai rückblickend schon im ganzen Geschehen drin war. Ich hatte aufgearbeitet. Nun führte ich das Kriegstagebuch täglich, da ich bei den Lagebesprechungen immer dabei war.

Paul: Nach der Kapitulation? Haben Sie stenografiert?

Schultz-Naumann: Ich bin bei den Lagebesprechungen dabei gewesen, sobald Keitel und Jodl in Mürwik eintrafen. Das war ab 3. Mai 1945. In den ersten Mai-Tagen fanden auch die Lagebesprechungen wieder statt. Ich wurde dazugeholt.

Ich habe nicht stenografiert, das kann ich gar nicht, aber ich konnte sehr schnell handschriftlich etwas niederlegen und habe es auch immer sofort nach den Lagebesprechungen ausgewertet.

Paul: Sie haben auch die Rettungsaktion über die Ostsee von Mürwik aus miterlebt. Haben Sie daran eine besondere Erinnerung?

Schultz-Naumann: Doch, die Seetransporte erfüllten uns alle und besonders mich als Kriegstagebuchschreiber, der ich das auch in meinen Aufzeichnungen zu Papier gebracht habe, mit Befriedigung und Stolz, daß es der Marine gelungen war, so viele deutsche Menschen, seien es Soldaten, sei es Zivilbevölkerung, zu retten.

Paul: Haben Sie mit Oberst Meyer-Detring noch gesprochen, nachdem er von seinem Flug zur Heeresgruppe Schörner in Böhmen zurückgekommen war?

Schultz-Naumann: Ich erinnere mich, daß Oberst des Generalstabes Meyer-Detring uns nach seiner Rückkehr Einzelheiten berichtete. Seine Aufgabe war, die Kapitulationsbedingungen zu überbringen. So war er, geschützt von einem amerikanischen Geleit, durch die von tschechischen Aufständischen beherrschten Gebiete nach Prag gekommen. Er war von den Amerikanern korrekt behandelt worden.

Von dem Widerstandswillen der dortigen Truppe war er beeindruckt. Sie wollte in Prag zum Gegenangriff antreten. Dies geschah aufgrund der erfolgten Kapitulation nicht. Es wurde übrigens auch noch nach der Kapitulation in der Tschechoslowakei von einigen Truppenteilen, die sich nach Westen durchschlagen wollten, weitergekämpft.

Paul: Dieser Zustand, in dem Sie sich am 9. Mai befanden – Sie wußten, was geschehen war, was veranlaßt worden war von Flensburg-Mürwik aus, Sie kannten diese Dinge, und nun die Kapitulation. Hatten Sie den Eindruck, daß man in Mürwik nach der Kapitulation noch einigermaßen handlungsfähig war, oder glaubte man, daß mit dem Eintreffen der Engländer dann dort alles vorbei sei?

Schultz-Naumann: Nein, keineswegs. Ich hatte den Eindruck, daß man sich bemühte, handlungsfähig zu sein. Das ging auch daraus hervor, daß die Engländer, aber auch die Amerikaner – Leiter der Alliierten Kommission war U.S. General Rooks – sich des deutschen Oberkommandos bedienen wollten, um die deutsche Kapitulation in einigermaßen geordnete Bahnen zu lenken.

Paul: Das entsprach doch einer gewissen Absicht, die auch an deutscher Stelle vorhanden war. Es hat in jüngerer Zeit ein Buch gegeben, in dem ein amerikanischer Historiker behauptetet hat, Churchill habe die Möglichkeit gesehen, die in britische Hände gefallenen deutschen Truppenteile, die noch in der Gefangenschaft einige Zeit zusammenblieben, für eine weitere Verwendung, vielleicht gegen den Osten, aufzusparen. Hat es in der Zeit bis zum 23. Mai 1945 irgendeinen Hinweis bei Ihnen gegeben, der das unterstützen könnte?

Schultz-Naumann: So möchte ich das nicht sagen, wie es von diesem angelsächsischen Schriftsteller dargestellt wird. Das ist mir zu spekulativ. Es gab auf der deutschen Seite – das war bekannt – den Wunsch, daß die Westalliierten sich gegen die Sowjets stellen sollten. Es war weiterhin der Wunsch, daß sie sich auch der deutschen Truppen dazu bedienen sollten, auch wenn diese entwaffnet und in Gefangenschaft waren. Aber über reine private Gespräche mit alliierten Offizieren bis zum Rang eines Kommandierenden Generals, besonders auf der englischen Seite, sind diese Dinge damals nicht hinausgegangen.

Paul: Es gibt da eine merkwürdige Sache, die vielleicht als Indiz von einem nachgeborenen Historiker gewertet werden könnte, die OKW-Lagekarten. Diese großen Karten, die zweimal am Tage neu gezeichnet wurden, haben dann in der letzten Phase, in der zweiten/dritten Mai-Woche, immer die deutschen Verbände den britischen und den amerikanischen Verbänden beigeordnet aufgezeichnet, so daß man sofort einen Überblick hatte, über welches deutsche Truppenpotential die Westalliierten verfügen konnten. Kannten Sie diese Karten?

Schultz-Naumann: Vermutlich ja. Wenn sie so gezeichnet worden sind, daß das deutsche Potential, „das ja ein Potential an gefangenen deutschen Soldaten war", mit dem angelsächsischen Truppenteil aufgeführt wurde, so war vielleicht darin auch nur ein Wunschdenken zu sehen, das zu Papier gebracht worden war. Daß sehr bald nach der Kapitulation die Spannung zwischen West und Ost sich verstärkte und es zu dem Beginn des „Kalten Krieges" kam, ist historisch bekannt. Aber zu der Zeit, als wir an diese Dinge dachten und auch Jodl es aussprach, man müsse überlegen, auf welche Seite man sich stelle, ob West oder Ost, da war es noch zu früh, auf den Westen zu setzen. Man denke daran, wie „bündnistreu" (s. Räumung der angelsächsischen Positionen in Nord- und Mitteldeutschland gegenüber den Sowjets) noch die westliche Seite eingestellt war. So schnell konnte der Westen gar nicht umschalten.

Paul: Sie hatten doch auch Auslandsmeldungen in den Anlagen zum Kriegstagebuch. Haben diese vielen Aufstellungen, Meldungen – sogar Meinungsumfragen muß es damals nach der Kapitulation in Schleswig-Holstein gegeben haben – einen Einfluß gehabt? Hat man im Gespräch, das dort unter Offizieren und Soldaten geführt wurde, den Eindruck gehabt, daß man Zukunftspläne machen konnte, oder war die Zukunft ein finsteres Loch?

Schultz-Naumann: Nein, ein so ganz finsteres Loch war es wohl nicht, weil man immer noch hoffte, daß die Westalliierten uns heranziehen würden. Aber das war etwas zu optimistisch gedacht. Je länger die Zeit fortschritt und nichts in der gleichen Richtung geschah, sondern die Zügel nach und nach fester von seiten der Alliierten gegenüber den Deutschen angezogen wurden, siehe die Gefangennahme des Feldmarschalls Keitel und andere Maßnahmen, sah man doch, daß der Sieger in erster Linie seine Macht gegenüber dem Besiegten zum Ausdruck bringen wollte.

Paul: Gab es eine besondere Spannung zwischen OKH und WFSt.?

Schultz-Naumann: Nein, nach dem Zusammenlegen der beiden höchsten militärischen Führungsorgane habe ich diese Spannung nicht mehr gespürt. Sie ist früher sicher auch allzu hochgespielt worden.

Paul: Es sind auch noch Orden verliehen worden nach der Kapitulation. Ich erinnere an das Eichenlaub zum Ritterkreuz für Generaloberst Jodl, das Dönitz am 12. Mai verliehen hat. Hatte das einen besonderen Grund?

Schultz-Naumann: Ich glaube, Großadmiral Dönitz hat damals die Verdienste von Jodl, die dieser sich in den vielen arbeitsreichen Jahren in der obersten Führung, ohne äußere Anerkennung zu erhalten, erworben hatte, würdigen wollen. Und er hat wahrscheinlich auch den aufrechten Soldaten Jodl, der er tatsächlich war – das kann ich aus eigener Anschauung bestätigen –, würdigen wollen.

Paul: Wann haben Sie Jodl zum letztenmal gesehen?

Schultz-Naumann: Ich habe Generaloberst Jodl am 21. Mai oder am 22. Mai 1945 zum letztenmal gesehen.

Paul: Welchen Eindruck hatten Sie von ihm?

Schultz-Naumann: Jodl war ein getreuer Soldat, dessen Anschauung in dem Satz gipfelte: „Ich habe meinen Eid geschworen auf den Führer Adolf Hitler, und ich konnte ihn nicht brechen."

Paul: Gab es Reaktionen der Bevölkerung an der Flensburger Förde gegenüber der Enklave Mürwik?

Schultz-Naumann: Reaktionen der Bevölkerung habe ich nicht bemerkt. Nun muß ich dazu sagen, daß wir durch unsere Arbeit derart eingespannt waren, daß wir kaum mit der Bevölkerung zusammenkamen.

Paul: Wie viele Stunden am Tag wurde gearbeitet?

Schultz-Naumann: Es wurden sicherlich 12–16 Stunden am Tag gearbeitet, oft noch länger. Denn die entscheidende Arbeit dieses Stabes bestand darin, den Alliierten und damit auch den eigenen Truppen, die in Gefangenschaft waren bzw. überführt wurden, zu helfen. So gab es z. B. keine Nachrichtenverbindungen zwischen den Alliierten und der deutschen Truppe, die in Gefangenschaft kam, sei es in Holland, sei es im amerikanischen Bereich. Es mußten Truppenteile zurückbeordert werden, die noch in der Ägäis auf den Inseln lagen; es mußten die Festungen, die noch am Atlantik verteidigt worden waren, Anweisungen bekommen; es mußten Millionen von gefangenen deutschen Soldaten in Lager oder Reservate, wie in Schleswig-Holstein, geschleust werden. Dies war nur über die deutschen Funk- und Fernsprechverbindungen möglich.

Paul: Diese Funkverbindungen waren doch noch sehr brauchbar zu dieser Zeit.

Schultz-Naumann: Sie waren bis zum Schluß brauchbar. Nicht nur Funk-, sondern auch Fernsprechverbindungen. Dafür gibt es ein Beispiel. Als Hitler in Berlin eingeschlossen war, bestand noch nahezu bis zuletzt, bis zum Fall von Berlin, eine Fernsprechverbindung.

Paul: Es gab auch eine Menge Flüge, die während und nach der Kapitulation angetreten wurden. Lief das alles reibungslos, geschah es im Einvernehmen mit den Siegern von damals oder mußte das alles unter großen Schwierigkeiten hergestellt werden?

Schultz-Naumann: Soweit ich weiß, sind alliierte Flugzeuge für dienstliche Aufträge, die von den Alliierten genehmigt waren, zur Verfügung gestellt worden.

Paul: Haben Sie mit einem der Herren gesprochen, die in Karlshorst zu der zweiten Kapitulation waren, und hat er Ihnen etwas erzählt über das, was nach der Zeremonie in Karlshorst mit den deutschen Herren geschehen ist?

Schultz-Naumann: Ich glaube mich zu erinnern, von dem damaligen Oberstleutnant des Generalstabes de Maizière, der als Verbindungsoffizier nach Berlin-Karlshorst zum Marschall Schukow geschickt worden war, gehört zu haben, daß die Sowjets über alle Vorkommnisse bei unserer obersten Führung sehr gut im Bilde gewesen sind. Über das, was nach der Kapitulationszeremonie mit den deutschen Herren geschehen ist, kann ich nichts sagen.

Paul: Die letzten Tage vor dem 23. Mai sind durch eine politische Initiative der Sowjets gekennzeichnet, die von einem bestimmten Datum an dagegen polemisierten, daß dieses Mürwik noch besteht. Es ist nach der historischen Forschung festzustellen, daß die Westalliierten sehr schnell darauf eingingen. Wen halten Sie dafür verantwortlich? War es Eisenhower?

Schultz-Naumann: Ich kann darüber nichts sagen.

Paul: Wenn wir jetzt zum Abschluß kommen, dann bleibt unter anderem noch eine Frage, die Ihre damalige Existenz als Berufsoffizier und als Angehöriger des deutschen Generalstabs angeht: Wußte man im Wehrmachtführungsstab, daß einmal der Generalstab in Nürnberg angeklagt werden würde (er wurde dann freigesprochen)? War man über die Kriegsverbrecherlisten, die ja zum Teil in der Deutschen Wehrmacht bekannt waren, im Bilde? Jodl und andere – auch Feldmarschall Kluge – haben das erwähnt. Wußte man oder ahnte man eine Bestrafung, also eine Korpsbestrafung, nicht eine persönliche Bestrafung, die – nach dem 1. Weltkrieg gab es ja auch Kriegsverbrecherlisten – dann eintreten könnte? Oder war das nur so, daß man meinte oder glaubte, daß diejenigen, die besonders gefährdet waren, in dieser Hinsicht mit etwas zu rechnen hatten?

Schultz-Naumann: Das letztere glaubte man. Ich habe diese Dinge nicht so gesehen und auch nicht geglaubt, daß man uns in corpore verdammen würde. Vielmehr war ich der Meinung – und ich glaube, es war auch die Meinung der meisten meiner Kameraden –, daß einige der obersten Führer zur Rechenschaft gezogen werden würden.

Paul: Sie haben damals aus erster Hand erlebt, wie Geschichte gemacht wurde. Wie beurteilen Sie nach 35 Jahren Ihre damalige Tätigkeit?

Schultz-Naumann: Das ist eine Frage, die etwas schwierig zu beantworten ist. Aber wenn ich meine damalige Tätigkeit heute nach 35 Jahren beurteile, so kann ich sagen, daß ich meine Tätigkeit heute nicht anders ausführen würde als damals. Ich habe alles, was ich verwerten sollte, in einer möglichst objektiven und klaren generalstabsmäßigen Darstellung gebracht, ohne Werturteile zu fällen. Ich habe also pragmatisch Fakten dargestellt und mich bemüht, es so ehrlich und anständig zu schreiben, wie man das von einem deutschen Offizier verlangen kann.

Paul: Es könnte bei Percy Schramm, der das Kriegstagebuch bis zum 19. April 1945 geführt hat, doch einige Neidgefühle gegeben haben, weil er selbst nun nach dem Süden ging, dabei war, das Material, das er hatte, zu beseitigen oder zu verstecken gegenüber einem Divisions Ia, der nun die Arbeiten, die Percy Schramm eigentlich als Krönung seiner Tätigkeit hätte ansehen müssen, nämlich den Abschluß dieses Krieges festzuhalten und zu beschreiben, durchführte. Haben Sie nach dem Kriege mit Prof. Schramm Kontakte gehabt?

Schultz-Naumann: Ich glaube keineswegs, daß er irgendwelche Neidgefühle mir gegenüber hatte. Er war sogar sehr froh, daß ich dieses Kriegstagebuch bis zum Ende geführt habe. Bevor erstmalig mein Büchlein „Die letzten 30 Tage“ 1951 im Steingrüben-Verlag Stuttgart erschien, habe ich an ihn geschrieben und ihn gebeten, seine

Zustimmung zu geben. Er hat das gerne getan, wie er mir schrieb, da er sehr froh war, daß jemand in dieser Zeit, als die Dokumente noch in Washington lagen, über die Endphase des Krieges berichtete, und zwar so, wie sie sich nach unbestechlicher soldatischer Schilderung abgespielt hat. Späterhin habe ich mit ihm weiter Kontakt gehabt, bevor seine Geschichte des Krieges „Aus dem Kriegstagebuch des Oberkommandos der Wehrmacht" in 4 Doppelbänden herausgebracht wurde. Ich habe ihm eine Kopie meiner Originalunterlagen zur Verfügung gestellt, während ich das Original dem Bundesarchiv übergeben habe. Denn mein Kriegstagebuch ist jetzt tatsächlich das Original, obwohl es eine Kopie darstellt, da das Original in dem Durcheinander der Gefangennahme in Flensburg-Mürwik vermutlich von englischen Soldaten verbrannt worden ist.

Paul: Es sind ja erhalten die Anlagenbände im Militärarchiv des Bundesarchivs, und da ist doch wohl für Ihre Arbeit ein Glücksfall eingetreten, wenn man das so nennen will. Es gab ja ein Kriegstagebuch des OKH, und das ist auch in den Anlagen im Militärarchiv erhalten. Da aber das OKH ab 24. April 1945 identisch wurde mit dem OKW, da beide zusammengelegt wurden, erhebt sich nun die Frage: Gab es damals einen OKH-Kriegstagebuchschreiber, dem Sie begegnet sein müßten?

Schultz-Naumann: Es hat sicher einen OKH-Kriegstagebuchschreiber gegeben, aber dem bin ich nie begegnet, denn wir waren als Oberkommando der Wehrmacht auf uns alleine gestellt, und daß wir nachher mit dem OKH zu einem gemeinsamen Oberkommando verflochten wurden, geschah am 24. April 1945, als alles im Fluß der Absetzbewegung nach Flensburg war. Da ist über diese Sache gar nicht geredet worden.

Paul: Sie sind am 23. Mai 1945 aus der Enklave Mürwik herausgekommen und haben diese Durchschrift – es muß wohl ein Schreibmaschinendurchschlag gewesen sein, den Sie nicht selbst getippt haben, sondern eine Sekretärin – mitgenommen.

Schultz-Naumann: Es war meine Sekretärin, Fräulein Jaehnke, spätere Frau Hass. Mit Frau Hass habe ich auch nach dem Kriege noch in Verbindung gestanden. Sie wurde die Frau des damaligen Obersten des Generalstabes, Hass. Er war später General bei der Bundeswehr. Sowohl sie wie ich haben vor dem ersten Erscheinen des Buches dem Steingrüben-Verlag gegenüber eine Erklärung abgegeben – diese war von mir veranlaßt worden –, daß ich dieses Kriegstagebuch erarbeitet habe und daß Fräulein Gerda Jaehnke es mit der Schreibmaschine getippt hat.

Paul: Wollen Sie noch sagen, wie Sie an diesem Montag, dem 23. Mai, in die Lage kamen, die Enklave Mürwik, also Ihre Dienststelle, rechtzeitig vor der Auflösung zu verlassen?

Schultz-Naumann: Das ist sehr einfach zu berichten. Mir ging es in den Tagen vor diesem 23. Mai 1945 gesundheitlich ziemlich schlecht, da sich der Amputationsstumpf meines Beines – ich hatte mein Bein in den Invasionskämpfen in Frankreich verloren – entzündet hatte. Ich mußte unbedingt in Lazarettbehandlung kommen. Da die Lazarette in Flensburg überfüllt waren, bekam ich einen Passierschein, unterzeichnet von dem Befehlshaber in Flensburg, dem englischen Brigadier Churcher, der mich berechtigte, den Kaiser-Wilhelm-Kanal zu überschreiten und nach Hamburg zu fahren. Dies tat ich so früh als möglich am 23. Mai, um, so schnell ich konnte, in Lazarettbehandlung zu kommen. Ich habe aus einem sechsten Sinn heraus, so kann ich das rückblickend sagen, eine Kopie dieses Kriegstagebuches mitgenommen, natürlich ohne Anlagen. Also, um auf Ihre anfängliche Frage nochmals einzugehen, ob ich mir der zeitgeschichtlichen Bedeutung meiner Arbeit bewußt war, kann ich jetzt sagen, ja, in einem gewissen Sinne doch, denn sonst hätte ich es wahrscheinlich nicht mitgenommen. Und so wurde dieses Kriegstagebuch gerettet, d. h. ich behielt es nicht bei mir, sondern gab es bei einem Bekannten, der ein Gut in der Nähe von Kiel besaß und bei dem ich kurz auf meiner Fahrt hereinschaute, ab und sagte ihm, daß ich das später einmal wieder abholen würde. So war es also sichergestellt.

Paul: Und Sie haben es dann nach einigen Monaten oder Jahren abgeholt?

Schultz-Naumann: Ich habe es nach etwa ein/zwei Jahren, das weiß ich gar nicht mehr genau, abgeholt, als ich Taxichauffeur war und aus Niedersachsen auch verschiedene Taxifahrten nach Schleswig-Holstein machen mußte.

Biographische Notizen über den Autor

Joachim Schultz-Naumann, Jahrgang 1913, geboren in Malchin (Mecklenburg-Schwerin), zunächst Infanterieoffizier, später 1. Generalstabsoffizier (Ia) einer Division in Polen, Frankreich, Rußland und an der Invasionsfront. Wiederholt verwundet, verlor er im September 1944 ein Bein durch Tieffliegerbeschuß. Als im Januar 1945 die sowjetische Winteroffensive an der Weichsel begann, befand er sich in Naumannsfelde im Warthegau. Er geriet mit seiner Familie in die Fluchtbewegung nach Westen und stellte sich als Kenner der örtlichen Verhältnisse zum Festungskommandanten von Deutsch-Krone (Westpreußen) zur Verfügung. Anschließend gelangte er in seine Geburtsstadt Malchin, um seine Verwundung auszuheilen. Da die Beschaffung einer Prothese nur dann möglich war, wenn er auch als Schwerverwundeter wieder Dienst tat, meldete er sich beim Heerespersonalamt, das ihn in den Wehrmachtführungsstab kommandierte. Seit Anfang März 1945 in der Operationsabteilung Heer (West), erlebte er den beginnenden Zusammenbruch in den Hauptquartieren der Wehrmachtführung um Berlin und im Anschluß daran das Ende in Flensburg. Hier erhielt er vom Chef der Operationsabteilung Heer im Wehrmachtführungsstab den Auftrag, rückwirkend vom 20. April, dem Tag des überstürzten Abmarsches des Oberkommandos aus Zossen, die wichtigsten täglichen Ereignisse in Tagebuchform festzuhalten und die Lücke, die durch die Entsendung des Kriegstagebuchführers Major d. R. Percy Schramm nach Süddeutschland entstanden war, zu schließen. Schultz-Naumann bekam als Schwerverwundeter einen Passierschein des in Flensburg kommandierenden englischen Generals mit der Erlaubnis, die Enklave zu verlassen und ein Lazarett in Hamburg aufzusuchen. Dabei gelang es ihm, eine Durchschrift des Kriegstagebuches herauszubringen und diese vor den Besatzungsmächten sicherzustellen.

Namen- und Sachregister

Karl Koller

Der letzte Monat

14. April bis 27. Mai 1945

Ullstein Buch 33198

Zeitgeschichte

Das Tagebuch berichtet eine Fülle von Einzelheiten aus den letzten vier Kriegswochen bis zum Einrücken der Amerikaner, Einzelheiten vor allem über den wahren Hintergrund der Verhaftung Görings und die dunklen Vorgänge um den 23. April 1945. Es zeigt die z. T. tragikomischen Eifersüchteleien zwischen den Wehrmachtsteilen oder den Machthabern des Reiches, in diesem Fall Bormann, Göring und Himmler. Karl Koller, Chef des Generalstabs der Luftwaffe, pflegte Gespräche, Befehle, Ereignisse unmittelbar während oder nach dem Geschehen stenographisch festzuhalten. Dieses bedeutsame Geschichtsdokument läßt Personen und Ereignisse der letzten Kriegswochen hautnah lebendig werden und zeigt seinen Verfasser als einen unbestechlichen realistischen Mann, der inmitten chaotischer Verhältnisse fast als einziger Überblick und Nerven behielt.